影视多棱镜丛书

视听传媒的内容生产与传播

顾亚奇 著

中国传媒大学出版社
·北京·

目 录

Contents

序

胡智锋

顾亚奇的学术著作《视听传媒的内容生产与传播》即将付梓，我由衷地表示祝贺！这本书是亚奇在多年求学、实践和工作中持续研究与不断思考的结晶，体现了一个青年学者在学术领域执着深耕、砥砺精进的勤勉与笃实。

亚奇在中国传媒大学跟随我攻读硕士、博士学位，后又进入北京大学从事博士后研究。从学科背景上看，他接受过影视文学、新闻传播学、传媒艺术学的系统学习与训练，知识结构齐备，人文综合素质高。与一般本科生毕业后直接攻读硕士研究生不同，他大学毕业后在地方电视台工作多年，硕博期间也深度参与央视的节目策划与创作，成果斐然。艺术创作上的历练，对传媒实践的熟稔，成为他学术研究的优势与特色，这一点充分体现在这部著作中。通览全书，我认为它有三个鲜明的特点。

一是“实践性”。中国的传媒研究必须立足于本土实践，亚奇在地方台、中央台的工作经历使他不仅熟练掌握了各种类型节目采、摄、编、创的技能，而且在实践中也很好地理解与把握了中国特定的政治体制与传媒机制。他担任央视多部重大题材纪录片，如《复兴之路》《伟大的历程》等的策划与撰稿，对国家媒体建构“主流意识形态”的话语方式有着切身的体会。2005年9月，经我引荐，他在国家广播电影电视总局广播电视监测中心调研、实习，也曾参与我主持的福建新闻频道改版项目以及北京市广电公共服务等实务性较强的重大课题。多层面的实践历练，拓宽了他的学术视野，其理论成果具有较强的现实针对性与应用价值。

二是“学理性”。这本著作关注的焦点是传媒的内容生产，涵盖了新闻专题、谈话节目、综艺娱乐、纪录片、电视剧、特别节目等各种节目形态。该著作剖析了各类节目的元素构成、基本特征及运作策略，横贯创意、策划、生产、制作、传播等各个环节，解析了精品节目、名牌栏目、经典案例，搭建了传媒艺术生产的内容框架。在把握传媒内容生产规律的基础上，该书以跨学科的交叉研究方法，借鉴文艺美学、传播学、社会学等学科的理论与概念，将视野延伸至传媒本体理论、媒介运营与管理等范畴，对传媒艺术的本质问题进行深入思考。整部著作融学理探究与实践探索于一体，考验的是研究者对媒介环境变化的快速反应能力与判断力，这既需要理论素养的训练，也需要经年累月的持续努力。在我的指导下，亚奇在《现代传播》《中国电视》《当代电影》《人民日报》《文艺报》等期刊和报纸发表了40余篇学术文章，其中一些文章被《新华文摘》、中国人民大学《复印报刊资料》全文转载，编著出版了《中国名牌电视栏目解析》一书。此外，他还担任中国电视艺术家协会电视纪录片学术委员会创办的《中国电视（纪录）》的执行主编，参与策划、组织了多项全国性的纪录片论坛等学术活动。

三是“体系性”。著作的整体框架包括宏观观察、内容生产、融媒赋能、制播新态4个部分，直面视听节目生产与传播中的具体问题，聚焦传媒实践中的难点问题（如省级卫视定位、频道改版与创新）。作者在撰写过程中，选择新颖、独到的研究视角，对近20年中国视听传媒的发展进行了动态跟踪与理论回应：在微观层面以个案研究探求内容生产与媒体运营之策，并在此基础上逐渐拓展到宏观层面，以史论结合的综合研究，观照传媒与政治、经济、文化、社会等的互动关系，深入思考“影视与文化”“传媒与社会”“媒体与意识形态建设”等问题，从而形成了“点、线、面、体”逐层递进的研究路径。虽未面面俱到，也没作终极性判断，但整体看却自成一体：既有纵向时间轨迹的历史分析，又注重对横向的内容生产与传播规律的准确把握，反映了从“电视”到“视听”的外部演变，也探寻了从“受众”到“用户”的内在变化逻辑以及当下整体的行业生态。

亚奇为人谦诚，务实勤勉，乐于沟通与合作。他还有一个显著特点，不妨称作“快手”——对问题判断精准，思路一旦明晰，写作效率便高了起来，这是他研究成果丰硕的原因之一。博士毕业后，亚奇进入北京大学从事博士后研究，始终与我保持着密切的联系，我也一直关注着他的成长与进步。在北京大学，他走上讲台，为本科生和研究生授课，并参与了北京大学艺术硕士的培养工作。在站期间，他获得了国家社科、教育部人文社科项目，并因教学、科研、社会服务等方面的出色表现赢得了“北京大学优秀博士后”的荣誉。在我眼里，亚奇是一位集创作实践、理论研究、社会服务等多种才能于一身的复合型人才，功底扎实，视野开阔，具有创新开拓能力。这些优点使他进入中国人民大学工作后能大展身手，我由衷地为他取得的成绩感到高兴并深感欣慰。

“电视已死”言犹在耳，媒介融合风生水起。这部书稿见证了中国视听传媒20多年来的风云变幻，分析了从“电视”到网络再到移动终端的视听生态变化。在移动互联时代，资讯渠道多元和社交媒体化让技术维度上存在先天劣势的电视遭遇了巨大挑战。然而，电视不等于电视机，更不等同于电视传媒，它指代的是丰富多彩的视听内容，电视媒体不转型必然遭遇危机。在视听产业不断扩大的背景下，视听文本是当前接受度最高、最具生命力的信息载体、娱乐产品，视听文化是主导型文化形态，视听产业依然是最有发展潜力的朝阳产业。从这个角度看，在万物皆媒、视听方兴的当下，文化传播正迈入视听时代，电视传媒 60 多年在内容生产层面的探索与积淀，更值得从新的角度予以总结与反思，这正是《视听传媒的内容生产与传播》一书的重要价值所在。

当然，这本书在研究广度和深度上尚有提升的空间。我期待着亚奇能以更长远的研究规划、更系统的理论建构、更独到的学术创见，在传媒艺术研究领域一如既往地倾注心力。我相信，亚奇在未来一定会有更多更有分量的学术收获。

是为序。

2020 年 1 月

（胡智锋：中国传媒领域第一位教育部“长江学者”特聘教授，国务院“戏剧与影视学”学科评议组召集人；国家一级学会中国高校影视学会会长；北京师范大学艺术与传媒学院院长、教授、博士生导师）

引 言

五种视角看中国电视

中国电视自1958年诞生至今已有60多年的发展历史，尤其是改革开放以来更是获得了长足的进步。迄今为止，它仍然是最为重要的大众传媒。要宏观认识并把握中国电视，以下五种视角不可或缺。

一、政治视角

电视与政治的关系历来是至关重要、最为关键的，从政治视角来看中国电视可以获得以下基本判断：

第一，电视对于政治的工具性。我们历来把中国电视视为党和政府的喉舌，尽管在60多年的发展进程中出现过各种不同看法，但无论是主流电视媒体的管理者还是大多数的电视从业者，对于这个问题的认识都是明确而坚定的。正因此，中国电视对于自己工具性的特质从整体上看占据着主流判断和主流认识的地位。

第二，中国国家政治的状态直接决定着中国电视的发展状况。我们可以看到，中国电视每一次大的发展和进步往往取决于政治状态的发展与进步。改革开放使中国电视获得了巨大的社会影响力，而20世纪90年代以来转型期的政治风云，无论是国际政治还是国内政治，如民主化、制度化、公开化、亲民化等，都直接影响着中国电视的内容系统和运营系统。

第三，电视反作用于政治。在西方，关于电视的说法如“社会公器”“第四势力”等都表达着电视对社会政治的反作用力。在中国，电视的成长也直接或间接地影响着政治，如中央电视台的《焦点访谈》通过报道正面和负面新闻极大地发挥了舆论监督的功能，其中不少节目直接构成了中央重大政策的决策依据，三任总理对《焦点访谈》的题词和关怀也从侧面显现了电视对于政治巨大的反作用力。

二、经济(市场)视角

在中国,电视自诞生之初就与政治密不可分,但我们对电视的市场属性、产业属性、商品属性的认知是经历了较长一段时间才逐渐形成的。实际上,经济(市场)与电视的关系也是相当密切的。在西方社会,电视一开始就进入了资本主义市场体系的运作之中,成为传媒产业和娱乐产业的重要组成部分。目前,人们普遍达成以下几个共识:

第一,经济(市场)的发展极大地影响着电视的发展,一个国家、一个地区电视媒体的成长,无论是速度还是效率(包括质量)往往都与经济发展的状况相吻合。一般说来,电视发展的状态和经济发展的状态成正比,经济发达往往带来电视的发达,而经济薄弱则往往导致电视薄弱。虽然有的地方经济发达但电视薄弱,有的地方经济虽然落后但电视却相对繁盛,但从总体上看二者还是成正比的。

第二,电视的发展极大地影响着经济的繁荣。电视依靠自己特有的传媒优势,在信息发布、舆论引导以及活跃经济、繁荣市场等方面扮演着相当重要的角色。一个国家或地区经济(市场)的繁荣与活跃常常离不开电视媒体的支持与参与,不论是生产还是流通乃至消费,电视媒体在经济生活和市场运行中始终扮演着不可或缺的角色,甚至在某些领域,电视媒体既可以塑造也可以销毁、打击市场品牌。

第三,电视媒体自身构成了经济市场系统中一个重要的产业领域和部门。中国电视从 1979 年播出第一条广告到 1992 年邓小平“南方谈话”之后的自觉改革,再到今天我们越来越清晰地看到它在资源配置、产业运营等诸多方面的巨大潜力,无论是内容生产还是营销推广,乃至电视自身的品牌打造,电视运行的每一个环节几乎都可以构成相应的产业链而构建出整体的电视产业。可以说,中国电视近几年突飞猛进的发展,在相当大程度上依赖于我们对其产业属性、商品属性认识的自觉,相信未来中国电视产业对于国家经济、市场的贡献会越来越大。

三、社会视角

中国电视成长于中国社会的土壤之中,它与这块土地、与这个独特的社会生态从来都是相互依存、共同成长和进步的。在中国电视与中国社会的关系中,我们可以看到以下几点:

第一，中国社会的发展状况极大地影响着中国电视的发展状况。不论是某一时期的社会心理状态、情感状态还是社会组织机构的状态、社会阶层的变迁乃至社会道德、社会风尚等的变动，都会给某一时期的电视直接打上深深的烙印。不同时期的电视风貌甚至可以从一个侧面见证一个时期的社会状态，如积极与消极、正面与负面、健康与不健康等，都会毫无保留地呈现在一定时期的电视内容之中。

第二，中国电视也极大地影响着中国社会的进步状态。有人说，20世纪八九十年代出生的人是电视的一代，他们所受到的电视的影响与其他不同时代的人们所受到的电视的影响存在差别。但不论是什么样的电视形式，电视剧也好，电视广告也罢，抑或是电视纪录片或电视综艺节目，其特定的价值取向、思维方式乃至语言方式等，都给当时的人们留下了深刻的记忆，特别是正在成长的青少年。从社会各界、各年龄不同人群、不同个体的成长中，我们都可以看出电视对大众的深刻影响。

第三，电视承担着重要的社会责任。东西方有一个共识，即电视由于其巨大甚至不可替代的影响力，在社会生活中承担着巨大的社会责任。电视媒介在它的市场诉求和社会责任之间常常扮演着相互矛盾的角色。一方面，电视自身需要建构自己的注意力经济体系来获取利润，以求得再生产和再发展；另一方面，这种“唯利是图”的市场诉求又可能与公众普遍认同的社会伦理相冲突。在这种情形下，如何承担起自身的媒介社会责任，是处于“转型期”的中国电视所必须思考和迎接的挑战。

四、文化视角

电视与文化是一对天然的关系。人类在现代社会创造了电视这样的媒体，而这种媒体正逐渐发展并不断改变着人类的文化生态，电视与文化的互动构成了60多年来人类文化中令人瞩目、前所未有的景观。

第一，文化传统和文化思潮极大地影响着电视。文化传统更多的是遗传意义上的从历史积淀下来的一种价值取向、思维方式和知识系统，对于中国文化而言，儒家文化和近代以来的革命文化构成了当代电视最重要的传统。而文化思潮则更多的是当下的，是在特定的政治、经济、社会环境中锻造出来的时代文化，是人们当下的一种价值观念、思维方式和知识系统。对于中国而言，当代文化思潮对电视的价值观和话语系统的冲击直接呈现在了电视的内容之中。

第二，电视的发展极大地改变了当代的文化格局与动向。中国电视在近二十年尤其是近十年中，由于其自身影响力的不断提升，而使文化格局由主流精英文化主导逐渐改变为大众文化地位的提升。所谓“日常生活审美化”的当代文化取向产生的动因来自电视的冲击。由于电视深入千家万户而使大众文化几乎无孔不入,电视拥有了当代文化不可忽略乃至起决定作用的地位。同时,异域电视文化的进入也不断改变着当代中国电视的文化格局,如韩国电视剧的风靡以及美国电视节目内容与样式的引入,都在极大地改变着我们的文化生态。

第三,电视自身构成了独特的媒介文化与艺术文化景观。电视文化的主体是由其媒介、艺术和娱乐所构成的,电视作为媒介在发布信息、整理信息(如议程设置)、传导价值观念、制造媒介事件、设置媒介活动等过程中越来越多地影响着当代文化的取向与发展趋势。作为艺术与娱乐,电视通过情感的宣泄、心理的疏导来营造特定的氛围,制造偶像,满足人们的情感心理欲求。正因如此,对于电视是媚雅还是媚俗、是深刻还是浅薄、是优良还是拙劣等的争议从来没有停止过,而正是这样的争议使电视制造出了这个时代不可或缺的文化景致。

五、科技视角

作为 20 世纪诞生的现代传媒与现代娱乐样式,电视毫无疑问是 20 世纪高科技的产物,是 20 世纪电子技术发展的结晶。

第一,科技的进步推动着电视的进步。作为一个高科技的产物,科技发展的水平直接影响着电视的风貌与生产发展的状态,从无线到有线,从黑白到彩色,从微波传送到卫星传送,从模拟到数字,这一系列的科技进步都对电视的生产、制作、传播的方式乃至电视的内容产生着直接的、决定性的影响与作用。

第二,电视的进步也影响着科技的进步。一方面,电视自身的发展离不开科技的不断进步,它要求科技不断地改进和提升;另一方面,电视作为大众传媒,在推动科技转化为现实生产力、塑造人们的科学观以及推进新的科技发明与科技交流方面都直接或间接地产生着重要的影响,各种探索发现类的节目对人类的科技进步发挥了独特的作用。

第三,电视自身科技含量的提高离不开相关领域科技含量的提高。不论是电视的生产、制作还是传播,我们可以看到卫星技术、数字技术、网络技术的快速发展已经在电视科技含量的提升上产生了直接的影响,从而催生了卫星电视、数字电视、网络电视。这些相关领域的科技含量提升与传统电视相结合,不断改造着电视的景观和形象。

总之,政治、经济(市场)、社会、文化、科技等领域与电视始终保持着相互影响、相互推动、共同进步的关系,因此当我们观察、描述与研究中国电视的发展、成长与进步的时候，仅“就电视看电视”是不够的，我们至少可以从上述五个与电视的互动角度中辩证地看待其正面与负面、积极与消极等此消彼长的关系。从这五种视角来研究中国电视，或许可以得到较为中肯的对于中国电视真实、准确而辩证的把握与认识。

第一章

宏观观察：多维视角看电视

第一节　把握电视的政治属性

电视的诞生与成长与政治密不可分，电视的工具性的特质决定了电视在整体上代表着主流判断和主流认识。时代的风云变幻与电视媒体有着怎样特殊的关系呢？第一章我们将梳理广播电视公共服务的发展历程，认识电视意识形态的特殊属性，解析民生新闻的特有职能，探索电视问政的发展之路，以多维视角认识中国电视的政治属性。

一、广播电视公共服务的历史演变

与西方广播电视体制中的公共与商业二元格局不同，中国广播电视在长期的发展过程中形成了自己独特的广播电视体制。国家政治制度架构之间的差异，决定了中国既没有独立的商业广播电视机构，也没有西方意义上独立于政府架构之外的公共广播电视机构。中国广播电视的特殊性在于它具有政治、经济、社会的多重属性，在不同的历史阶段，三种属性或隐或显、此消彼长，共同推动着中国广播电视事业的发展。

这里述及的"公共服务"，有别于西方意义的"公共广播"，其主要原因在于中国广播电视自诞生之日起不仅要向公众提供服务，而且还承担着政治宣传的功能，其政治属性和社会属性是捆绑在一起的；而西方意义上的"公共广播"主要是面向公众和社会提供服务。此外，由于制度设计的不同，西方国家提供公共服务的公共广播机构，其经费有稳定的来源，无须自行"创收"，而当下中国的广播电视机构则需要面向市场解决经费问题，其经济属性虽然为公共服务的实施提供了资金保障，但是媒介对经济利益的过分强调也掣肘了公共服务的效能。因此，公共服务视域下的中国广播电视可以分为三个历史阶段。

(一)改革开放前中国广播电视的公共服务(1940—1977 年)

这一阶段公共服务的主要特点是以宣传为主导，兼顾社会服务；以广播电视的政治属性为主，兼具社会属性；媒介角色定位于社会的宣传者和教育者。由于经费来源属于政府全额拨款，公众免费接收，这一时期的中国广播电视没有自身的经济利益，其评价标准主要是社会效益。限于当时的经济和技术条件，电视事业处于初创阶段，其影响力与广播相比较小，广播成为提供公共服务的主要载体。

1940 年 12 月 30 日，诞生于抗日烽火中的延安新华广播电台，直至新中国成立前夕其节目形态主要是新闻节目和文艺节目。20 世纪 50 年代初，新闻总署给广播电台规定了三项任务：一是发布新闻、传达政令；二是社会教育；三是文化娱乐。同样，诞生于 1958 年 5 月 1 日的中国第一家电视台——北京电视台试播时，其任务也很明确："电视台应当根据自己的工作特点，担负起宣传政治、传播知识和充实群众文化生活的任务。"[①]此时，"公共服务"的概念虽然没有提出，但是中国的广播电视已经在发挥公共服务的功能了。

这一阶段，广播为公共服务提供的节目主要特点为：(1)广播新闻开始"自己走路"，除了播发新华社和报纸的消息以及评论外，还开始自行采写新闻和评论并创办新闻栏目。中央人民广播电台的《新闻和报纸摘要》以及《全国新闻联播》就诞生于这一时期。(2)广播社会科学教育类节目的品种趋于丰富，节目质量不断提高，出现了一大批听众喜欢的卫生、科普、少儿等专题节目。1956 年 9 月 4 日，中央人民广播电台的少儿栏目《小喇叭》正式开播，此后几十年长盛不衰，成为广播社会科学教育类节目中的典范。上海人民广播电视台开办了对农节目《何根伯谈生产》。(3)广播文艺节目得到长足进步，节日形态不断完善。各地电台纷纷播出中外歌曲、器乐曲、诗歌、小说、电影录音剪辑、广播剧等各种形式的文艺节目。

这一阶段，电视的公共服务主要有以下特点：(1)节目以新闻和专题节目为主，知识性、教育性是其主要特征。例如，1960 年设立的《科学知识》和《医学顾问》是中国电视史上最早的科普知识栏目，深受观众欢迎。初创时期的中国电视还特别重视少儿节目的创办。(2)为了适应中国教育条件落后的国情，电视教学成为最具特色的服务方

---

① 刘习良.中国电视史[M].北京：中国广播电视出版社，2007：33.

式之一。北京电视台开播不久，就于1959年开办了一个教授汉语拼音的电视讲座。1960年，北京电视大学成立；同年3月19日，上海电视台与华东师范大学联合开办了上海电视大学。20世纪60年代，许多地方电视台先后组建了专业艺术团体，按照电视的艺术特点和受众需求进行表演和创作，极大地丰富了文艺节目的内容。(3)作为一种新兴媒体，电视对观众具有很强的吸引力。但是由于百姓拥有的电视机数量较少，电视公共服务的覆盖面很小。

(二)探索期的中国广播电视公共服务(1978—1991年)

十一届三中全会召开后，我国步入改革开放的新时期，“计划经济体制开始向市场经济体制转轨，国家开始允许文化事业单位从事经营活动，中国广播电视的公共服务呈现新的特点，新闻传媒机构正式开始从意识形态宣传型向宣传与经营并重、双轨制运行的方向发展”①。商业广告的出现，标志着中国广播电视的经济属性开始显现，其媒介角色增加了“经营者”这一新的身份。由于经费来自政府的差额拨款，中国广播电视要完成公共服务的职能，就必须自行解决资金缺口，对其的评价标准也转变为“创优”和“创收”两个指标，即既要考虑社会效益，也要强调经济效益。但总体来看，这一阶段中国广播电视的经济属性对政治属性、社会属性的影响甚微。伴随着中国经济的快速发展，电视后来居上，其社会影响力与作用超过了广播，成为履行公共服务职能的生力军。

1979年1月28日，上海电视台播出了中国第一条电视商业广告；1980年1月1日，中央人民广播电台播出了自己的第一条广告，中国广播电视步入了从事业性质向产业性质转变的阶段。

1983年3月31日召开的第十一次全国广播电视工作会议在中国广播电视发展进程中具有里程碑式的意义。会议确定全国实行“四级办广播、四级办电视、四级混合覆盖”的事业建设方针，并且把“广开财源、提高经济效益”作为广播电视改革的方针之一。随后，中共中央在转批的《关于广播电视工作的汇报提纲》中进一步指出“节约开支，提高经济效益，并开辟财源，以补充国家拨款的不足”②。在国家政策的扶持下，各地广播电视机构纷纷成立，越来越多的播出平台以及日益丰富的广播电视节目为中国广播电视履行公共服务职能创造了优越的条件。

---

① 李景源，陈威.中国公共文化服务发展报告(2007)[M].北京：社会科学文献出版社，2007:43.

② 刘习良.中国电视史[M].北京：中国广播电视出版社，2007:135.

（三）新时期中国广播电视的公共服务（1992年至今）

1992年，随着邓小平的“南方谈话”和中国共产党十四大的召开，中国确立了建立社会主义市场经济体制的总目标。中国广播电视的事业性质、产业功能和喉舌职责，开始出现相互交织的局面，政治属性、社会属性、经济属性三者之间的平衡被打破，“领导意图，白纸黑字，一个字也不能错；市场运作，金子银子，一个子也不能少”[①]，广播电视的公共服务功能受到严重的冲击与削弱。

1992年，中共中央、国务院在《关于加快发展第三产业的决定》中将广播电视明确列为第三产业，并要求广播电视在内的第三产业做到“自主经营，自负盈亏”。从这一时期起，中国广播电视的广告收入逐渐超过国家拨款，并成为其主要经济来源，广播电视产业化的序幕就此拉开。

这一阶段，中国的有线电视开始出现，多套节目的传输和收看效果得到提升。1998年，国家广播电影电视总局会同国家发展和改革委员会、财政部大力推进广播电视“村村通”工程，着力解决部分农村群众收听、收看广播电视难的问题。有线电视和“村村通”工程，完善了中国电视履行公共服务职能的渠道，也为中国电视的产业化提供了技术支撑。

1997年前后，省级卫视纷纷上星，各家省级电视媒体在全国范围内展开了市场份额的争夺。单一的营利模式使广告成为中国广播电视产业发展的支柱，中国广播电视普遍面临尴尬境地。“央视的尴尬之处在于，作为党和政府的‘喉舌’，它必须把社会效益、对精神和道德的追求放在首位；作为一个没有财政补贴的商业主体，它又不得不遵循市场经济的规律，看重金钱和经济利益”[②]。

传媒产业为了应对因中国加入WTO而产生的国际竞争，各地广播电视机构掀起了“集团化”浪潮，试图在短期内做大、做强中国广电传媒，这在客观上进一步强化了中国广播电视的经济属性。2003年7月，尽管中国各省广电机构纷纷推出了公共频道，但这些频道主要是为了解决电视台过多的问题而由省级台成立的整合地县级电视节目的播出平台，“只是当前广电改革过程中出现的一个异化现象。它是各地电视台的公共频道，而不是公众的公共频道”[③]。

随着广播电视市场竞争的白热化，中国广播电视的广告经营开始呈现混乱的局面，一些广播电视播出机构一味地追逐收视率和商业效益，不断降低节目品质和公共

---

① 李良荣.论中国新闻改革的优先目标：写在新闻改革30周年前夕[J].现代传播，2007(4).

② 陆地.2003：中国电视产业大解码[J].南方电视学刊，2003(1).

③ 陈积银，彭金山.中国公共电视频道的缺位与策略探析[J].视听界，2005(6).

服务的质量。2003 年 9 月,国家广播电影电视总局颁发了《广播电视广告播放管理暂行办法》;2006 年 7 月,国家广播电影电视总局、国家工商行政管理总局又联合下发了《关于整顿广播电视医疗资讯服务和电视购物节目内容的通知》。然而,尽管主管部门三令五申,但收效甚微,中国广播电视公共服务质量滑坡的趋势未见好转。

以上梳理了中国广播电视公共服务的发展脉络,可以让我们清醒地认识到中国广播电视公共服务与国家政治属性之间的关系。广播电视发展面临的难题有其深层的历史原因,探索符合中国国情的商业电视与公共电视分营的模式,需从破解体制困境入手。

二、中国电视的意识形态

在过去的几十年里,尤其是近 40 年来,包括电视媒体在内的中国传媒取得了迅猛的发展。然而,中国电视媒体却面临着渐渐失去观众信任的危机。如果从电视的意识形态属性这一角度来考量,我们对电视媒体面临的信任危机的理解就多了一个维度:与其说信任危机源于媒体自身的角色紊乱,不如说这是各种意识形态在电视意见场中碰撞、冲突的一种呈现。而在意识形态的背后,则是国家的转型与变迁。新中国成立以来,尤其是最近 30 多年来国家的转型与变迁,使得电视媒体在内容生产和管理体制上出现了相应的改革与变迁,其中,国家型构、意识形态、电视传媒三者之间的关联与互动尤其值得着重考察。

(一)"国家型构"与"意识形态"

本书所用的"国家型构"一词指称中国从新中国成立至目前国家建设与成长的这一动态变化过程,这个概念可以涵盖 1978 年前后两个阶段的国家建设时期。"国家型构"不但"包括在'一穷二白'的基础上进行国家建设,而且包括在原有的国家制度体系上的改革"。当然,中国国家型构"侧重于'国家转型',即在'路径依赖'下选择性构建"。[①] "国家型构"是指迈进了现代国家门槛后中国建设和发展的历史进程,这也是一个大规模的集体行动过程。其中,起支配作用的主体是推动国家型构进程的行动者、参与者,交叉分层并通过复杂的支配网络联结而成。在不同的历史时期,这种复杂的关系以意识形态的方式反映出来,具有不同的特点,并相应地在中国电视的流变中

① 杨雪冬.市场发育、社会生长和公共权力构建:以县为微观分析单位[M].郑州:河南人民出版社,2002:3,231-234.与本书不同,该书作者使用的是"构建"一词。

得以呈现。概括地说,意识形态就是一套观念体系,是人们认识世界的一种思想体现。[①] 意识形态是与一定的社会经济、政治直接联系的观念、观点、概念的总和,包括政治法律思想、道德、文学艺术、宗教、哲学和其他社会科学等意识形态,是社会的经济基础、政治制度、人与人的经济关系和政治关系的反映。因此,现代社会的意识形态是复杂而多层的,既相互共存也存在冲突。

"国家型构"在观念层面表现为意识形态变迁,虽然电视流变也内含着意识形态的变化,但是二者并不等同,前者包含后者。国家与媒体之间属于主导与从属关系,"国家型构"中意识形态的变迁,必然会通过影视媒体呈现出来,其中,主流意识形态(党和政府)和其他意识形态(媒体、社会公众)之间是一种交叉互动的关系。

主流意识形态的建构以影视媒体为中介。影视媒体一方面要承载主流意识形态的要求,另一方面要满足公众的需求。主流意识形态与社会精神需求之间,既有"耦合"也存在冲突。当主流意识形态和社会诉求高度一致时,影视媒体的作用便充分释放,传播效果达到最优化。如果媒体一味呼应主流意识形态而得不到百姓的认可,则往往产生反向效应,如主旋律影视作品;如果媒体只考虑部分受众的诉求,而忽视主流意识形态的要求,则可能遭到禁播、罚款等,同样也会产生反向效应。

可见,媒体如何在主流意识形态和社会精神诉求之间找到最佳的结合点,从而有效地发挥其缝合与协调功能,是新中国成立以来贯穿中国国家型构不同历史阶段的一条主线。胡智锋认为,中国电视最初的20年(1958—1978年)是以"宣传品"为主导的阶段,这一阶段的中国电视节目具有导向正确、领导满意、凸显意识形态宣传功能的"宣传品"特质。[②] 作为"宣传品"的电视节目,其美学上的特征是旗帜鲜明地表达主流价值和意识形态。

(二)国家转型中的意识形态重塑和电视变革(1976—1992年)

从1978年改革开放开始的国家转型与新中国成立初期的国家建构相比,是一次更全面、更深刻的国家型构过程。随着"以经济建设为中心"的改革开放新时期的到来,中国电视媒体的生存环境逐渐发生变化。1979年1月,上海电视台播出了我国电视史上的第一条商业广告——"参桂补酒",意味着中国电视媒体在履行信息传播职能之外,增加了自身的经济利益诉求。1979年11月,中共中央宣传部正式发布了《关于报刊、广播、电视台刊播外国商品广告的通知》,对电视等大众媒体发布商业性广告的

---

① 阿伯克龙比.电视与社会[M].张永喜,鲍贵,陈光明,译.南京:南京大学出版社,2001:34.

② 胡智锋,周建新.从"宣传品""作品"到"产品":中国电视50年节目创新的三个发展阶段[J].现代传播,2008(4).

行为予以认可。自此，广播电视媒体的属性发生了根本性的变化，即“一方面具有属于意识形态领域内的上层建筑方面的特征，另一方面也具有属于生产力领域内的经济范畴上的属性”[①]。

1983 年 3 月，第十一次全国广播电视工作会议确定了“四级办电视、四级混合覆盖”的方针，极大地调动了地方办电视的积极性。在电视行业快速成长的同时，“四级办电视”也如经济领域的“诸侯经济”一样，因产业诉求而带来了意识形态的混杂、因追逐经济利益而导致的恶性竞争。

随着经济体制改革步伐的加快，“新闻传媒机构正式开始从意识形态宣传型向宣传与经营并重、双轨制运行的方向发展”[②]。电视的经济属性和产业属性开始凸显，其媒介角色增加了“经营者”这一新身份，电视媒体的评价标准转变为“创优”和“创收”两个指标，在考虑社会效益的背景下强调经济效益，以解决政府财政补贴不足的问题，这标志着电视媒体的经营意识逐渐成长并在实践中渐次加强。1991 年，仅中央电视台的广告收益就超过了 2.7 亿元。[③] 电视的经济实力得到显著提升，电视媒体开始“扩大再生产”。1990 年，全国电视频道有 554 套，平均每周播出 22,298 小时。1992 年，中国电视机拥有量达到 2.2 亿，观众最多时候达 8 亿人以上，电视成为最具影响力的“第一传媒”。[④] 整体来看，尽管这一时期的电视传媒具有“经济属性”，但是由于较好地贯彻了主流意识形态，因此优秀电视作品频出，电视媒体和电视从业者赢得了较好的社会美誉度。

从意识形态的维度来看，20 世纪 80 年代由“真理标准大讨论”开启的改革开放，不仅重塑了主流意识形态，也让知识精英和社会公众拥有了一定的话语空间，新旧意识形态的转换与冲突，以别样的方式浸染在影视的内容文本之中。一方面，社会发育与开放使主流意识形态面临意识形态世俗化的挑战。在市场化和消费主义的引领下，影视传媒的大众文化特质得以彰显，对受众的尊重表现为平民登场、“情感回归”，从崇高走向世俗化，娱乐精神初步显现，涌现出一大批深受观众喜欢的电视剧、纪录片和电视文艺栏目。从 1983 年开始直播的春节联欢晚会，逐渐成为中国人的文化年夜饭，而从电视媒体走出的流行歌曲和电视明星，都隐隐预示着“消费主义”的升温。另一方面，政治、经济、社会的深刻变革在撕裂旧意识形态的同时，也迫切需要新的“启蒙”来缝补意识形态的断裂，重组新的意识形态系统。“新型意识形态的建构意味着上层建

---

① 1980 年 2 月举行的全国广播事业规划会议上，中央广播事业局局长张君山在开幕式讲话中提出。赵玉明.商榷与补充[J].中国广播，2004(4).

② 李景源，陈威.中国公共文化服务发展报告(2007)[M].北京：社会科学文献出版社，2007：43.

③ 杨状振.1978—2008：中国电视产业化经营 30 年机制流变研究[J].郑州大学学报，2009(2).

④ 任远.中国电视 50 年的风风雨雨[EB/OL].(2009-09-10)[2016-07-21].http://www.media.people.com.cn/GB/10031824.html.

筑的适应性重构,重新建造认识和理解'现实'的航船,重新探索构成'现实'的秩序,以及更重要的是对'现实'做出合法的表达或阐释。"[①]在20世纪80年代的思想启蒙运动中,自由主义与新权威主义两种思潮的论争无疑最为引人注目。电视媒体也成为思想启蒙精英表达其意识形态诉求的重要载体,其中的典型案例是引发争议的电视片《河殇》。随后,为了廓清人们思想认识上的误区,中央电视台播出了《世纪行——四项基本原则纵横谈》,成为主流意识形态宣传的"一个可喜的收获"[②]。

概言之,经济转型给影视媒体的资本积累提供了可能,"思想解放"给媒体创造了较为宽松的话语空间,社会开放给媒体积攒了民间拥趸。影视艺术通过文艺形态的方式,为走出意识形态断裂与重建的困境提供了资源,并造就了多重话语方式。进一步说,影视传媒的转型并不是国家转型机械、被动的一部分,它本身也推动着国家政治、经济、文化、社会的转型。

(三)市场经济条件下意识形态的调整与电视改革(1993—2002年)

1992年邓小平的"南方谈话"和中国共产党十四大的召开,确立了社会主义市场经济体制的改革目标,这明确了国家型构的阶段性目标。在这个阶段,主流意识形态的再建构过程与社会主义市场经济体制的建立过程同步进行,其目的就是让上层建筑适应经济基础的重大变化。意识形态再构建的突出表现,就是邓小平理论和"三个代表"重要思想的提出。主流意识形态通过价值观重组、扩大执政党的执政基础,在重组的过程中,原有意识形态中不能与时俱进的部分被消解或淡化,新的元素和新的价值观被组合进来,但是主流意识形态的"底线"和"核心",从来都没有被动摇过。

随着主流意识形态的再构建,媒体自身也在发生变化,江泽民的"祸福论"和"以科学的理论武装人,以正确的舆论引导人,以高尚的精神塑造人,以优秀的作品鼓舞人"[③]等论断就是对彼时媒体转换职能目标的高度概括和要求。这种转变,使电视媒体的经济属性和政治属性得到彰显,从而成为国家和社会转型的积极力量,促进了社会和媒体的健康发展。

在主流意识形态居于统治地位的前提下,知识界和思想界呈现出多种思想流派的

---

① 云国强,吴靖.从意识形态、文化工业到市场化情境下的公共行政:当代中国电视剧体制与生产的历史考察[J].新闻大学,2009(2).

② 邓力群.一个可喜的收获[J].文艺理论与批评,1991(5).

③ 以科学的理论武装人 以正确的舆论引导人 以高尚的精神塑造人 以优秀的作品鼓舞人:江泽民同志在全国宣传思想工作舆论上的讲话摘要[J].党建,1994(2).

分化与碰撞。在20世纪的最后一个10年,中国知识界完成了“启蒙的自我瓦解”[①],新左派、新儒家等逐渐形成,民族主义思潮也以一种引人注目的姿态出现在中国社会。总的来看,20世纪90年代中国社会思潮的分化、变迁与改组,为中国改革和社会进步提供了必要的智识资源,并一定程度地参与了主流意识形态的再构建。但是,知识阶层和他们所承载的各种思潮不再是社会关注的中心。

在市场经济时代,当消费主义大行其道时,人们对娱乐休闲的需求占据了绝对的主导地位,大众消费文化逐渐成为媒体内容生产的主导。在市场法则的引导下,以思想和理论为创作对象的文化产品在媒体内容生产中所占的比重日趋缩小,利润和商业法则在媒介运营中不断得到强化。由此,媒体自身也成为市场经济体制的一个组成部分。

20世纪90年代,包括电视在内的中国媒体的事业性质、产业功能和喉舌职责第一次开始出现互相交错的情况。中国电视媒体需要在政治属性、社会属性、经济属性三者之间找到平衡,并在此基础上寻求改革之路,“政治家办报,企业家经营”的理念得到广泛认可。随着市场经济向纵深推进,媒体“产业化”逐渐涵盖整个行业。电视行业开始了从节目运作到人事管理制度的改革,以及从广告经营创收到吸引外部投资进行资本运作的一系列尝试。在此过程中,有线电视异军突起,省级卫视展开“上天落地”的产业竞争,集团化改革开始探索。然而,由于上层建筑(意识形态)与电视行业产业化之间存在一定的冲突,中国电视的改革注定要经历诸多波折,直到今天仍然在改革的路上。

中央电视台《东方时空》在财务、用人等机制上的改革,带动了中国电视在内容生产创新和管理机制等方面的改革。1994年开办的《焦点访谈》以中国特色的“舆论监督”为手段,成为中央政府在特定历史阶段创造的一种新型治理技术手段,也成为电视内容生产与主流意识形态互动的一个典型案例。电视媒体与意识形态的互动还表现在努力用新的话语体系来阐释主流意识形态上。吕新雨将当时这股纪录片创作热潮称为“新纪录运动”,它与中国社会变革和社会话语空间的改变有着深刻的联系。[②] 其中,纪录片《望长城》《毛泽东》《邓小平》等是较为典型的案例。

一个逐渐走向开放的社会对既有的意识形态起到了一定的解构作用,这就迫使电视必须建构起一套新的话语体系以获得观众的重新认可,从而完成党和国家赋予它的宣传和劝说功能。在经济体制变革的大背景下,《东方时空》和《焦点访谈》的诞生,以

---

① 许纪霖,等.启蒙的自我瓦解:1990年代以来中国思想文化界重大论争研究[M].长春:吉林出版集团有限责任公司,2007.

② 吕新雨.新纪录运动的力与痛[J].读书,2006(5).

及“新纪录运动”产生的“新话语”，其实正是电视媒体在意识形态和市场的双重压力下做出的创新探索。从当时节目的运作情况来看，这种策略是行之有效的，对意识形态的再构建起到了积极的作用。

(四)新世纪的意识形态创新与电视产业化(2003 年至今)

在国家型构进入改革开放新阶段的时代背景下，新一代中央领导集体提出了新的意识形态，即科学发展观的战略思想和构建社会主义和谐社会的战略目标。科学发展观和社会主义和谐社会之所以被视为对“中国特色社会主义理论体系”的最新创新、对“马克思主义中国化”的重大贡献，是因为它解决了以经济发展为基础的合法性的脆弱问题，适应了现代中国社会的需要，巩固了中国共产党的执政地位。

2006 年 10 月，中国共产党十六届六中全会第一次提出要构建“社会主义核心价值体系”。2007 年 10 月 15 日，党的十七大对社会主义核心价值体系作了完整表述，指出“社会主义核心价值体系是社会主义意识形态的本质体现”[①]。“社会主义核心价值体系”的创新之处，在理论层面上表现为它与“科学发展观”“和谐社会”相互交织在一起，构成了一个新的“中国特色社会主义理论体系”，它在重构马克思主义和社会主义思想的过程中，既保持了主流意识形态的连续性，又富有灵活性，适应了变化中的社会结构、利益、价值观的现实需求，彰显了执政党对民众的深切关怀。

执政党用社会主义核心价值体系引领社会思潮的积极探索，要求电视媒体予以积极响应。其中，中央电视台已连续举办多届的《感动中国》，是最具有代表性的案例。《感动中国》被誉为“观众一年一度的情感盛宴”“中国人的一部年度精神史诗”。[②] 在《感动中国》建立起的 13 类价值观念类型中，有 12 类属于传统价值范畴。尽管传统价值体系尚不能完全契合公众“现代性的成长”的需求，但这些“感动中国”的人物，却成为社会主义核心价值体系最鲜活的载体与化身。

2005 年 12 月，中共中央、国务院下发《关于深化文化体制改革的若干意见》，这是新中国成立以来，中央第一次就文化体制改革问题作出的重大战略性决策。电视传媒开始大举进入市场，促进国家整体文化产业的振兴。不过，产业化、市场化的发展路径，也给国家主流意识形态建设带来较大的冲击。在各级电视媒体市场份额争夺大战的背后，意识形态策略选择的异同也逐渐浮现。中央电视台的特殊地位在于其作为国家主流意识形态的主阵地，独占着各省级卫视不可挑战的政治资源，而湖南卫视则以“去政治化”的

---

① 高举中国特色社会主义伟大旗帜 为夺取全面建设小康社会新胜利而奋斗：在中国共产党第十七次全国代表大会上的报告[N].人民日报，2007-10-25(1).

② 邵成武.总有一种力量，震撼着我们的心灵：《感动中国》样态解析[J].中国电视，2006(8).

娱乐定位与发展路径,打出了市场消费主义的牌。“超女”广受关注,彰显了湖南卫视在大众文化领域的话语权,也让政府真实地感受到了主流意识形态在民间的断裂、消费主义意识形态的强大,看到了经济资本与社会资本对主流意识形态的颠覆作用。

电视传媒的产业化发展,在一定程度上加速了国家主流意识形态宣传控制力的退化,导致人们对过去统一而权威的世界观、人生观和价值观从认同走向混乱和迷惑。“消费主义”引发的过度商业化和娱乐化,催生了电视传媒的低劣化倾向。一时间,拜金主义、享乐主义和利己主义等滋生、蔓延,对国家主流意识形态所倡导的爱国主义、集体主义、社会主义等构成了挑战。为了确保正确的舆论和价值导向,国家广播电视主管部门利用行政手段开展“抵制低俗之风”行动,强化电视媒体的社会责任,公共服务开始作为广播电视的一种职能得到重视。

在意识形态领域,随着中国经济社会全方位的变化,知识分子的话语影响力更趋弱化。失去大众号召力的知识精英,以防御姿态打开另一个空间,“文化保守主义”思潮逐渐兴起,由此在荧屏上,出现了《故宫》和《百家讲坛》的热播。“文化保守主义”思潮在一定程度上回应了民间对于传统及民族文化的需要,也得到了主流意识形态某种程度上的认可与接纳,但它对于国家主流意识形态的建设性有待继续观察。

如果说从20世纪80年代至21世纪初,承担批判主流意识形态重任的主体是少数知识界和思想界精英,大众只是纯粹的受众,那么这种情况在网络时代已完全改变。互联网的普及改变了意识形态原有的传播格局,随着自媒体的兴起,一个“众声喧哗”的时代不期而至。在各类网络“炒作”的背后,潜藏着基层民众的一种诉求:“登场的权利”和“围观的自由”。① 无论是中央电视台春节联欢晚会舞台上草根明星(如“旭日阳刚”“西单女孩”“大衣哥”)的出现,还是放下姿态、变换语态的“幸福”调查,都在一定程度上抛却了旧思维模式的“政治正确”,释放出主流意识形态更加包容的信号:“大喇叭”模式已经远去,“大众麦克风”时代来临。

毋庸置疑,在全球化、网络化、市场化的时代语境下,意识形态建设是一个复杂、艰巨的课题。对中国电视传媒而言,只有在传媒的工具性和商品性被充分认识、挖掘之后,在国家转型、意识形态变迁的进程中顺应历史发展的趋势,把握时代进步的主流,发挥传媒公共领域的职能,为社会各阶层提供利益表达的话语平台,才能真正促进和谐社会的构建并完成自身的转型。

---

① 芙蓉现象:登场的权利和围观的自由[EB/OL].(2005-07-05)[2019-02-08].http://www.media.people.com.cn/GB/40698/3517783.html.

三、民生新闻:地面频道的创新实践

中国电视在履行传媒公共职能的过程中,还发展出了以城市居民为对象,以普通百姓民生内容为题材的民生新闻。民生新闻的兴起、发展与变革,是时代变革、社会发展、市场竞争和传播理念多种因素不断作用的产物。梳理民生新闻十几年的发展历程,其突出的贡献可概括为两点:其一,创造了一种新的新闻节目样态,即以贴近百姓的新闻内容、通俗亲民的话语方式、多样化的表现形式和鲜明的地域特色,改写了联播体的新闻格局;其二,让地面频道在激烈的市场竞争中挖掘出异质优势,在中央电视台、省级卫视对本地市场的包围与蚕食中成功突围。可以说,民生新闻是地面频道对覆盖范围内有限资源精耕细作的主要成果,也是大多数地面频道参与市场竞争、提升核心竞争力和扩大收视份额的主力武器。以省级地面频道"四小龙"之一的山东广播电视台齐鲁频道为例,其在全国地面频道始终处于领先地位的一个很重要的原因就是它建立了一系列如《拉呱》《每日新闻》《小溪办事》《么敢当》《101》等深受观众喜爱的民生新闻栏目,以及在此基础上搭建的覆盖了早、中、晚三大时段的新闻直播带。

随着民生新闻在电视荧屏上的遍地开花,再加上时间的推移,当下的电视民生新闻也出现了不少问题。从微观层面看,这些问题主要表现为节目内容和形态上的同质化、碎片化甚至低俗化等;从宏观层面看,则是一种已不能称之为新的节目形态如何消解疲态、重新激发活力的战略问题。换句话说,电视作为文化产业的重要构成部分,决定了创新是其灵魂,任何一种节目形态都有其生命周期,因此民生新闻要应对观众的审美疲劳,面临着如何突破瓶颈、转型升级、持续发展的难题。

(一)从意识形态的维度看,民生新闻的"缝合"效能后继乏力,民生新闻应走向公共领域,完成从市井民生到社会民生、由表达民意到创设平台的转变

追溯民生新闻兴起的原因,从表面看是题材选择、报道方式、制作理念的变化,如以"民生、民情、民意"为主要关注点,以城乡百姓"身边事、麻烦事、稀奇事、关心事"为主要报道内容等。其实,这只是考察民生新闻的表象而得出的结论。从电视新闻赖以生存的特定时代条件来看,国家转型中的制度变迁以及经济力量引起的社会变化才是民生新闻产生的土壤。因此,从意识形态维度审视作为"意义生产场"的电视媒体,方能为民生新闻的未来发展找到明确的方向。

法国社会学家布尔迪厄对电视提出了这样的疑问:“谁是话语的主体?”[①]从这一角度看,民生新闻受到欢迎主要得益于替百姓说话的意识形态策略。由此不难理解,民生新闻选择社会性题材实属必然,它借此向公众展示出一种“向民而不唯官”的亲民姿态。与主流意识形态的灌输方式不同,民生新闻通过提供生活投诉、家长里短、实用信息,营造了一个可以自给自足、相对封闭的时空——处于相对弱势的百姓被放大成世界的全部,现实生活中的落差与缺憾被新闻里“冷暖有人管、疾苦人共知”的媒体景象弥补,被关注、被承认的心理得到最大限度的补偿与满足。[②] 这种虚拟的精神满足,在俘获观众的同时,实质上也是在以一种变体的形式凸显极具消费主义特征的娱乐价值与情感价值。正如研究者所指出的那样:“民生新闻出现的契机在于特定的历史时机下,官方意识形态与民间意识形态之间产生了缝隙,民生新闻在一定程度上起到了重塑国家媒体‘亲民有信’的公众形象的作用。”[③]

在上述隐性的意识形态策略的指引下,民生新闻对百姓鸡零狗碎式的关心,在某种程度上稀释或遮蔽了民生的灵魂与实质,偏移了媒体理应关注的带有根本性、大局性、长远性的民生问题的重心,难以避免地滑入了一地鸡毛的窠臼。随着公众对民生诉求的发展,民生新闻与其发挥的效能日见捉襟见肘。

可见,过度挖掘传媒工具性和商品性不是长久之计,民生新闻应回归公共领域,完成从市井民生到社会民生、由表达民意到创设平台的转变。这种转变意味着媒体服务百姓的公共意识的提升、社会生活的自觉介入、公民素养的进步,媒体承担了更多积极引领的责任。这既是时代与历史发展的要求,也是民生新闻履行媒体职责的要求。从2011年9月起,按照中央部署,全国新闻战线组织开展了“走转改”活动,要求主流媒体带着感情、责任、思考、追求、真诚、信心走基层,倡导媒体担负起政治责任与社会责任。因此,要完成转型升级以获得持续发展的动力,民生新闻不能只满足于接地气,还需要通民心,即通过创设公众能够参与公共话题讨论的平台,培养受众的现代公民意识,真正发挥促进社会和谐的作用。

(二)从功能认知的维度看,民生新闻应坚持引导舆论、创新服务和积极监督三者并行,实现向主流新闻方向的转变

1.民生新闻引导舆论,应着力强化议程设置

坚持正确的舆论导向,创设良好的舆论氛围是电视媒体的应尽之责。与时政新闻

---

① 布尔迪厄.关于电视[M].许钧,译.沈阳:辽宁教育出版社,2000:22.

② 景志刚.存在与确认:如何概括我们的新闻[J].中国广播电视学刊,2003(11).

③ 周炯.意识形态梳理与主流媒体构建:新意识形态下的中国电视民生新闻[EB/OL].(2004-10-29)[2018-06-09].http://www.docin.com/p-2150063364.html.

不同，民生新闻的消息源主要依赖于新闻热线和突发事件，在议程设置方面相对被动，这是民生新闻表面化与碎片化的客观原因之一。解决民生新闻议程设置薄弱的问题，至少有两个途径：一是阶段性地精心策划选题，以系列报道吸引观众的持续关注；二是对栏目进行精准的定位，始终围绕某一类题材做深做透，如齐鲁频道的《拉呱》栏目从主流价值观和道德标准的角度，始终围绕家庭伦理和邻里关系来制作节目，选题范围看似很窄，却十分切合特定受众的收视需求，起到了很好的社会效果。

结合走向大民生的发展趋势，民生新闻想发挥议程设置功能，就需要将关注点转向诸如医疗、住房、上学、安全等基本而重大的民生议题，引导公众在平等、开放的多方协商中，彰显大众传播潜移默化的涵化效应。可以说，一旦民生新闻拥有了“会说大事、说好大事、能说大事”的本领，就能极大地提升新闻的品质、价值和高度，获得更为广阔的发展空间。

2.民生新闻服务公众，在“贴”得更近的同时，也要遵循适度满足的原则

民生新闻之所以具有吸引力，是因为它既成功回归了新闻的本质，又发挥了本地化、地域性的优势，即在突出新闻真实性、时效性、接近性的同时又充分挖掘了新闻价值中趣味性、知识性、服务性等辅助性因素。简而言之，民生新闻的魅力来自其在贴近性上取得的实质性进步。为了“贴”得更近，服务必须不断创新，这已成为民生新闻不断改进的原动力之一。

近年来，民生新闻服务创新的一个值得称道的现象是从信息提供转向行动帮助。有别于以往的大型媒介行动，民生新闻实现了行动帮助的栏目化和常态化，在全国地面频道中出现了多个帮忙类节目，如山东齐鲁频道的《小溪办事》、浙江钱江频道的《范大姐帮忙》、河南民生频道的《小莉帮忙》等。以《小溪办事》为例，就是以“小溪热心肠，有事我帮忙；小溪力量大，有事您说话”的真诚态度与实际行动，因为老百姓济危解困而广受欢迎。可以说，类似《小溪办事》这样的服务类新闻栏目，在如何与观众“贴”得更近、如何让服务更快捷、更有效、更有针对性上具有一定的典型性，也代表着民生新闻特定节目形态的发展方向。需要强调的是，民生新闻可以而且应该和观众“贴”得更近，但这并不意味着它对公众的需求可以无条件、无限度地满足。例如，以满足公众娱乐和情感需求为名，着力渲染与追逐“性、星、腥”，导致新闻的娱乐化与低俗化。这体现的不是受者本位的民本意识，而是为实现自身市场利益、摒弃媒介责任的行为。因此，在服务公众时遵循适量满足原则，是对盲从者的纠偏。唯有如此，民生新闻才不致走入一味迎合观众的泥淖。比如行动帮助类栏目，电视媒体更多的是通过其社会影响力，发挥沟通功能，为关涉利益方提供交流平台，而不能越俎代庖，代替行

政府部门的职能。事实上,媒体不能越界,也没有能力包打天下,否则将有悖于媒体的角色定位。

3.积极监督是避免民生新闻边缘化的有力措施

监督弱化甚至监督缺位是当下民生新闻一个较为普遍的现象,其原因或许主要在于规避政治风险。实际上,舆论监督是媒体的应尽之责,也是避免民生新闻边缘化的有力措施。民生新闻的监督不涉及国计、大事,但它关注的问题却因与百姓的生活息息相关,而容易赢得更多的受众支持。

民生新闻需要学会巧监督。首先,要善于抓住最有代表性、最有典型意义与警醒意义的人和事,选择好报道时机,这样比较容易赢得受众的青睐。其次,要准确把握揭露与批评的尺度,以建设性批评为主,以取得实效为目的,更重要的是要增强媒体与政府的互动机制,形成合力。对政府来说,解决民生问题是其职责所在,民生新闻以此为政府和民众搭建沟通的桥梁,辅以有理、有利、有节的舆论监督,最终促成问题的解决。

(三)从发展策略的维度看,技术引领、品牌建设和加强协作是民生新闻拓展发展空间的关键词

技术引领是指调动一切先进的技术手段,推动民生新闻的互动直播,吸引观众深度参与,真正做到传受之间零距离。直播车、SNG、互联网、4G 视频、手机直播等技术手段,都已在民生新闻中得到运用。就目前来看,全国大多数地面媒体实现了演播室的准直播,但与新闻事件现场直播的常态化仍有差距。因此,民生新闻将随着政策环境的变化在技术层面得到不断的发展与提升。

民生新闻栏目的品牌构建不易,维护更难,因为其品质不像物质形态的产品那样稳定、易于控制,一两次失败的节目,就有可能伤害到品牌的价值。因此,民生新闻的品牌建设主要从两个可控的方面入手:一是培育明星主持人进行人格化传播,二是举办公益活动提升美誉度和公信力。齐鲁频道之所以能强势领跑省级地面频道,其手中的王牌主要是多名在山东家喻户晓的主持人。同时,“齐鲁大篷车,公益三下乡”、“小溪书屋”和“《拉呱》连心桥”等系列公益活动的开展,也将齐鲁频道的公益形象植根于公众心中,极大地提升了齐鲁频道的社会美誉度。

加强协作是民生新闻突破地域限制、增强竞争力的不二途径。自 2006 年起,29 家地面频道共同搭建了民生新闻协作体,开启了互通有无、资源共享、多层次合作的媒介产品制作。地面频道通过新闻连线、依托平台创办栏目、新闻专题联合报道等形式,

延伸了地面频道的触角,为各地的民生新闻以及频道带来了新的发展空间与活力。但是,这一协作体即兴、短暂、零散合作的特征,制约着其作用的进一步发挥,尚需更完善的制度保障和运作方式来支撑。

四、电视问政:中国式公共新闻的探索

大众传媒具有政治社会化功能,既是政府传播、沟通,说服公民的重要渠道,也是公民反映心声、参与公共管理的主要途径,在促进民主政治发展方面具有独特作用。随着中国社会民主建设的加强、公众参政议政意识的提高,电视问政作为一种新兴的电视节目与问政形式在全国不断涌现,湖北、浙江、江苏、广东、河南、海南和宁夏等多个省份相继推出电视问政节目,如武汉电视台的《电视问政》、杭州电视台的《我们圆桌会》、温州电视台的《人民问政》以及洛阳广播电视台的《百姓问政》等,在当地均引起广泛关注并获得较好的收视表现。

(一)国内"电视问政"节目简析

所谓电视问政,是指执政者通过电视媒体就公共事务与公众沟通,公众借此参政议政的传播活动和传播现象。从广义的角度看,电视问政是电视媒体政治属性、舆论导向(含监督)功能的一种体现,所有凸显电视媒体政治属性的电视节目均可被纳入"问政"范畴;从狭义的角度看,电视问政节目是必须由政府部门、社会公众代表共同参与,以电视媒体为传播渠道、公开对话交流的电视节目。以 2003 年 1 月为时间节点,对我国问政类电视节目进行了粗略、不完全统计,部分栏目列举见表 1-1。

从表 1-1 所列的部分电视问政类节目来看,目前在国内电视问政类节目的具体实践中,不同电视媒体在节目理念、实际运作上均存在许多差异。比如,既有媒介行动类的,也有常态化播出类的;既有现场直播的,也有准直播、录播的,不一而足。目前,电视问政类节目主要集中于省会城市台以及非省会城市台(含地级台、县级台),既有直播的非日常播出节目,也有非直播的常态化栏目;既有特别节目,又有日常栏目。国家级电视媒体和省级卫视开设和播出的此类栏目较少。直播形态的电视问政大多是由党政机关主导的媒介行动,比如湖北武汉每年定期举办的电视问政节目。非直播的节目又分为完全录播和准直播(演播室+短片),如杭州电视台的《我们圆桌会》。目前比较常见的是阶段性媒介行动类特别节目。有些媒体着重强调"政策解读、上情下达",有些则主要给观众提供"建言献策"的平台和渠道,有些则注重搭建多方参与的"交流

表 1-1 截至 2003 年 1 月我国开设的部分电视问政类节目

播出频道	栏目名称	创办时间	节目形态	主办单位
天津都市频道	民生问与答	2011 年 7 月	日常栏目，准直播	电视台
山西卫视	电视议政会	2011 年 1 月	特别节目，现场直播	省政协与电视台
山西吕梁电视台	电视议政会	2012 年 3 月	特别节目，现场直播	市政协与电视台
宁夏银川电视台	电视问政	2012 年 12 月	现场直播	市纪委、市委宣传部、市电视台
湖北武汉电视台	电视问政	2006 年	现场直播	武汉市治庸问责办公室和武汉广播电视总台
河南洛阳电视台	政府与百姓	2010 年 8 月	直播	市委、市政府、市纪委、市委宣传部
河南驻马店遂平电视台	电视问政	2012 年	现场直播	
浙江杭州电视台综合频道	我们圆桌会	2010 年 12 月	日常栏目	市政府与电视台
浙江温州台新闻频道	人民问政	2012 年 9 月	现场直播	市人大与电视台
浙江温州台都市生活频道	政情民意中间站	2002 年 6 月	日常栏目	市政协与电视台
江苏南京电视台	向人民汇报	2009 年		市纪委、市监察局、市纠风办与多媒体联动
江苏扬州电视台	三公开三报告	2012 年 12 月	现场直播	市纪委与电视台
江苏武进电视台	问政面对面	2012 年 9 月	日常栏目	区纪委、区政风热线工作领导小组与电视台
安徽合肥电视台新闻频道	问政·合肥——政风行风面对面	2012 年 11 月	日常栏目	市纪委监察局、市政府纠风办
广东电视台新闻频道	广东民声热线	2006 年 6 月	现场直播	省纪委、电视台、南方日报社、羊城晚报社
广州电视台综合频道	沟通无界限	2006 年	时政电视谈话节目	电视台
四川巴中广播电视台	阳光问政	2013 年 1 月	现场直播	市纪委、市委宣传部、市监察局、市软建办

场”,还有的则是多由以前的政风、行风评议类节目发展而来,节目内容表现为“公众问责”式的舆论监督。

(二)电视问政的“中国特色”

电视问政节目的兴起有多方面的原因,其中最显著的一点在于它是中国民主化进程中公民传播权利意识不断觉醒、参与公共事务的热情不断高涨的产物。十八大报告提出“社会主义协商民主制度”,主张在多元社会的现实背景下,通过普通公民的参与,就决策和立法问题相互交流、沟通,最终达成广泛共识。电视问政节目的重要价值就在于它在国家权力中枢和社会公众之间架设了一道桥梁,增强了政治体系的开放性和包容性,最大限度地倾听民声、反映民意、凝聚民智,从而增进互信,实现双赢或共赢。

与欧美电视媒体类似的节目相比,中国电视问政节目因特有的电视传媒体制,其内容和形式均存在较大差异,具有自身鲜明的特点。和传统的舆论监督、批评类节目不同,电视问政节目的最大特点是在同一时空或同一谈话场所中搭建了政府、媒体和公众面对面交流与沟通的平台。作为一种新的、动态发展中的节目形态,它与民生新闻、批评性报道、舆论监督节目等有不少相似、交叉之处,但其政府主导、多方参与、民生指向、公众诉求等自身特点也很鲜明。

1.行政主导、多方参与

结合表1-1,从节目主办方和参与主体来看,电视问政类节目很少由电视媒体独立承担。可见,“电视问政”不是电视媒体来“问”。正如有学者指出的那样,“它的阵势来源于强力的行政推导,媒体作为酵母,放大和扩展其影响力”①。

电视问政栏目的主办方一般包括以下几个主体:一是决策层,如市委、市政府、市人大、市政协;二是其他职能部门,如纪检监察部门、纠风办等。而节目的参与主体则涵盖政府职能部门及官员、相关利益方、公众代表、媒体观察员等。可见,中国电视问政类节目依托于地方党政机关而生存,同时也意味着它必然受各级党政机关的管控。

2.节目议题的民生指向

中国电视问政节目始终植根于社情民意的现实土壤,话题主要集中于各类民生公益问题,主要聚焦的是百姓最关心、最直接、最现实的利益问题。在这一点上,电视问政与民生新闻有着诸多交叉和重叠之处,不同之处在于电视问政节目较后者更为宏观和系统,往往不局限于某个具体问题的解决,而是上升到系统层面,如城市治理、社会管理等。

---

① 田必耀.电视问政:行政推导的舆论监督样本[J].公民导刊,2012(11).

3.单向传播与全程可控

从表层看,电视问政类节目提供了一个政府、媒体和公众多方在场的对话空间,但对于更广大的电视观众而言,电视问政类节目实际上仍然是一个单向的信息传播过程。

电视问政类节目大多数采用的是录播形式,从策划设计、摄录控制、主持引导、剪辑加工到频道播出,每个环节均在严密的控制过程之中。虽然有少数节目采用了直播,但这样的风险很大。因为当媒体、政府、民众三方同时出现在一个舞台上时,要处理好这三方关系并不是一件容易的事情,而现场直播的风险也加大了节目的难度。[①]电视问政节目在选题设计、暗访拍摄、嘉宾选择、主持导向等方面,同样要经过严格的审查和筛选,并且也常在直播时通过技术手段延迟播出。

(三)《我们圆桌会》:中国式公共新闻的实践与探索

为了更好地认识电视问政节目的特征,我们以杭州电视台综合频道的《我们圆桌会》为例,探讨电视问政的公共新闻探索方式。

与国内其他电视问政节目相比,《我们圆桌会》在价值追求、功能定位、栏目形态、话题选择、运行方式、保障机制、播出安排上,具有自身鲜明的特点。该栏目彰显"平和"与"理性"的风格,不采用激烈辩论的形式,也不以"问责"的尖锐方式制造针锋相对的现场效果,更不以暴露矛盾、解决问题为直接目标,而是致力于搭建平等参与、交流协商的平台,力求多方在讨论中取得共识。正如该栏目的策划者王平所说:"社会需要改变,但改变社会是需要政府和社会各方面进行合作的。合作的前提是什么?是互信。"[②]《我们圆桌会》所取得的收视效果体现的正是电视节目在"公共新闻"领域的探索与努力。

1.何谓"公共新闻"

美国学者在20世纪90年代初提出了"公共新闻"(public journalism)理论,也有学者称之为"公民新闻"(civic journalism)。作为一个尚在发展中的概念,"公共新闻"目前缺乏一个学界共同认可的定义,于是我们这样描述,以大致展现其特点:将新闻报道与媒介活动相结合,新闻传播者在报道新闻事实的同时,还以组织者的身份介入公众事务中,发起公民讨论,组织各种活动,寻求解决问题的对策,使公共问题最终得到

---

① 赵振宇.传统媒体、政府、民众三方如何互动:参与武汉电视台"电视问政"节目后的思考[J].新闻记者,2012(10).

② 蔡雯.美国新闻界关于"公共新闻"的实践与争论[J].新闻战线,2004(4).

解决。[1] 有国内研究者形象地用四句话对此予以了概括："培育和营造公民社会，监督和构建公共领域，报道和指导公共事务，交流和引导公共意见。"[2]那么，在中国特定的媒介体制框架下，何谓中国式的公共新闻呢？一般而言，是指媒体"在国家(政府)主导的框架内，由主流媒体搭建平台，有意识地运用议程设置，把政府和公众真正有效地联系在一起，致力于推进媒介议程、公众议程和政策议程的互动"。

2.《我们圆桌会》带来的价值与启示

正是基于公共新闻的理念，《我们圆桌会》的实践与探索超越了一档纯粹的电视栏目，上升为杭州"开放式决策、民主促民生"城市复合管理链条中的一环，也成为杭州政府与社会民生互动的平台之一，其显现的价值与启示是多层面的。

(1)"新闻执政"的语态转换：强化媒介责任，凸显公共服务性

一般而言，"新闻执政"是指党和政府运用新闻媒体推行政令、处理政务、推进工作的一种执政方式，它的核心是要通过新闻媒体去传达信息、引导舆论、服务群众。《我们圆桌会》的启示在于，"新闻执政"的主体不再局限于党和政府，而是由"我们"——一个更宽广的"社会复合主体"来担任。这个社会复合主体吸纳了学术界、媒体界、党政界和市民各方的共同参与，公共问题得以被公开、广泛地讨论。当新闻执政的主体由一元的"党政"变成多元的"我们"，公共议题设置者、讨论者的扩容，在多元匹配中有效地加强了政策与民意的对接。

从表1-2可以看出，栏目话题出现频率高的几项问题(交通出行、文化和精神文明建设、民生建设、社会建设、经济建设、环境生态)凸显了杭州市的城市管理热点与难点。《我们圆桌会》承担起了主流媒体为公众搭建话语平台的公共责任，将有关城市治理的若干方面放到放大镜下观察。它一方面尽可能地满足了民众的期待，另一方面也为被监督对象的表达诉求提供了平台，在遵循新闻规律的基础上，拓宽了政务公开的渠道，加强了政府与公众在城市治理上的互动与合作。

《我们圆桌会》的努力不仅凸显了主流电视媒体的公共服务属性，而且通过提供议政平台发挥为民服务的功能，满足了上层管理部门和民众的双重诉求，实现了电视传媒传统角色的转换，即从政府喉舌或公众代言人的角色归位到客观、中立的传播渠道与载体上，让主流媒体从传统的官方性因为公众的自主参与而逐渐转变为公共性。

可以看出，《我们圆桌会》摆脱"我宣传你"的语态，从选题策划、框架内容、主持人

---

① 据本书作者2013年1月23日对王平的采访。

② 南方周末：从民生新闻到公共新闻[EB/OL].(2011-06-05)[2018-09-10].http://www.wenku.baidu.com/view/2445c3a0029bdb4783e2c9c.html.

把控等方面为各方的参与营造了一个公开、平衡的舆论场，这无疑有助于促进“有效沟通”，在构建社会信任的同时，使“新闻执政”的效果大大提升。

表 1-2 《我们圆桌会》557 期(2010 年 12 月 20 日至 2013 年 3 月 31 日)的话题分类[①]

序号	话题分类	期数	占百分比/%	备注
1	交通出行	109	19.57	
2	文化和精神文明建设	101	18.14	文化、文物保护、业余生活、网络
3	民生建设	75	13.46	教育、就业、医疗、住房
4	社会建设	54	9.70	弱势群体、维权惠民、民情民意
5	经济建设	54	9.69	行业、企业、产业、消费、物价、旅游
6	环境生态	48	8.62	
7	社会管理	47	8.44	公共安全、社区管理、食品安全
8	城市发展建设	36	6.46	城市发展、建设、规划
9	党政建设	16	2.87	
10	其他	17	3.06	
	总计	557	100	

(2)“舆论监督”的另辟蹊径：以“建设性”为轴心，引领“平等、理性”的价值观

我国现行的监督系统包括公民监督、社会监督(舆论监督、社团监督等)、国家监督(人大监督、司法监督、行政监察等)。[②] 具体到媒体来说，舆论监督的核心要素有两点：一是监督者为广大民众，新闻媒体代表民意、受民所托来行使监督权；二是监督的对象主要为政府相关部门，媒体通过揭露问题进行治庸问责。同时，电视问政彰显了舆论监督在我国监督体系中的重要地位。

《我们圆桌会》将公众关注的民间议题放置在媒体平台上互动，并推动公众议题逐渐被纳入政府议程，其诉求并不局限于单一议题(单期节目所反映的问题)的解决，而将重点聚焦于媒体如何整合当下的社会议程，把杭州市共时性整体状态下的民生面貌表达出来，与政府发生共振。媒体与其说扮演着监督者的角色，不如说充当了一种建设者、推动者的角色。无疑，这与十八大提出的“改进作风”、建设“责任性政府”等相吻合。

“理性”最突出地体现在《我们圆桌会》对公共敏感话题的处理上。它不同于某些过于市场化的民生新闻，既没有家长里短的琐碎乏味，更没有猎奇刺激的耸人听闻。

① 数据来源于杭网议事厅官网。

② 张晓霞.构建以公民监督为基础的“三位一体”式监督系统：基于服务型政府视角[J].湖南医科大学学报，2009(6).

作为一档新闻论政栏目,《我们圆桌会》以“建设性”为轴心,引导着民生新闻走向公民新闻。一方面,它通过“真理越辩越明”的方式,解决民生问题,提升民主意识;另一方面,它通过构建共同利益之间的联系,提升政府、媒体和百姓对民生关注的锐度。进一步说,《我们圆桌会》不仅注重多方声音的表达、问题的解决,更注重沟通本身。尽管各方诉求存在差异,但他们都是这座城市的参与者、建设者、享受者,“城市主人”的身份主体以及事关大众的公共议题,保证了沟通的“建设性”与“有效性”。

“平等、理性”的价值引领,有助于改善国家(政府)和社会(群众)的关系,弥合或缓解现实存在的对抗或冲突,使“国家—社会”的关系得以转变为“公共利益—公民”的关系。就此而言,《我们圆桌会》无疑走到了许多同类电视栏目的前面,对中国电视问政节目的发展起到了一定的示范作用。

(3)协商民主的生动实践:以“民主促民生”的理念,培育公共精神有序生长

十八大报告提出“社会主义协商民主制度”,主张在多元的社会现实背景下,通过普通公民的参与,就决策和立法问题相互交流、沟通,最终达成广泛共识。电视问政节目的重要价值就在于在国家权力中枢和社会公众之间架设了一座桥梁,增强了政治体系的开放性和包容性,最大限度地倾听民声、反映民意、凝聚民智,从而增进互信,实现双赢或共赢。

“民主促民生”理念是《我们圆桌会》的重要创新点。杭州市在全国率先推行“开放式决策”,积极开拓多种路径,保证政府决策的科学性、公平性,多样化地利用大众传媒即是方法之一。《我们圆桌会》是承担着上述功能的一个重要载体。

《我们圆桌会》开辟了一条普通市民能够实实在在了解并参与政府治理的通道。在这一通道中,群众发挥主导作用,杭州市委、市政府成为组织、服务和执行的公仆,通过问政搭桥,形成民和官有效互补、沟通契合、彼此信任、良性互动、和谐共进的城市政治生态。问政栏目建立的民主参与公共话题的机制,成为市民的公共精神发育、成长的新空间。

《我们圆桌会》通过在不同群体之间构建一个稳定、持久、平等、有序的互动机制,使社会信息流向良性运行的方向,即协商与沟通。这种模式不同于以往将政府官员与民众对立起来的话语场,它不仅有助于处理维稳与维权之间的关系,更有助于重建现代社会的道德秩序、信用结构和基础制度。

不仅如此,以理性、平和为特质的《我们圆桌会》,“在信息传播中也同时传递着情绪和态度,平等交流、充分沟通、理性协商本身也是化解和疏导偏颇、对立情绪的一种手段”[①]。

---

① 宋晓农.媒体功能的新探索:关注杭州综合频道《我们圆桌会》[J].新闻实践,2011(11).

综上，优质的电视问政节目不仅构建了百姓参与城市管理的渠道，而且彰显了“公共性”“平等性”“参与性”“监督性”以及媒体的“宽广解释框架”。更为重要的是，它传递着一种导向价值和态度：在社会各方表达自身诉求的过程中，通过倾听、沟通、解决，可以找到一个符合最广大群体利益的交集，其核心价值正是通过建设性的质疑和有温度的协调来平衡利益、寻求共识。

(四)电视问政的未来展望

从平面媒体到广播媒体再到电视媒体、网络媒体，媒体问政一直有迹可循。电视媒体问政之所以与其他媒体的“问政”相比能引起更多的社会关注，主要在于它的覆盖面、贴近性和权威性。

对于《我们圆桌会》的案例分析，引导我们思考电视问政未来的可能性，至少可以从三个层面予以考量。首先是宏观层面，包括政治与经济等各种权利的重组和竞争；其次是中观层面，包括培育公民意识与建构城市公共领域；最后是微观层面，包括传统媒体内容生产与运行机制创新。这三者的核心离不开媒体这一组织机构的特殊角色、属性与功能。因此，关于电视问政的意义追问，必然指向它究竟能在多大程度上建构一个合理、平等、开放的话语平台，进而形成公共舆论。

分析国内诸多同类节目，我们发现两个普遍现象。第一，关注民众权利表达多于关注政府回应；第二，关注一类声音多于关注民意景观。对于前者，《我们圆桌会》的运作卓有成效。节目形态以足够的诚意与努力搭建了平等的话语场，问政者的知情权、表达权充分得到保障，而被问政一方也主动配合、透明公开地回应质疑。对于后者，也正是中国媒体需要更加理性面对的问题：在中国当下的舆论环境中，媒体该如何使大众参与议题从而塑造“民意景观”？

与20世纪不同，“民意”已很难再现“大一统”的局面，利益群体分化，诉求不尽相同，一项具体政策的施行都可能出现支持、中立、反对等复合声音共存的情形。在此背景下，电视媒体对“民意”的认识与选择就显得尤为重要。关注议题的民众到底有多少，以及支持与反对的理由和比例，都是决策者判断应不应该将议题确认为政府议程的关键因子。面对非理性的声音以及各自为营的公共诉求，除了“质询”这种直接找政府“有关部门”的简单方式，是不是还可以提倡通过民主来解决民生？这触及的或许正是“问政”节目的边界。媒体如何塑造出合理的民意景观，不误导、不夸大议程的压力，使议政成为政策制定的参照系，正是当下中国电视面临的难题之一。

第二节　构建电视的文化属性

中国电视60多年的发展历程从内容生产的角度看,大体经历了三个时代。与此相对应,其电视内容具有较为鲜明的时代特征,我们可以将其大体划分为宣传品、作品和产品。

第一,“宣传品”(宣教时代)。从20世纪50年代末到20世纪80年代,电视内容主要履行着党和政府主流价值的宣传以及对公众进行教育的功能。在新闻、社教、文艺以及体育、少儿、服务等若干领域都或多或少有这样的特点。由于各个领域的内容都主动地承担了宣传教育的使命和功能,因此这个时代的电视内容可以被称为“宣传品”。

第二,“作品”(创作时代)。从20世纪80年代到90年代中期,伴随着改革开放的逐渐深入,电视传媒从业者的个人职业化诉求和专业化追求得到了普遍的尊重和重视。一个非常显著的变化是,宣教时代作为宣传品的电视节目创作者模糊的个人形象在这一时期得以显现,他们的名字经常出现在电视节目的播出过程中,而每一个电视从业者也因此格外珍惜和重视自己的这份工作,因为他们可以把自己参与的节目内容视为自己的创作。也是在这个时期,一大批著名的制片人、编导、播音员、主持人和其他电视制作环节的工作者为人们所尊重。在电视内容方面,尽管不可能完全摆脱宣传教育的色彩和功能,但节目从总体上看已不再是“宣传品”而成为“作品”。

第三,“产品”(生产与传播时代)。20世纪90年代中期以来,随着电视传媒市场化程度的不断深入,电视的内容、市场与观众的收视日益紧密地结合在一起,计划经济时代只算宣传账或只算创作账的观念和做法已经很难获得现实的市场支持。一些以往在主流电视媒体中不太提及的字眼,成了电视媒体从管理者到每个工种从业者所关注的焦点,如产业化、集团化市场、效益、效率、收视率、受众需求等成本核算、营销、广告等,也影响着电视实践。这个时期的电视内容已经不再是宣传主管部门意志的简单呈现,也不再是电视从业者个人主观的表达,电视内容的存在更多体现了市场的需求和观众的选择,从电视内容的组织、策划、运行直到最终的价值实现,这一特征日益明显。我们称这个时代为“电视生产与传播时代”,称这个时代的电视内容为电视“产品”。

需要说明的是,中国电视在它的发展进程中,第一位的功能和使命始终是正确、健康的宣传教育,这一点是不会动摇的。同时,电视的内容也不可能脱离高度的专业化和个人化创作基础,这也就意味着电视内容作为“宣传品”和“作品”的意义与价值在任何时期都是不可忽略的。在60多年的发展历程中,中国电视逐渐形成了自身鲜明的特色与气质,尤其是近十年来在产业化的推动下发展尤为迅猛,但与此同时,电视节目的泛娱乐化、低俗化等消极现象也不容忽视。电视节目品质的下滑令观众失望,学界也提出了批评,政府更是三令五申地要求“净化荧屏”。那么,作为满足百姓精神文化需要的电视媒体,其节目到底应该具备什么样的文化品质呢?电视作为一种大众传播媒介,功能多重,“娱乐”也好,“严肃”也罢,一旦缺失了人文素养,必行之不远。与此相对应,电视的文化结构也是多重的,它应该兼容并蓄主流文化、精英文化与大众文化。

一、重塑全球语境下的文化版图

对于“全球化”引发的文化问题,国内外的许多学者都发表了深刻的见解。用“文化版图”来表述,把原属政治概念的“版图”一词与“文化”接壤,不仅是一种新鲜的表述,而且富有深意:无形的文化疆域,在跨文化交流的全球化语境中更应引起人们的注意和重视。中央广播电视总台张子扬曾经如此呼吁:“如果没有对文化版图的重视、固守与拓展,没有健康的人文精神给予关怀,我们中华民族的优秀文化也很可能会在全新的技术现实中被外来文化版图所蚕食——吞噬。”①电视作为人们日常生活的伴生物,在为人们提供信息和娱乐的同时,对于人们的思想意识、观念认知都施加着极为深刻的影响。电视的强势媒体地位以及中国目前较为开放的文化格局,为大力倡导“文化版图”意识提供了最有说服力的媒介环境。“文化版图”意识已经成为视听时代媒介人的责任意识和文化自觉的一种体现,它向我们提出了一个全新的命题:电视不仅是文化的一部分,而且是当前最具影响力的传播载体,在全球化的语境中,我们该如何利用电视媒介的影响力重塑我们的“文化版图”?

(一)时代背景:“全球化”引发“文化危机”

“全球化”首先是以经济的形态来引发注意和思考的,但是它同时对文化产生影响,其中一个隐患便是文化的“趋同化”。经济全球化使信息传播畅通无阻,拉近了各个国家、民族之间的地理距离和文化距离,并加速了文化的碰撞和融合。持批判态度的学者提出了抵御某些经济强势国家“文化全球化”的主张,并名之为“电子殖民主义”。张西明指出:“我们的后代一天天在‘大众’‘流行’之类的旗号下餐饮着‘垃圾餐

① 张子扬.关注“文化版图”的固守与拓展:引进节目编播后的思考[J].中国广播电视学刊,2001(8).

文化'长大,最后竟然在不知不觉中失去了自己文化的'根',实在是一个必须未雨绸缪的大问题。"[①]

必须认识到,文化竞争远比经济竞争残酷,经济竞争关系到利益,文化竞争关系到民族存亡。英国学者特里·伊格尔顿指出,"文化现在显然是问题的一部分,而不是解决问题的方法;文化是战场,而不是可以弥合差异的奥林匹亚神台"[②]。所以,在经济全球化过程中,仅仅存在还称不上文化,文化必须是一种活的精神,它必须在现实中发出声音、产生影响,它必须产生民族的创造力,而这正是发展中国家媒介意识的明确内核。[③] 作为发展中国家的中国,在成功加入 WTO 之后,一批有历史责任感的学者同样认识到文化危机的问题,并提出"国学复兴"的倡议。例如,中国人民大学成立的国学院就是在这一背景下产生的,它所隐含的"本土"意识具有很强的民族文化认同色彩,是对东西方经济、文化冲撞下"文化怀乡"现象的一种折射。

(二)现实分析:不对称的传播秩序

在全球化语境下,提出"文化版图"具有现实的针对性和迫切性,因为我们首先面临的一个突出问题就是:所谓的"信息全球化"是真正意义上的全球化,还是由某几个国家的模式推广而成的所谓的"全球化"?西方国家凭借强大的经济实力和先进的技术手段,巩固了其在全球信息市场的地位,取得了在全球信息传播市场中的垄断优势。有统计表明,目前,从发达国家进入发展中国家的信息流量是发展中国家传入发达国家信息量的 100 余倍。这充分表明,在当前的跨文化传播中,现有的国际文化传播秩序处于一种不平等、不对称、不平衡的状态之中。这些资本主义经济强国,利用自身强大的经济资源、科技资源,竭力推行文化输出,使强势文化与弱势文化表现出惊人的"贸易顺差"以实施"文化殖民主义",在这种情况下,如果弱势文化缺乏主体性和"文化版图"的固守意识,长此以往,就只会用别人的眼光去观察事物,从而成为新的被殖民国家、被殖民民族。

巴赫金说:"单一的声音什么也结束不了,什么也解决不了。两个声音才是生命的最低条件。"[④]正因为如此,从 20 世纪七八十年代起,发展中国家便一直在争取建立"世界信息与传播新秩序",试图在一个世界上听到多种声音,但至今依然没有大的改观。中国属于第三世界国家,在这种不平等的传播秩序中,显然处于不利的地位。中

① 张西明.传媒帝国的诱惑[J].读书,2002(3).

② 伊格尔顿.当代文化的危机[M]//韩少功,蒋子丹.是明灯还是幻象.昆明:云南人民出版社,2003:114.

③ 高鑫,贾秀清.经济全球化·文化本土化与发展中国家的媒介意识(上)[J].现代传播,2003(1).

④ 巴赫金.巴赫金全集:第五卷[M].石家庄:河北教育出版社,1998:340-341.

国在加入WTO、开放地融入世界之时,必须争取发出自己的声音,取得"对话"的资格和实力,而这一切需要先从坚守我们固有的"文化版图"做起。以电视为例,虽然今日国内有无线电视台980多家,有线电视台1,280多家,所有省级电视台节目上星,但是更有40多颗西方卫星传送的300多个电视频道节目在上空盘旋,对中国的电视文化市场虎视眈眈。在此现状下,中国对"文化版图"的固守和拓展就有了特殊的现实意义。我们有义务将中国广博的文化、真实的面貌推向全世界,在世界上塑造一个古老而开放、稳重又进取的中国形象。

(三)载体选择:电视强大的传播功能

电视是一种媒介、一种传播载体。与传统媒介相比,电视具有不可比拟的优越性:视听兼备、超越时空的特点,使电视传播形象、直观且具有强烈的现场感。电视还是一种包容性、综合性极强的媒介,其内容之丰富、题材之广泛、品种之庞杂、表现手段之多样,使它拥有了最多的受众,因此电视传播的功能不仅大大得到提升,而且形成了"电视文化"。在世界范围内,当代人类最主要的文化消费之一是电视文化。这种文化已经发展到了非常高的程度,以至于没有哪一个国家、哪一个阶层、哪一个年龄段人群与它无缘;同样,一个社会的政治、军事、文化、宗教、经济、教育等一切领域,没有哪一个离得开它。电视是人们日常生活的一部分,是和饮食一样重要的依赖性消费。作为当今大众文化的强势媒体,它对人们的价值观、生活方式和思维方法施加着不可低估的影响。

香港凤凰卫视中文台杨锦麟在接受《新京报》采访时说,多媒体时代的任何一种载体,在倡导文化方面所扮演的角色都不能被忽视,电视的视觉传播效果及其对受众最直接的影响不容低估。电子媒体在今时今日的中国社会,似乎已经成为家庭成员,而且是赶不走、离不散的成员,也正因为如此,它的作用和功能是实时的、潜移默化的、无时不在的,是形形色色文化不可或缺和必须依赖的载体。电视本身就是文化,但同时更担负着传播文化的重任。以电视为载体,是构建"文化版图"最便捷的传播渠道,电视节目作为"文化版图"的一个重要载体,已经超越其本身,变为一种附载着历史责任与民族使命的重要工具。

(四)传播策略:国际视野和"以我为主"

承载着构建"文化版图"使命的电视节目,从内容上看可以粗略地分为本土电视节目、对外电视节目和引进节目。一方面,显然"文化版图"的"文化"对于三种节目系统都有着很强的本土针对性,我们必须立足于五千年中华文化的沃土之中,展现华夏文明的源远流长和博大精深;但是另一方面,我们又必须把这种文化意识建立在全球文化语境基础之上,避免陷入狭隘的中西文化二元对立的思路。构建"文化版图"的目标有二:一是再造中华精神,确立现代中国的世界观、文化观、审美观;二是对外显示"中国想象",发挥中国文化的引力,改变世界对中国的认知方式。

美国学者阿里夫·德里克指出,"在所有关于全球和地方问题的讨论中都有一种不对称性。这种不对称性在于把地方贬为全球的从属地位,而后者则与普遍性相连"①。因此,"文化版图"的首要任务是"固守",与此相对应的关键因素是本土节目和引进节目。

就本土节目而言,"固守"绝非画地为牢,而是面向世界;不是孤芳自赏,而是敞开胸怀去学习、借鉴;不是急功近利,而是着眼于长远发展,在本土节目全球化的同时,吸纳外来的先进文化以提升自己,因此,只有具备了"国际视野",才能完成自身节目水准的提升,在体现中国文化传承性、先进性的同时彰显开放性的"文化品格"。

就引进节目而言,"固守"的策略在于巧妙地"拿来",即鲁迅先生所说的"不做'昏蛋',不当'孱头'",必须拥有"以我为主"的清醒头脑和判断力。从传播学的角度来定义,引进节目应该是一个"二度编码"的过程,它不等同于简单的翻译,而是有选择地引进,同时按照我们的需求进行二次创造,相关媒体需要当好"把关人"。

就对外节目而言,它是拓展"文化版图"的关键。中国电视在完成"让国人看世界"的使命之时,更要着力于"让外国人看中国"。我们必须倡导"越是世界的就越是民族的"这种新的传播理念,建立"以外国人的视角报道中国"的观念,以现代和世界的眼光对辉煌、灿烂的中华民族优秀传统文化和当代中国的精髓进行加工、处理、改造和演绎,增进传播效果,才能拓展华语文化的"版图"。

需要强调的是,随着社会文明的进步,几千年来文化的发展已经逐渐从无序的自生自灭走向有序的整合。美国学者亨廷顿认为,"21 世纪是文明冲突的世纪",这正提醒了我们"文化版图"的战略意义。在这场没有硝烟、更为隐蔽的兼并和争夺中,电视将扮演十分重要的作用,依托电视媒介的"文化版图"争夺战有可能决定一个民族的生死存亡。以天下大势为后景,以电视传媒为前景的中西方文化的交汇,对致力于民族伟大复兴的今日中国,无疑提出了"文化版图"是应扩大还是缩小的质问,经受住了千年考验和检阅的中华文明此刻遇到了难得的机遇和空前的挑战,中国电视应做好准备。

---

① 德里克.全球主义与地域政治[J].王春梅,王怡福,译.马克思主义与现实,1998(5).

二、地域文化关怀与文化自觉

2015年,中央电视台大型涉藏题材纪录片《第三极》以精美的影像带领观众登上高海拔地区,通过一个个朴素、通俗的故事,呈现青藏高原上的生命之美,反映藏族人民的生产生活、精神信仰以及对传统文化的传承。中央电视台纪录频道播出的纪录片《五大道》(天津台主创)、《汉江》(湖北台主创)等,也曾引发收视热潮。安徽台创作的《大黄山》、吉林台创作的《长白山》、河南台创作的《中原崛起》、陕西台创作的《大秦岭》等同类纪录片,都是近年来大型地域题材人文纪录片中的佳作。

就题材类型看,此类作品均属于人文类纪录片,它们最早可追溯到20世纪80年代的《话说长江》《话说运河》《丝绸之路》以及后来的《望长城》等。这类纪录片通过对历史遗迹、地方风物、文物器皿、文化景观等的影像记录和表达,折射出当代人对民族历史、地理和文化的体验、认识与反思。它们之所以得到观众的好评,是因为除了精致影像营造的新奇视听之外,还描摹了中华文明悠远精深的文化图谱,谱写了一部部穿越历史与现实的地方影像志。因此,观察中国电视荧屏上的这股"地域题材纪录片热",除了要关注艺术维度的影像表达外,更需要从作品蕴含的文化含量、达到的思想深度等角度去考量。

(一)文化自觉:国家民族视域下的地域文化关怀

近年来热播的地域题材人文纪录片的一个鲜明特点就是,均得到宣传主管部门的大力支持,所以资金投入大、创作条件好、播出平台优。与之对应,这类作品大多制作精良、社会反响好。这类纪录片虽然是在政府意识形态主管部门的主导下完成创作的,但话语方式和影像表达都充分遵循了电视创作的规律。从这个角度说,这些纪录片是新时期意识形态创新传播的硕果,它们深情地注视着脚下的"一方热土",回眸厚重的人文历史,彰显的正是主流电视媒体的"文化自觉"。

曾有一种比较形象的说法——"经济搭台,文化唱戏"。在新的形势下,这句话应该予以新的阐述:文化不是手段,不是工具,其本身就是目的,是经济社会发达程度的重要标识。因此,"文化软实力"的提出昭示的是文化主体地位的回归与重申,经济对文化的反哺昭示着中国已经发展到这样一个特定阶段:在政治自觉和经济自觉之后的文化自觉。

"文化自觉"如今已不是一个新鲜的概念,但是如果我们返回这一学术观点提出的原点,或许能获得新的认识。费孝通在思考中国10万人口以下的"人口较少民族"文化如何保存这一社会问题时，得出结论：要从文化转型上求生路，要善于发挥原有文化的特长，以求得民族的生存与发展。[①] 可见，从国家层面来看，“文化自觉”体现为在全球语境下对本民族文化特质与根性的认知、认同与坚守上，体现为在促进经济发展、社会进步的同时，对自身文化的重塑、创建与提升上。那么，对于国家之中的“地方”而言，这意味着在国家民族的整体视域中也应当挖掘地域文化的特质，才能由此确立地域文明在中华文明版图中的位置，这一点也正是地域题材纪录片的文化诉求之所在。具体到地方主流媒体，“文化自觉”不在“别处”，就体现在如何定位好、传播好地方历史和地域文化上。以《第三极》为例，编导组再三强调“与《藏地密码》的神秘无关、与背包客笔下的浪漫无关，也与传说中的宝藏无关”，坚持“西藏是什么样就拍成什么样”，[②]就是为了以最真实、最质朴和最自然的方式忠实于青藏高原上人与人、人与动物、人与自然之间单纯而美好的和谐风貌——这恰恰验证了费孝通“发挥原有文化的特长，以求得民族的生存与发展”的判断。

当然，以地域文化为题材的纪录片，其选题的范围和创作的视野有时也并不局限于媒体所在的“地域”内，而是站在国家、民族的高度，将“地域”纳入中华文明史的整体框架中予以认识。《汉江》由湖北省委宣传部、湖北广播电视台主导创作，但题材的选择并不局限于湖北，而是延展到了整个汉江流域的陕西、河南等重要省份，涉及秦陇文化、巴蜀文化、中原文化、荆楚文化等。同样，创作者的视野不只是说“汉江”，而是定位于“中华文明的一次寻根之旅”，力图站在文明史的高度，在与长江、黄河的比较中，阐述汉江流域对中华文明的贡献。《五大道》从一片独特的历史文化街区走进中国近代的百年历史，在古今故事交替推进、时空坐标的不断转换中，将珍贵的历史文献资料、富有感染力的叙事表达和高品质的影像表现融为一体，带领观众重返历史现场，闪耀出阅读历史、品鉴过往的自信与智慧之光。显然，《五大道》对于地方史的叙述是在国家历史的框架中展开的，其隐在的诉求是通过重现天津在中国近代史中扮演的角色和拥有的地位，暗示天津未来有无限发展的可能性。

可见，主流电视媒体将带有地方符号的“高原”“山川”“大道”作为内容生产的文化源头和深厚土壤，并站在国家民族的高度用历史的眼光审视，既贯通了传统文化、历史遗存与当下人们精神情感的联系，也为电视文化的健康发展注入了新鲜血液。“社会进步催生文化自觉，文化自觉催生艺术创新。”[③]文化自觉为电视艺术提供了健康、持续发展的动力与源泉。

---

① 费孝通.关于“文化自觉”的一些自白[J].学术研究，2003(7).

② 祖薇.《第三极》主创多次落泪：不为艰苦　只为感动[N].北京青年报，2014-08-04(B07).

③ 丁斯.文化自觉与艺术创新[N].陕西日报，2008-11-17.

(二)"大片"特质:"美丽中国"理念下的立体式影像表达

从2005年的《故宫》起,业界开始不断呼唤纪录片进入"高投入、大制作"的大片时代。堪称"大片"的优秀电视纪录片,其重要特征在于资金投入大、摄影技术先进、影像宏伟精美、叙事独特生动等。地域文化题材的纪录片时间跨度大、空间涉及面广,在题材上具备成为"大片"的先天优势。同时,充足的资金投入、市场化运作的制播分离也有利于形成优秀的创作团队,这些都为地域文化题材纪录片的成功提供了保障。

十八大报告首次提出建设"美丽中国",将生态文明提升到前所未有的高度。这一执政理念提出的背景,是人与自然在工业社会中出现的紧张关系:资源约束趋紧、环境污染严重、生态系统退化等。但是,"美丽中国"的内涵又远不止于此,除了"环境之美",它还涵盖着"时代之美、生活之美、社会之美、百姓之美"①。对于电视纪录片而言,"美"的追求原本就是基于"真"之后的重中之重。所以对"美丽中国"理念进行多维度的深刻把握,使地域题材纪录片获得了广阔的表现空间,它们记录山川之美、风物之美,更遵循日常生活审美化的美学原则,记录生活变迁、社会发展,以多方位、多维度的"立体呈现"将纪实影像的人文表达发挥到极致。

《汉江》综合运用了各种先进的影像技术与艺术手段,让观众领略了前所未有的汉江之美,如自然之美、山川之秀、动物之灵、古迹之盛……其中,国家级自然保护区的大熊猫、朱鹮、金丝猴等生态珍品尤其令观众印象深刻。《第三极》摄制的行程遍及西藏、青海、四川、云南等50多个秘境,综合运用了各种先进的影像技术与艺术手段,创下多个"中国乃至全球之最"——"首次在海拔5,000米以上最大的湖泊冰潜拍摄;首次在雅鲁藏布江岸20米悬崖悬空拍摄;首次'高清记录'羌塘无人区的动物生态链"②……正是追求极致影像的努力,才让观众感受到了摄人心魄的影像魅力。

当然,地域题材人文纪录片不仅表现自然风物之美,更流淌着人文历史之魅,"大片"特质也体现在对历史事件和历史人物的解读与表达之中。《汉江》采取"窥斑知豹"的方式,对关键人物的展现详略有致,简单中凸显个性。例如,对纸圣蔡伦、茶圣陆羽、科圣张衡、智圣诸葛亮等的展现颇具技巧,把讲故事和说道理有机融为一体:每一个"圣",都代表着中华文明的一座高峰,也代表着汉江对中华民族和中华文明作出的不朽贡献。再如,对农民起义领袖陈友谅历史地位与贡献的再认识,也颇具新意。人物

---

① 四川大学"美丽中国"评价课题组."美丽中国"省区建设水平(2012)研究报告[J/OL].人民网,(2012-12-03)[2019-07-06].http://media.people.com.cn/BIG5/n/2012/1203/c40628-19776180.html.

② 肖静芳.《第三极》:揭开西藏的神秘,更讲述藏族人的心灵[EB/OL].(2015-04-08)[2018-09-11].http://www.chinawriter.com.cn/2015/2015-04-08/1238903.html.

和故事的展开,均事出有据,客观平实,亲切可信,让观众信服并对历史油然而生出敬意。

对于历史题材的人文纪录片而言,“立体呈现”之所以非常必要,是因为它对逝去时空的表现上具有一定的难度。“情景模拟”如何处理好题材时空跨度的宏大性和纪录片篇幅的局限性,使得表现典型场景、选择关键人物充满挑战性。以《五大道》为例,它采取“以点代面”的方式,将70多名历史人物放置在炮火与汽笛交替、银圆与机器交响的历史舞台上,让“侵略军、传教士、政客、军阀、遗老、商人、江湖浪子、投机赌徒等各色人物轮番登场,上演一出出或荒诞、或悲壮、或传奇、或震惊的人生戏剧。寥寥几个镜头,一个微妙的细节,人物性格就跃然而出”①,充分展现了纪录片戏剧美学的表现张力。正如该片总导演祖光所说:“讲好中国故事,不仅需要模式的转变、语态的转变、表达方式的转变,更需要提高讲故事的水平,也就是精彩的叙事和所呈现的故事品质。”②

概而言之,地域题材纪录片的“立体呈现”提升了“大片”特质,也使其呈现“说地方事、见文化史”的结构特征,成为一部立体呈现的文明影像志。

(三)价值诉求:核心价值观主导下“两个效益”的平衡

近年来,中国纪录片逐渐复苏,呈现出从边缘到中心的回归态势。但整体而言,真正能通过市场运作赢利的纪录片仍然是少数。高投入、大制作的地域题材纪录片的资金主要来自政府等体制内机构,其目标显然在于社会效益。一部优秀的地域纪录大片,在播出期间往往能吸引与表现地域相关的观众的关注,并触发他们的“家乡”情愫和家园情结。借助社交媒体的延伸传播,这些纪录片对于地方知名度和文化形象的提升,显然不是那些直接指向经济效益的综艺节目和电视剧可以比拟的。可见,政府投资此类纪录片并非“赔钱赚吆喝”,而是理性地认识到,它们的传播价值是无法、也不需要以经济回报的方式来衡量的。

从实际运作层面看,真正优秀、精良的地域题材纪录片大多能取得对等的经济效益。《五大道》和《第三极》等的热播均直接带动了地方旅游的再度升温,与影像作品配套的光盘、图书等衍生品大多销售良好,这足以说明高品质纪录片的优质传播基本实现了社会效益和经济效益的平衡和双赢。

需着重指出的是,地域题材人文纪录片更大的价值体现在对传统文化的弘扬以及

---

① 张同道.纪录片《五大道》:历史与现实的双重交响[N/OL].人民日报,(2014-11-14)[2018-07-15].http://www.opinion.people.com.cn/n/2014/1114/c1003-26023173.html.

② 据2014年12月19日本文作者面访《五大道》总导演祖光时记录整理。

对社会主流价值的传播之中。观看一部地域题材的纪录片，在某种程度上就是翻开了中华文明史的一个篇章。如果说《汉江》探寻了中华优秀传统文化的原生力量，《五大道》彰显了国人反思民族屈辱史的理性精神的话，那么《第三极》则引导人们攀登了心灵及情感不可思议的高度。这些精致影像的内核无不绽放着人文关怀和道德精神的光芒，丰富和拓展了社会主义核心价值观的内容和空间，进一步增强了中华民族的道路自信与文化自信。

作为历史题材的人文纪录片，《五大道》的挑战在于以什么样的历史观面对并不久远的一段民族屈辱史。创作者抛弃了“控诉”和“伤痛”的话语方式，以“整体史观”的历史态度，将表达的重心放在历史之于今天的影响以及对于未来的启示上。“整体史观”又被称为“全球史观”，它从世界历史的整体发展和统一性来考察历史，认为“整个世界历史是互动和交往的历史，在互动和交往中构成一个整体，每一个民族或区域的历史和进步都得益于此”①。在《五大道》中，“它讲袁世凯的孙子袁家成，讲曹锟的后代，讲中环的花鸟鱼虫市场，用这些故事和人物来回溯为什么天津人今天会有这样的爱好，是因为我们找到了历史的遗风，找到了北洋”②。尊重真实的历史细节，从现存的建筑遗存出发，推导此间的往事和人物，使《五大道》的历史叙述体现出理性精神与严谨风格。正如法国年鉴学派的代表人物马克·布洛赫在他的《为历史学辩护》一书中所指出的那样：“历史感的培养并非总是局限于历史本身，从某种意义上说，有关当今的知识往往能以一定的方式更为直接地帮助我们了解过去。”③正是在这种历史价值观的引领之下，这些纪录片没有渲染传奇怪诞、哗众取宠的稗官野史，而是循着“以今天探寻历史，以历史激活今天”的逻辑，将一片街区、一座城市、一个国家与一个时代“拧麻花”般地有机组织起来，让观众真真切切地感悟到历史与现实的关联。

除了对待历史的大情怀，在具体历史人物的评价上，这些人文纪录片都自觉遵循着核心价值观的规约。如《汉江》中，“仁、义、礼、智、信”的传统道德美德就是人物品鉴的重要制度。例如，春秋楚人、越国宰相范蠡，一生多次官拜宰相位极人臣，却总是急流勇退，一生多次白手起家，富甲天下却总是将钱财散于贫苦百姓。再如陕西紫阳江边一个普通的报恩塔，却深刻地诠释了有“义”商人与忠犬的“忠义”二字，令观众感动与震撼。在《第三极》中，每个主人公都有着强烈的生存愿望，这种愿望并不仅仅是为

① 周谷城.世界通史[M].北京：商务印书馆，1950：235.

② 张同道.纪录片《五大道》：历史与现实的双重交响[N/OL].人民日报，(2014-11-14)[2018-07-15].http://www.opinion.people.com.cn/n/2014/1114/c1003-26023173.html.

③ 布洛赫.为历史学辩护[M].张和声，程郁，译.北京：中国人民大学出版社，2006：38.

了自己，而且是为了身边的人，为了某种传承的力量。这种愿望直接通向人类心灵的制高点：坚韧、善良、智慧和友爱。

总之，这些优秀的地域题材人文纪录片，凝聚了纪录片工作者从现实走向中华文明的历史深处、从民族文化根部发掘精神能量的勇气与智慧，展示了不断以影像探源华夏文明的新高度。它们提炼出的文化精神和价值观念，给当下正在建设生态文明、社会文明、经济文明的中国人带来了更多的启示，也再次提升了电视媒体的思考能力与思想水平。

三、思想性与贴近性的平衡

好的电视节目应该陶冶人的情操，净化人的心灵，提升人的思想境界。电视的思想性建立在节目内容应该具有丰富、深厚的文化内蕴与审美品格的基础之上。强调节目的思想性就是要求电视节目传递普遍认同的价值观，让观众体会到尊重、温暖与充实。

当下的一个误区在于，电视从业者往往自觉或不自觉地把电视的大众传媒属性与大众文化属性画等号，“不惜一切地取悦观众”，唯收视率马首是瞻，甚至堕落为游戏、消遣、娱乐的奴隶，走向庸俗、低俗、恶俗，这样的节目不仅不能提升观众的审美水平，而且还戕害电视本身。

一些电视从业者沮丧地认为，电视本身的传播特性决定了它不可能有深度的思考和分析。事实上，以《走近科学》为代表的中央电视台科教频道的一批节目以及引起社会巨大反响的《大国崛起》等作品，已经以其影响力说明了电视节目可以具备深刻的思辨能力，贵州卫视的《论道》也是一个生动的成功案例。

《论道》是一档令人耳目一新的电视谈话类栏目。《论道》以“高度、深度、关注度”为制作理念，节目内容主要围绕热点事件、焦点人物、国际风云展开。从节目形态看，是一档较为“高端”的谈话节目。从节目创新的角度看，《论道》之所以能获得成功，是因为其突破性地理解了“本土资源”并加以充分挖掘，完成从“内容为王”到“资源优先”的策略转变。一个栏目乃是一个独立的生命体，一定要有内在的品质和灵魂。龙永图出现在每一期节目，保证了栏目一以贯之的思想、风格、语态和视角，栏目内在的统一性与“连续性”也使栏目获得了可持续发展的前提。在节目形态上，《论道》整合了“真人秀”和谈话节目的元素，以电视“思辩”的理性保证节目的“深度”，同时又适度地引入嘉宾的感性叙述，甚至一定的表演色彩，从而使节目富有亲和力。《论道》过滤了一般“高端”节目惯常的“端架子”甚至“拿腔拿调”，让观众觉得更贴近，更容易接受。

《论道》饱含的时代气息、审美品格和文化意蕴，不仅是对电视内容生产泛娱乐化的一种矫正，而且也是媒体回归责任、实现电视内容生态平衡的一种努力。它追求"思想""品质""精致"，启发中国电视媒体对电视的多重功能进行全面认识。片面、武断地认为只有感官刺激的节目才能吸引观众，有思想性的节目一定不受欢迎，其实是媒体自身缺乏自信的表现。观众对于《论道》的认可与褒扬有力地说明，健康、积极、向上的节目同样具有很大的发展空间，而且应该成为主流媒体追求的方向。将具有文化含量和品质提升的电视节目，用大多数人能够理解和接受的方式进行表现与传播，才是电视工作者应该追求的目标。

中国电视作为反映意识形态的主流媒体，在事业产业交织、公共服务与市场诉求兼具的当下，如何增强文化的贴近性，贯彻好群众路线，是一个值得深思的问题。中央电视台中文国际频道的节目《远方的家》，不啻为一个富有启示意义的成功案例。

自 2011 年 7 月起，《远方的家》栏目相继推出了《边疆行》《沿海行》《北纬 30°·中国行》和《百山百川行》四部大型系列特别节目。摄制组不远万里，一次次带领观众走近广袤神州的"斯土斯民"。"在路上、在基层、在现场"，《远方的家》秉持扫除中国影像纪录盲区的使命，在最偏远、最基层的地方捕捉生动、鲜活的故事。他们以真实影像、真切体验、真挚情感，动态记录当下中国的风景、风物、风土。人生的况味、社会的变迁、文化的传承，裹着普通百姓的坚韧、乐观、憧憬，不断引发亿万海内外观众的感动与共鸣。短短两年，《远方的家》成为央视中文国际频道的品牌栏目和"走转改"实践的成功范例。那么，《远方的家》成功的源泉到底在哪里？剔除节目形态和创作层面的要素，我们发现，这档没有奢华制作、没有营销炒作的电视栏目，之所以能取得"把新闻写在大地上，写在人民心坎上"的传播效果，其踏实地走，真实地拍，朴实地说，真正贴近了普通百姓。概言之，《远方的家》脚步丈量的不仅是海疆山川，而且还有主流媒体与群众之间心灵与情感上的距离，它生动地诠释了主流媒体该如何走"群众路线"的问题。

第一，节目选题"从群众中来"，对节目的评价、反馈与调整也"从群众中来"。《远方的家》四个大系列目前已经播出四百多集、近两万分钟，内容涵盖边疆、沿海、内地等不同地域的自然风光、多彩文化、民族风情，所有节目都有一个共同特征，即关注的都是群众的日常生活，展现的都是百姓的真实生活状况。人是艺术的主题，普通人是主角，乡野的衣、食、住、行、乐和百姓的喜、怒、哀、乐、忧是聚焦点，也是选题的源头活水。根植于什么样的土壤，就会获得什么样的营养。群众劳作生息的广阔天地，赋予了节目浓郁的乡土文化气息，也成就了《远方的家》选题的广度与宽度。更难能可贵的是，《远方的家》十分重视观众的反馈。观众来信、来电和微博留言，都成为栏目组追踪观众意见、收集群众建议、及时调整节目的渠道。《远方的家》走得再远,也不会走出群众的视线。

第二,到群众中去,与乡亲们在一起,是《远方的家》一以贯之的工作方法。在中国的电视栏目中,《远方的家》是迄今为止空间跨越最广、持续时间最长的电视媒介行动。在《远方的家》的采访活动中,记者不再是旁观者、陈述者,而是实实在在的参与者、体验者。在电视屏幕上,出镜记者不辞辛苦、不畏艰险的工作场景给观众留下了深刻的印象,但真正打动观众的则是记者与群众之间真实、自然的交流。记者与群众同吃、同行、同乐,超越了采访与被采访的短期职业接触,变得像是彼此熟悉与信任的"一家人":一起打糍粑、唱山歌、跳民族舞,送别时群众与记者挥泪告别的不舍与依恋。"一颗心,两脚泥",摄制组的真诚赋予了"足尖上的中国"独特的温情与温度。

第三,依靠群众,以人民为师,是《远方的家》坚守的创作态度与立场。在《百山百川行》的网站上,有一个"招募拍摄向导"的公告。事实上,没有当地百姓的支持,就没有《远方的家》。细看每期节目,正是熟悉、热爱一方水土的当地群众,指引着电视工作者的拍摄方向,提供了拍摄线索,引领了拍摄路径。只有怀着谦虚的心走进群众的生活,电视工作者才能明确"我是谁"的身份认知。尊重群众,向群众学习,《远方的家》重新界定了电视工作者与被拍摄对象之间平等、平视的关系,与群众分享了媒体话语权。因此,《远方的家》没有事先编排的"演",也没有现场应急的"导",只有原生态的"拍"与"播"。可以说,《远方的家》的话语立场超越了电视人"讲述老百姓的故事",而是上升到"和老百姓一起讲述自己的故事"的新高度。

第四,一切为了群众,《远方的家》用公益性和服务性回答了主流媒体"为了谁"的问题。在媒介产业化进程日益加快的今天,电视媒体追求合理的经济效益无可厚非,一些电视媒体将主要收视群体锁定在有消费能力的城市观众身上也不难理解。然而,遥远、偏僻的乡村不应成为被遗忘的角落,主流媒体理应承担起不可推卸的社会责任。《远方的家》摄制组深入的边远地区,许多地方是新中国成立以来国家级媒体从未采访过的。当地群众一句"可把你们给盼来了,党中央没有忘记我们"的朴素话语,既说明了主流媒体在群众心中的分量,也提醒着媒体工作者肩负的责任。

《百山百川行》系列节目进一步强化了"走到大山最深处,走到国家最基层"的公益定位,是主流媒体架设党和政府联系人民群众桥梁功能的理性回归。展现百姓生活,表达群众愿望和诉求,已经成为贯穿《远方的家》系列节目的一条红线。此外,栏目组通过不定期地制作后续回访特别节目,积极回应播出节目中的百姓需求,如助学济困等,这进一步提升了主流媒体"服务群众"的功能。

回顾《远方的家》的实践会发现,"群众意识"的强化使该栏目已经超越单纯的旅游、人文类节目的范畴，成为反映基层社情民意的重要载体。《远方的家》镜头里除了山水，还有无数普通人的生活状态和真情实感。方寸荧屏以最真实、最鲜活的方式，点亮了平常之中人性与道德的光辉，传达了肃然起敬的奉献与温情，表达了对故乡山川的眷恋、对社会和谐关系和传统道德规范的自觉维护。

只要心中满怀追求、民族和群众，电视创作就能够凝聚社会的精神力量，体现出当代文化的重要价值取向与发展趋势，以其巨大甚至不可替代的影响力，承担起自身所被赋予的媒介社会责任。

第三节　凸显电视的艺术属性

电视作为一门年轻的艺术，其对生活的逼真反映和灵活转化，使它拥有了独特的艺术空间和表达形式。电视是声画极为丰富的传播媒介，如何运用艺术的审美思维进行创作和创新，关键在于凸显内容生产的艺术特性。

一、似真亦幻：影视真实的表达方式

在电影和电视诞生并作为一种艺术形式被认可之前，其他的诸多艺术形式如文学、戏剧、雕塑、音乐、绘画等，其评价标准大多集中于一个“美”字，而关于影视艺术的衡量尺度，则更多地集中于“真”字。就新闻而言，“真实是生命”；对于纪录片而言，“真实是底线”。那么，对于虚构的影视剧而言，其“真实”应该如何看待？它与现实或者人们的情感、观念有着怎样的勾连？

以《甄嬛传》为例，从网络小说改编为电视剧，创作者不仅将“被架空的历史”具象化，从“大周王朝”落地到了清朝雍正年间，而且围绕着“落地”之后的历史现实，进行了大量细致入微的历史考察。编剧们为此花费整整一年的时间搜集资料，查阅《宫女访谈录》，细致地还原了清代宫女们的着装、衣饰、饮食、仪态等细节，其努力只有一个指向：虽是虚构的故事，也要尽可能地让观众信以为“真”。可见，“真实”与否不仅是创作者的追求，而且是受众在接受作品时最直接的反应。

影视剧以虚构的剧情为基础，在相对集中的篇幅内叙述某一假定时空中人物的性格、活动及其与社会的关系。由于影视剧以生活中的人和事作为叙述的主要内容，而且直接带给观众多方位、立体化的感知，因此没有哪一种艺术或媒介能像影视这样“逼真”，以至于让人难以分清现实（历史）生活与虚构影视剧之间的确切差别。从字面上

看,“虚构”与“真实”看似是一个悖论,但其深层却隐含着紧密的联系:影视剧中的“真实”正是我们的生存之镜。镜,是一种隐喻,它折射着我们对于自身、社会、世界的理解,借助这面镜子,我们得以理解人类自身的处境和状态。影视剧永恒的主题是人,关注人的生存境况,关注人的希望、挫折和畏惧,关注人与自然、人与社会、人与人之间的关系,这些在影视剧中体现得更加鲜明,影视剧用虚构的人和事来表达“真情”,并引领受众趋向“真理”。

(一)目标诉求:以“多重假定的真实”表达主观艺术化的“真情实感”

要理解虚构影视剧的“真实”,必须先回答这样一个问题,即影视剧能否呈现生活真实本身?无疑,生活真实是立体、多面且可以不断变化、发展、延伸的,而影视剧的“真实”总是由特定的创作者根据其主观感受创造出来的。由于个体感知的局限,再加上篇幅的制约,这种“真实”是单一的、片面的、定格的。此外,生活真实以特定的时空环境为语境,而影视剧中的“真实”则由主观假定。可见,影视剧虽然貌似生活,但其“真实”并不是对生活真实的客观呈现。因此,将影视剧的“真实”理解为由创作者经过多重假定、主观创造出的“多重假定的真实”①是准确的。既然影视剧中的“真实”不是也不可能是生活真实本身,那么作为一种虚构的“真实”,它的目标诉求何在?彭吉象在《影视美学》中论述影视艺术的美学特征时指出,“真正的电影艺术应当是逼真性与假定性的有机统一”。这一“逼”一“定”、一“真”一“假”所揭示的,正是本书所谈的虚构的“真实”。正因为不是真实本身,才是逼近的“真实”,而这种逼近又通过假定来实现。以电视剧为例,其传播载体为电视,如果将影视剧的要素简单概括为“素材—表达方式—情感(故事)”,即一定的素材经由特定的表达方式处理后产生了某些特殊的情感,那么虚构所限定的是其中的素材和表达方式:影视剧中的叙事素材是创作者根据主观经验精心设计的,而不是发生在生活中的原人真事,这是素材的虚构;即便这些叙事素材能够部分地取材于客观生活中的原人真事,对它们的加工与改造也是由创作者主观支配的,比如工具的使用、结构的组织、镜头的运用与选取等,都属于表达方式的虚构。换句话说,影视剧的素材和表达方式具有“假定性”。而“真实”所限定的是影视剧更深层的要素——情感,这种“真实”虽然不是生活真实本身,但却是被创作者主观艺术化了的“真情实感”,在这个维度上,与真实相对的不是虚构,而是虚假和虚伪。影视剧艺术化了的“真实”,最终的目的是在屏幕上呈现“真实感”,它揭示和表达的是我们的“真情实感”,这是影视剧中的“真实”与其他一切艺术真实

---

① 胡智锋.电视的观念:胡智锋自选集[M].北京:北京广播学院出版社,2004:5-10.

的相通之处。因此,优秀的影视作品中的"真实",是人类情感世界的镜子,它让我们在感动和共鸣中理解自身和世界。

(二)实现路径:模糊现实与超越现实的界限

影视剧的"真实"是一种艺术真实,因而是超越现实的,但它同时是一种手段,所以是功能性的。它要实现"生存之镜"的功能,就必须最大限度地模糊现实与超现实之间的界限。"如果我们想要知道虚构是如何俘获了我们的想象,以至于它们有效地成为我们日复一日的'真实'生活的中心部分,我们就得去关注审美形式和情感影响这些性质。"①

影视剧的"真实"销蚀现实与超现实的界限,进而对人们的情感产生影响的一种常用手段是通过"虚构"生产出"真实":用虚构的剧情唤起观众在生活中相同或相似的真实经历的联想,从而引发情感共鸣,实现一种"通感"效果,使影视剧与现实生活融为一体。

除了这种"通感"的方式,虚构影视作品还经常采用主观创造的现实替代客观的生活现实,即用创作者理解的"艺术真实"替代现实生活中的实在发生,使观众对客观现实的记忆或感知向影像中所阐述的"真实"倾斜。例如,电影《孔雀》几乎原封不动地照搬了一些存在于一代人或者几代人记忆中的生活场景,包括千篇一律的蓝灰色的朴素衣衫、国企上下班时的汹涌人潮、街头炸响的爆米花机等。尽管这些细节是真实的,但是这种刻意、主观追求的"局部真实"并不等于整体真实,这些细节的描摹只是导演个人化的诠释,影像"真实"与客观历史真实往往貌合神离,但是观众最终接受了导演的催眠,相信影像中的"真实"就是真正发生过的生活原貌,从而替换了他们对生活业已完成的、却与导演的理解有出入的记忆或感知。在此情形下,创作者对"真实"的主观理解隐藏得非常巧妙,其技巧就在于抓住了观众对于那个时代的情感和哲理的集体记忆,从而在作品中能表现得更加自然并且不露痕迹。贾樟柯的《世界》把生活中零散的碎片用镜头随机组合起来,寥寥几笔的速写尽显原味的写真,直面生活的本色。这种再现生活、还原生活的表现手法,带着导演自身的一种"不了解",让观众介乎清醒与混沌之间,引发思考却又在"大我"和"小我"、"影片"和"自身"之间举棋不定。需要指出的是,当下影视剧最迫近的危机并不是无法提供"真实",而是它不遗余力地——哪怕是撒谎——让"真实"陷入了自我着迷的虚构之中而无法自拔。具有后现代特征的拼贴与复制瓦解了传统艺术审美的距离感,神秘的美感也开始从影视剧的"真实"中缺席。最终,这些试图让我们更加接近真理的努力反而使我们离真理越来越远,"大众传

① 霍尔.表征:文化表象与意指实践[M].徐亮,陆兴华,译.北京:商务印书馆,2003:352.

播媒介假手影像和流行媒体制造出来的‘真相’是以‘我并不在场’为前提的，此类‘实际不存在但又偏偏存在的事实’就是‘幻影’”①。正如鲍德里亚在《消费社会》中指出的那样，“我们从大众交流中获得的不是现实，而是对现实所产生的眩晕”②。

(三)意义旨归：眺望窗外的“真理”世界

既然“真实”在影视剧中可以向“虚假”妥协，那么创作者为什么还要追求这种假象“真实”呢？观众为什么会相信这种虚构的“真实”，并且愿意接受影视剧中的“真实感”呢？

先让我们来理解真正的创作者与普通观众的区别：真正的（或天才的）创作者具有从生活真实中自行通晓万物理念，并将这种理念通过艺术品揭示出来的能力；而普通观众则通过这些艺术品间接地看到了创作者创造的情景。因此，艺术作品不是理念本身，它只是揭示理念的一种手段，它的目标是做一扇窗而不是一堵墙，它让站在窗内的人透过它看见窗外的“真理”世界。

创作者不断地追求逼真——力图使观众感觉不是在看虚构的影视剧，而是在看真实的生活本身——这种努力使这扇“窗”尽量地透明，观众则可以透过它看见那些在日常状态中无法洞见的“存在着的真理”。对于影视剧的创作者而言，最困难的莫过于弄明白站在窗前的人不是要看窗本身，而是要看窗外那个美丽的世界。搞清这一点，他才不会滑向自然主义的斜坡，将呈现原生态的生活真实作为最终目的，正如弗拉哈迪所认识的那样，重要的不是严格地忠实于事实，而是创造性地利用现实。

影视剧中的虚构“真实”之所以具有不可抗拒的吸引力，深层原因在于它为观众打开了一扇“窗”，观众透过它窥视到往日模样并深陷其中，在感染中感动、震撼、沉思。人们在或喜或悲的观赏中，观照自身，思考人生的意义，即所谓“借他人酒杯，浇自己块垒”。影视剧的每一次开场，都是人类追问生命意义的舞台的开张，尽管这种追问“真理”的过程，许多时候是下意识的。

王一川在剖析电影《一九四二》时说：“如此费心费力地演绎这场死地求生的故事，并非简单地追求高度逼真的纪实效果，而是有着远为宏阔的雄心：把这则逃荒故事当作全族群的一场死地生存实验来做，看看这群人在死地或绝境中如何袒露其基本的人性及人生境界，从而为本族群的未来生存方式提供一种参照模型。”③编剧刘震云则一语道破，“《一九四二》是一面镜子，能够让我们看到自己，看到过去和将来”。

---

① 张一兵.消费意识形态：符码操控中的真实之死[J].江汉论坛，2008(9).

② 鲍德里亚.消费社会[M].刘成富，全志钢，译.南京：南京大学出版社，2000：12.

③ 王一川.死地上的族群生存实验：《一九四二》中的人生境界探求[J].当代电影，2013(1).

毫无疑问，世界上并没有一个放之四海而皆准的“真实”存在。在我们日常经验中所使用的“真实”的概念，是依附于一定条件之下的。对于影视剧而言，这里的“一定条件”，就是折射人们对于现实和历史的共同体验及认知，或曰“镜像”。也正因如此，影视剧的“真实”同样具有照亮人类自身情感和理念的镜子功能。艺术真实是超越现实的，创作者有时往往出于真诚的动机而模糊了现实与艺术之间的界限，但这并不是问题的关键，问题的关键是通过“假定”与“逼真”而精心营造的这种模糊，究竟是使我们更接近真相和真理还是使我们更远离它们，影视剧为我们制造的“镜子”映照的是我们本来的样子吗？对影视剧的“真实”是什么、它如何模糊了现实与艺术的界限以及创作者和观众为什么追求“真实”等问题的分析，从本质上说也指向了这一忧虑。

二、以时为本：电视内容的传媒本质

在相当长的一段时间里，我们发现电视内容可分为两大部类，即以电视新闻为主的非虚构类内容和以电视剧为主的虚构类内容，构成了电视荧屏上的两大主干内容。当然，非虚构类的内容包括新闻性的各类节目。虚构类的内容包括艺术性的若干节目，介于这两类内容之间还有一大批兼具非虚构与虚构特质的内容，如一些纪录片、专题节目和各种形态的类型节目。由于这两大部类内容以及中间地带内容的构成复杂，所以我们对电视内容的认识也经常产生困扰和混乱。尤其是最近十几年来，随着电视内容竞争的不断加剧，各种新形式、新形态、新样式、新方法层出不穷，在电视荧屏上不断地刮起各种各样新的潮流旋风。仅以样式和方式而言，最近几年颇为流行的就有“媒介选秀”“聊新闻”“真人秀”“电视读报”“益智博彩”等。在令人眼花缭乱的各种新形式、新样式、新方式、新形态的相互克隆、相互模仿和相互追逐中，许多电视内容生产的从业者都希望引领潮流，至少追上潮流，而不希望被新的潮流所淘汰，为此他们不时陷入困惑乃至迷失方向。

在这种情境中，我们不得不反思，电视内容的本质到底为何？我们认为，不论电视的样式、方式、形态等有多少新奇怪异的组合，电视内容作为传媒的本质永远是第一位的，而这一传媒本质又集中地体现在一个“时”字上。由于电视内容的播出完全按照人们日常生活的自然时间流程进行设置和编排，因此电视内容与生俱来地拥有了作为人们日常生活伴生物的独特传媒性质，不论是非虚构类还是虚构类内容都无法脱离“日常生活伴生物”的电视传媒本质：所谓“即时性”或“时效性”，不光是对信息类的新闻节目而言的，从广阔的意义上来看，所有的电视内容都应当把握和体现日常生活伴生物的“即时性”和“时效性”。具体说来，电视内容的“时”至少体现在以下几个方面：

(一)时代

时代是电视内容所发生的最宏大的背景。如果电视内容能够体现足够的时代感和时代特色,它就会为人们所关注、所记忆。不论是多么动人、感人和有深度的内容,如果不能体现时代最富普遍意义的价值取向、精神气质和心理状态、情感状态,那么电视内容就很难受到观众的欢迎。

(二)时尚

时尚更多关注的是一个时期比较前沿、比较新锐的一种潮流和取向。由于电视内容不仅仅是传统意义上的宣传与创作,而且还与电视媒体的产业和市场开发紧紧结合在一起,因此是否具有时尚特质,往往意味着是否能引领大众消费,进而吸引大众的关注,形成相关的产业链。所以不管我们喜欢不喜欢,电视产业和市场开发的客观需求都要求电视内容具有时尚特质。

(三)时下

至少从电视内容的叙事层面来看,关注时下,从现在进行时的问题、现象和状态切入,是电视内容相当明显的叙事特征。我们发现,同样的内容如果按照从“盘古开天地”说起的方式展开叙事,往往会远离现在的观众;而从当下切入,从时下观众普遍熟悉,甚至正在发生的某些现象、动态,问题切入则能抓住观众的注意力。

(四)时机

这里主要指的是播出时机。电视内容的传播效果如何,极大地依赖于播出时机的选择。若能准确地判断来自政治、市场、文化、社会心理等诸多方面的趋势,选择最合适的播出时机来满足观众的期待和需求,往往会收到事半功倍的良好效果;反之,轻则事倍功半,重则出现偏差,甚至还会影响电视媒体的形象。

(五)时段

同样的电视内容选择什么样的时段进行播出大有讲究,特定电视内容与特定时段大多有着普遍、规律性的对应关系。一般说来,常规工作的早间、日间、午间、晚间和深夜,每个时段的观众收视大体上都有相似的需求,比如早间时段以信息总汇、高频度、短资讯、大信息量和一定服务功能为主要特点的内容可能适合大多数电视观众,尤其是上班族的需求;深夜时段也许心理访谈、情感谈话类内容或者深度新闻评论性的节目更受欢迎;日间时段故事性的电视连续剧也许是一般观众的普遍需求。当然,由于国家与地区、特定地域、特定年龄段以及职业、性别、生活方式等所带来的差异也会对电视节目播出时段产生影响。因此,不同媒体、不同内容的不同时段的设计将是电视内容实现传播效果最大化极其重要的因素。

可见,无论是用"宣传品、作品、产品"对电视内容的不同特征进行描述,还是对于电视传媒本质的"时"展开分析,我们都能从电视内容的发展趋势和潮流中发现电视文化"多元共生"的总体特征:对"时代"元素的强调,是从媒介主体的"宣教"立场出发的,对应着电视内容作为"宣传品"的形态,强调了内容的环境定位;而"时下"和"时尚",更多地将诉求点放在受众的视角,突出了电视内容作为"产品"的特征,着眼于收视后促发受众的行为;至于"时机"和"时段",则显然是从媒介的立场出发,为追求传播效果最大化、实现电视"产品"的效益而采取的传播策略,意图在于强化效果。因此,环境定位、行为促发和效果强化的多重指向性使电视传媒本质的"时"较之传统的"时效观念",具有更为复杂、丰富和多义的内涵,也直接或间接地衍生出实际内容生产中需要灵活掌控的诸多关系。

三、何以为王:内容生产的七大关系

"内容为王"这个短语也许是最近几年中国电视业界与学界使用频率最高的词语之一。但到底什么是"内容为王",为什么要"内容为王",内容何以为王,大家见仁见智。在具体的电视内容生产过程中,可能会面临若干关系的处理。其中有七对关系我们认为是特别需要注意并处理好的。

(一)必视性与可视性

电视节目的基本要求就是"好看"。从节目生产的角度看,优质的电视节目首先要求制作技术精湛、技巧娴熟,能运用视听手段制造出悦人耳目的声像效果,而不是粗制滥造,糊弄观众。因此,品质首先体现在节目的视听效果上,观众乐于接受是最基本的制作原则。节目如果没有可视性,主题再鲜明、深刻、宏大,也无法吸引观众,传播效果将大打折扣。以电视纪录片为例,2005 年年底,中央电视台推出了大型电视纪录片《故宫》,采用了许多新的拍摄技巧和三维动画制作技术,营造了中国电视纪录片前所未有的影像效果,让观众在令人赏心悦目的节目中感受历史与文化的魅力。《故宫》获得了很高的收视率和美誉度,实现了真正意义上的"绿色""收视率"双丰收。《故宫》的出现,改变了观众对中国电视纪录片"深刻却不好看"的印象,它在可视性上的突破,也改变了中国电视“大片”的创作，此后的《再说长江》《大国崛起》《圆明园》《敦煌》《森林之歌》等无一不在可视性上下足了功夫。

在相当长的一段时间内，中国电视内容的评价标准经常围绕着“可视性”展开，简单地说就是要“好看”。“可视性”或“好看”对电视而言无疑是重要的，不能不强调。但是仅仅追求“可视性”或“好看”显然是不够的。在今天。若想使电视内容获得足够的传播效果，强调“必视性”也许更为重要。所谓“必视性”，简单地说就是“一定要看”。为什么天气预报常常在各种节目收视率的排行中名列前茅？因为天气预报与人们的日常生活、工作安排密不可分，“不看是不行的”。因此，天气预报拥有了“必视性”的特质。同样，一些重大的时事新闻、体育赛事、节庆庆典以及不同群体观众特别感兴趣的内容都具有“必视性”。因此，电视内容的生产除了内容自身应当追求“可视性”外，还应当想办法通过导视或宣传预热等手段强化其“必视性”。

(二)相关性与悬念性

电视内容自身的结构叙事应当充满悬念、令人期待，这一点在近几年的电视内容生产中得到了大家的普遍重视。各种类型的节目都在追求充满悬念的故事性，这一点无可厚非，但对于今日的电视内容来说，强调“相关性”或许更加重要。所谓“相关性”，就是内容与百姓观众之间的一种关联度：是不是百姓所迫切需要的，是否与百姓紧密相关，是不是百姓所高度关注的，这是判断内容是否具有相关性的重要标尺。好的电视内容应当是相关性与悬念性的有机结合。

(三)独特性与创新性

电视节目既不能“克隆”他人，也不能囿于自我拷贝，而是需要通过内容与形式的创新，推动电视节目样态的完善与发展，绝不能一窝蜂地盲目跟风与模仿。对于电视节目而言，创造一种全新的“版式”的确十分困难，但是通过充分挖掘开创性的题材，或者寻找独特的切入点，抑或对旧元素重新组合推陈出新，从而在节目表现形态上取得突破，则可以实现节目的独特性和创新性。

江西卫视的《传奇故事》征集全国各地媒体的新闻素材，把准信息深度加工的时代特征，采用讲故事的方式对原有新闻素材进行重新解读并创造性地予以二度加工，不仅实现了“素材增值”，而且实现了原有新闻影响力的叠加，创造了一种新的节目形态。同样，作为全国第一档以新闻记者（也包括其他传媒界人士）为嘉宾、以新闻背景为主要素材的新闻访谈类节目，安徽卫视的《记者档案》由于选择了独特的嘉宾——新闻从业人员，从而把准了媒介、社会和观众的交界点，借助记者（亲历者）的直接讲述和对新闻事件的剖析，激活已经冷却的重大新闻，加深了观众对新闻的解读，从而实现“新闻的新闻，故事的故事”的节目定位，同样取得了成功。

可见，电视节目的品质应该具有创新性，或寻找独特的传播内容，或采用独特的表现形式，或凝练自己独特的风格。只有这样，才能从同类型的节目中脱颖而出。中央电视台经济频道于2000年创办了《对话》，其内容定位于“经济、前沿、高端”，嘉宾大多为社会精英，即被人戏称的“三高”：高学历、高职位、高收入。鲜明的内容定位和对象对位，使《对话》成为一档富有独特个性的栏目，很难被其他媒体“拷贝”。同样是民生新闻，《南京零距离》与众不同；同样是情感谈话，《艺术人生》特色鲜明；同样是读报，杨锦麟、马斌、孟非各有千秋；同样是“真人选秀”，《梦想中国》和《超级女声》拥有不同的“粉丝”。市场细分，观众多元，电视节目创新具有广阔的空间。

（四）点与面

所谓“点”，包括情节点、事件的转折点，也包括具体个别的细节点、兴趣点和高潮点，是观众可以直接捕捉和感受的具体而生动的内容；所谓“面”，则往往是相对宏观的、具有普遍性的内容。过去很长时间，电视的内容相对重视“面”而对“点”的捕捉和表现不足，给人留下宣教味、说教味、不生动、不具体的印象。随着电视节目的发展，一些优秀的电视内容开始重视“点”的选择、设计与表现，这固然是可喜的进步，但有时也会出现“只见树木，不见森林”的问题，在高度重视具体、生动、细致的“点”的捕捉、设计与表现时，往往忽略了普遍意义。有价值的电视内容应当体现点与面的有机结合，注重对电视节目典型性和本质性的开掘。

（五）真与假

关于这一对关系，业界与学界已经探讨了若干年，我们认为在这一对关系中，至少可能出现四种情形：真的内容产生真的效果，假的内容产生假的效果，真的内容产生假的效果，假的内容产生真的效果。“假内容产生假效果”当然应该被唾弃，这是一个简单而清晰的判断；“假的内容产生真的效果”尽管未必可取，但的确可以显出内容生产者的功底；“真的内容产生真的效果”当然是我们提倡的；“真的内容做出假的效果”则是非常令人遗憾的。可是，恰恰是“真的内容做出假的效果”这种情形大量存在于我们的电视内容中。许多真实、真切、真诚的内容，被内容生产者、制作者处理、加工后在电视上播放时给了人虚假、做作、矫情的体验。因此，如何避免把“真”的做“假”了，也许是电视节目目前所要解决的主要问题。

(六)情与理

情感与理智、感性与理性、感受与理解,这是电视内容生产中经常面临的几对关系。对这些关系的理解,在认识上我们都懂得情理交融、寓情于理、寓理于情的道理,但真正做起来则难免有所偏颇。有的内容抓住了动情的素材,却一味地放大、放纵、泛滥情感的表达和表现,使得电视内容过度感性、失去控制,无法给观众留下足够的审美张力和空间;有的内容抓住了很有说服力的道理、哲理,却一味地强化、渲染,使内容要么过于说教,要么过于沉重和呆滞,从而失去了电视内容应有的情感灵动的空间。

(七)深与浅

电视内容不论其原始素质如何,最终总要以特定的方式表述出来,而如何表述则会面临处理深与浅的关系问题。在深与浅的关系上也至少有四种情形:深入深出、浅入浅出、浅入深出和深入浅出。“浅入浅出”自然带来轻松、放松的节目感受;“深入深出”尽管从电视观众瞬间接受的特点来看不值得提倡,但观众尚可理解;“深入浅出”当然是电视内容追求的高境界与高目标,把复杂、深厚的内容以浅显、明晰的方式让大多数观众接受。当然,要达到“深入浅出”这一目标是很不容易的。但无论如何,我们坚决反对“浅入深出”的表述。原本简单明了的事件,由于缺乏清晰的逻辑、合理的结构或恰当的叙事,有时甚至是因为故弄玄虚而导致简单的内容复杂化,给人以艰涩或迷惑的印象,这种状态和结果是电视内容必须避免的。

对电视内容生产的潮流与趋势的判断和认识,不同的从业者和研究者都会有各自的看法和表述,上述命题有些可能是老生常谈,有些可能是特别突出的问题,有些可能是常说常新的话题,有些可能是亟须解决的命题。但总的目标是明确的,即电视内容的生产一定要立足于实现最佳传播效果,努力探索出符合国情、地情的本土化生产思路与方式,以与时俱进的精神不断地满足广大电视观众多元化的、日益提高的精神需求。

第二章

内容生产:节目·栏目·频道

在中国电视荧屏上,最主要的节目可分为新闻类纪实节目、综艺娱乐节目、纪录片、电视剧等几类。这并不是严格意义上的电视节目分类,而是立足于现实,以独特、新颖的研究视角和典型个案,对不同形态节目生产的创新与融合予以观察,旨在从独特的视角了解中国电视节目的生产实践史,理解中国电视内容的过去和现在,并对未来产生一定启示。

作为满足百姓精神文化需要的电视媒体,其节目到底应该具备什么样的品质?何谓电视节目的“品质”?简言之,电视节目的品质即电视节目的质量与水准。笼统地说,有品质的电视节目,才是“好”节目,“好节目就是对观众尊重”。刘幼琍和蔡琰在《电视节目品质与时段分配之研究》的报告中认为,好节目具有三个特性:主题内容多元性,适宜性及制作严谨(不同类型节目在其特殊性的需求下有不同的标准)。坏节目与好节目很容易判断,但在学理上却很难界定。某种程度上说,它更多的是一种感知判断。笔者以为,具有电视节目的品质,应该包括可视性、创新性、提升性(思想性与贴近性的平衡)。

当然,有品质的电视节目不应该停留在“好节目”的层面,而更应该向着“成功”的节目进发。所谓“成功”的节目,就是需要通过行之有效的营销策略,扩大节目的传播效果,最终形成品牌效应,推动节目的良性循环与可持续发展。

如果说20世纪八九十年代,电视迎来了自己的黄金时代,那么今天的电视媒体则面临着诸多的压力与困难。它不仅要面对复杂多样的收视群体,而且还要直面新媒体的挑战,这些都对电视节目的品质提出了更高的要求。在电视荧屏泛娱乐化、低俗成风的现状面前,节目内容的品质粗劣程度已经影响到电视作为一种媒体的整体竞争力。因此,在履行好电视耳目喉舌的功能之外,切实提升节目品质,不断增强其可视性、创新性、提升性,才能改变电视江河日下的媒体形象,重燃观众对电视的热情。否则,观众对电视节目的失望,最终将演变成对电视媒体的抛弃——这绝不是危言耸听。

第一节 新闻专题节目

一、直播形态:SNG的应用与影响

中国电视新闻改革曾给电视注入一针强心剂,但是从总体上来说,中国的电视新闻一直没有取得大的突破。在波澜不兴的中国电视界,SNG的出现值得我们关注。

(一)SNG体现了电视传媒的本质

SNG(satellite news gathering)意为"卫星新闻转播",特指装载全套SNG设备的专用车,可称为卫星新闻采访车(或转播车,车顶装有碟型天线,可随意调整方向对准太空中的通信卫星)。它作为一个移动式发射站,电视台工作人员可随时将所在现场的信号通过卫星传送到电视台,电视台再从卫星接收信号播出。这一手段给电视新闻带来的最大变化就是现场的实况报道,让观众同步目睹新闻的发生,展现新闻事件的过程,给观众最真实的感受。[1] 简单地说,SNG实现的是新闻发生和播出的零时差,让观众在第一时间共享此时此刻,"您现在看到的,就是正在发生的"。

从表面上看,SNG是一种新的传播方式,但实际上,SNG却暗藏着中国电视新闻取得重大突破的契机。笔者对它的意义和价值的理解是多方面的。SNG的出现,促使我们重新认识电视传媒的本质到底是什么。对电视而言,SNG是一种快速提供资讯的有效手段,我们通过对这种新技术在电视实践中具体运用的考察,从电视节目内容的生产上不难发现电视的传媒本质,那就是"时"——正在进行时的"时"。

目前,电视内容的生产已经从"宣传品"和"作品"时代进入了"产品"时代,因此,突出"时下""时尚"因素,更多地将诉求点放在受众的视角,是保证电视内容成为"产品"的主要手段。如果我们能对电视传媒的本质特征,即对"时"有清晰的认识,就能从根本上了解目前中国电视所面临的问题,并因此找到相应的解决方案。在当下国内整个电视行业对前途充满困惑的情况下,SNG的广泛使用,无疑使我们看到了一丝亮光。

① 闵大洪.电视新闻频道与LIVE、SNG[J].南方电视学刊,2002(4).

因为，每一次电视传媒的革命都是从技术的角度切入的，技术的革命必将带来整个电视传媒行业的整体革命。

(二)SNG对电视传媒的作用和价值

第一，SNG在中国电视新闻中的广泛使用将会影响政治生态，使媒介开始干预政治。从媒介发展的历史来看，电视传播技术的每一次突破，都直接改变了政治生态。例如，当电视还不能进行直播或直播能力比较弱的时候，它制作新闻的素材和内容都比较有限，影响力也很有限。而当它有了直播能力的时候，电视对政治的影响力就不可小视了。20世纪六七十年代，肯尼迪和尼克松的电视辩论直播，奠定了美国人电视政治生活的基础。这场电视辩论直接影响了美国的政治生态，包括选举过程、最后确认总统人选和政治导向。这是不争的事实。美国电视新闻的实践已经为我们提供了多个成功的案例。从全球的角度来看，现在的电视辩论、电视讲话以及电视对日常各种选举的报道，都直接干预了政治生态。因此，毫无疑问，SNG在政治生态当中扮演的角色是相当重要的，且必将为以后的电视实践所证明。

第二，SNG的广泛运用将提高电视的社会影响力。就像奥运口号"更高、更快、更强"一样，这也是电视媒体永恒的追求。受众对正发生在全世界的所有事情都抱有强烈的兴趣，尤其是与个人有直接关联的或者对整个人类可能会产生重大影响的事情，他们都有着强烈的知晓欲望。所以，电视的目标和普罗大众关注的目标在这个方面是统一的，电视人永远追求"更高、更快、更强"地报道世界发生的一切，特别是"更快"，而受众也希望自己能"更高、更快、更强"地知晓世界上发生的新闻。因此，笔者可以大胆断言，SNG对于建构一个理想的社会生态将会产生正面的影响和积极的作用。

第三，SNG对文化的影响。在全球化语境下，SNG的出现可能打破各个国家、各个地区、各个群体之间的沟壑，消弭区域、主流和大众等文化之间的隔阂，对于建立精英与大众等各种不同文化取向、价值取向的人群共同的交流平台产生极大的作用。"仅仅存在还称不上文化，文化必须是一种活的精神，它必须在现实中发出声音、产生影响。"①SNG的运用及其评论系统、言论系统的建构，是一种富有现实影响力的传播，它对文化的影响重大而深远。

第四，SNG对电视产业和相关市场的影响。SNG的出现会使相关新闻产品的交易成为可能，也就是说，与电视新闻的节目内容有关的交易平台有可能诞生。另外，相关的机器、设备以及相关的更新换代也会不断地从重型向轻型以及便携型发

---

① 高鑫，贾秀清.经济全球化·文化本土化与发展中国家的媒介意识(上)[J].现代传播，2003(1).

展,这种电视媒体技术上的交易将对媒体产业市场和相关的衍生市场产生较大的影响。

第五,SNG对电视媒介的影响。目前,由于电视媒介生态处于一种观众、业界都不太满意的状况,电视的新闻改革又面临着瓶颈,在电视新闻软化、琐碎化、舆论化的情况下,电视新闻有没有可能发扬独家的、不可替代的优势呢?在媒介多元竞争的状况下,与电台、网络或者平面媒体相比,最能体现和发挥电视独特的、不可替代的优势的一种传播方式就是SNG。与广播媒体缺乏影像元素相比,电视媒体具有现场影像的优势;与平面媒体缺乏视听元素相比,电视媒体具有视听上的优势;和各种媒介相比,电视媒介的公信力和权威度是比较高的。SNG使电视潜在的或者原来不突出的优势凸显出来。例如,在言论方面的节目,大家原先觉得电视不可能超越平面媒体,电视的成本不可能比广播低廉,但是SNG的出现改变了这些状况。综合来看,SNG可能是电视最有优势、最有价值的一个利器。虽然目前SNG在国内的电视实践运用还不太广泛,对电视媒介自身的影响也不明显,但笔者认为,SNG的影响力未来将主要在电视技术、管理、理念和制作四个层面上显现其影响力。

(三)SNG将面临的或者正在面临的难点及问题

第一,监管问题。不同于国外,中国没有专门管理媒体的法律。美国有《电信法案》管理媒体,欧洲国家有专门的传媒法管理媒体,在无法可依的情况下,对中国电视的主要管理手段是宣传监控。在SNG方式下,电视新闻的把关模式从双重把关变成了一次性把关。传统的电视新闻制作流程,如同传播学者巴斯在其'双重行动'理论中所分析的那样,其中第一重把关行动是新闻采集,这里的典型把关人是记者;第二重把关行动是新闻编辑,典型把关人是编辑。在现场直播的情况下,两者合二为一,双重把关变成了一次性把关。从双重把关变成一次性把关,新闻监管的力度在不断降低的同时也增加了报道的风险。如何避免宣传监控的失控,如何做到宣传监控的平衡,是我们在运用SNG进行电视实践时要解决的问题。

第二,媒介的伦理问题。在电视实践中,我们将会面对很多涉及暴力、色情、凶杀以及死难等主题的报道,这些报道可能会在电视屏幕上造成强烈的视频刺激,与观众的伦理价值产生冲突,让大众不能接受或者无法容忍,从而造成一些负面效应。例如,中国的法制节目,多年来在中国电视节目中一直占据较高的收视份额,但是法制节目面临的一个难点是对色情、暴力、凶杀等内容的处理,这些内容曝光的底线是模糊的。如果单纯从收视率出发,让收视率更高一些,这些内容很可能导致节目走向低俗化。在电视实践中,如果我们完全从收视率的角度出发来报道一些突发事件,就会使电视节目和公众伦理产生激烈冲突。因此,在媒介的收视率和社会责任方面要找到一个适当的平衡点。

第三,电视实践中存在时效与深度之间的矛盾。现在很多运用SNG进行报道的电视节目有琐碎化的倾向,导致报道平面化、缺乏深度。这一点尤其体现在日播节目中。SNG的时效性很强,如果新闻事件一发生就采用SNG,缺少了记者对信息进行综合处理与消化的过程,观众便只得到了一些零碎的概念,导致新闻价值大打折扣。正如有人指出的那样,SNG简直就是super no good,“因为一个新闻如果没有即时让民众知道的价值,那么就算有再昂贵的通信设备,电视台充分利用到无以复加的地步,新闻频道展开巨细无遗的现场转播,也只是科技害人的一个范例”①。考察目前电视实践中SNG的运用,笔者认为,要用SNG进行新闻报道,就必须在它们的数量和质量上取得一个平衡,以求得电视媒体比较健康的发展,避免因为运用SNG而“走火入魔”。

第四,主观策划与实际现场之间的矛盾。在电视实践中,面对一个即将发生的事情,我们常常预先策划,但是,这个策划有时会和实际情况不一致,从而使报道计划和实际情况之间产生矛盾。因此,预先策划必须有充分、通盘、全面的考虑。

第五,电视媒介自身议程设置的约束与现场情况发展不可控之间的矛盾。电视播出的时间控制是极其严格的,特别是非新闻频道,有相当多的固定栏目要按时播出,可供插播的时间不多,因此在非新闻频道中利用SNG做节目有一定的难度。

第六,现场控制和演播室控制之间的矛盾。我们都知道,运用SNG进行现场直播时,现场报道失控的可能性会增大,演播室和现场怎么协调,特别是信息和言论如何配合,现场报道和公众评论如何配合等,都是在实践中亟待解决的问题。

(四)怎么样看待SNG未来的发展

第一,重大选题策划和日常化节目之间的关系需要调节。电视新闻报道的日常化是一个趋势,日常化中凸显重大的选题策划也是非常重要的。令笔者担心的是,在日常化的旗帜下,电视媒体可能会把SNG用于大量的日常性报道,导致没有足够的精力和时间做比较重大的选题。如果SNG要有权威性,要受到广泛的关注并发挥重要的影响力,那么必须想办法在一年当中策划重大选题。如果只是满足于日常化,毫无疑问,SNG的权威性和影响力将会被削弱。

第二,运用SNG进行电视实践的规范化和多元化探索。SNG毕竟是一个新鲜事

① 隋安德.不要让SNG变成Super No Good[J].目击者,1998(5).

物，我们必须建构符合SNG特点的规范。这一方面要求我们对境外媒体运用SNG的经验进行研究和总结，另一方面要结合中国电视传媒的实际进行本土化的改造、创新，建构本土化的、符合SNG特点的规范。SNG的直播系统分为两个，一个是现场系统，一个是演播室系统。现场系统有记者元素、拍摄元素和采访评论元素，而演播室系统则特别需要强调背景材料的支持。在具体实践中，要根据各地的情况多做探索。例如，在SNG设备上，是租用还是购买；是追求高档化，还是量力而行；是依托通信信息系统，还是用电视系统另起炉灶；等等。这些问题都需要在实践中去解决和完善。

第三，如何处理好打造独立品牌和加强区域合作的关系。笔者对SNG非常感兴趣的一点在于，SNG是如何建构强势频道、强势品牌节目和区域之间的合作关系的。就这个问题而言，中央广播电视总台、省级卫视和地方台确实存在竞争关系，但是，也存在优势互补、利益一致的方面。通过这种合作，各地的强势电视媒体就可能在建造区域品牌、进行区域品牌合作等方面开创出一个很好的路子，从而促进媒体的发展和资源的整合。

第四，通过SNG发挥电视媒体的优势，促进电视媒体和其他媒体合作的问题。这里的合作包括跟广播以及平面媒体的合作，SNG可以使电视媒体在与其他媒体的合作中充分发挥自身优势，从而提高自身的影响力和媒介品质。

第五，SNG技术手段日益丰富和技术操作日益简化之间的关系。一方面，SNG在技术手段上可能越来越丰富和细腻；另一方面，在操作上也可能越来越简单，设备越来越便携。这些因素对于日常节目的制作会产生什么样的影响，是我们在实际使用中需要加以思考的问题。

对于SNG来说，什么样的内容可以称王？用SNG进行报道的内容要维持什么样的标准才能称王？上述提及的几个方面可以从宏观上、观念上给我们一些启发。在目前我们可以选择的空间里，除了民生和社会性的内容之外，似乎选择不多。但是，我们将来选择的趋势可能是向硬性、重要性、重大性、突发性方向发展。这样做也许很难，可能会有相当大的压力和风险。但是要想提升电视的关注度、影响力以及电视对公众的吸引力，就必须在贴近受众和贴近生活的同时，想办法使新闻的选题和内容越来越硬化，让更重要、更重大的选题和内容进入受众的视野。如果电视媒体一年没有几次使用SNG系统传播重大内容的记录，那么使用SNG进行报道可能就会陷入形式主义的泥潭之中。

以下，将以山东齐鲁频道2004年创办的一档现场直播类谈论栏目为例来解析“直播”在新闻类节目中的应用及价值。

案例:《齐鲁开讲》

《齐鲁开讲》的原因是多方面的,如话题选择的亲民性和贴近性,嘉宾选择的差异性和针对性,主持人的张弛有度、成熟稳健等,但是最核心的因素在于其直播方式和“CALL IN”系统的采用。

同为电视谈话节目,《齐鲁开讲》与《实话实说》之间的差异除了前者采用辩论形式而后者采用讨论形式外,更大的区别在于播出方式:前者是现场播出,必须有话“直”说;后者则是录制播出,可能实话“假”说。“实话假说”听上去多少有些刺耳,我们不妨来做个简要的分析。电视与生俱来便有强大的过滤功能,除了话题的选择之外,在采用“先录制、再编辑播出”的《实话实说》中,把关人有机会在后期编辑的过程中发挥“蒙太奇”的功能,按照自己的意愿重新组合、剪裁所录制的内容,因此,呈现在观众面前的《实话实说》可能面临这样的危险:经过改头换面的节目,虽然还是主持人和那些嘉宾在说,但传达的却可能是把关人的声音,现场录制时演播室里那些真实的对话可能悄无声息地走了样。

而采用直播的《齐鲁开讲》,把谈话(辩论)现场最大限度地呈现给了观众,节目中可能出现的失误甚至“事故”在充满悬念的同时,真诚地面对着参与选择和判断的千万观众。因此,《齐鲁开讲》追求的是原生态的“真实”,着力于为公众提供真正的“观点的公开市场”。与之相比,有剪辑和加工空间的《实话实说》,其录制现场只不过是提供了“素材”,它努力的目标在于完成一场具有“真实感”的“脱口秀”。

经过对比,我们无意中触及了电视传播中一个长久以来被忽略的重要命题:以电视媒介为载体的电视节目从来就不应当被看成是独立的、静态的文本,播出方式是其不可或缺的构成部分,它直接影响着节目的形态以及传播效果。以电视谈话节目为例,它的核心是什么?是观点的碰撞,是真诚的交流,但是真正实现这二者有赖于信息的完整和忠实的传播。因此,尽管《实话实说》包含了许多他人无出其右的成功元素,但是《齐鲁开讲》以有话“直”说的勇气,颠覆了《实话实说》作为谈话节目的标杆地位。不仅如此,《齐鲁开讲》还率先引进了“CALL IN”技术——实时电话投票系统,从而使电视荧屏前的观众能够同步表达自己的观点,直接参与节目,实现场内外的互动,进一步延展了电视的时空范畴。从传播学的角度分析,采用直播和“CALL IN”系统的《齐鲁开讲》取得了以下几点突破:

1.真正实现了大众传播和人际传播的融合

电视谈话节目既包含演播室内谈话对象之间的人际传播，又是节目公开播放、影响力更为广泛的大众传播。在录播状态下，二者是割裂的，但《齐鲁开讲》采用现场直播，同时辅以“CALL IN”系统使两者很好地融合起来。辩论过程中，人物原生态的语言、表情、姿态、心态、情绪，借助现场直播把场内人际互动的氛围同步传递给了观众。与此同时，获得同步信息的观众，可以通过拨打电话、选择按键表明自己的立场和观点，直接介入节目，实现与现场观众、嘉宾的双向交流，使两种传播方式互相推进。无疑，同步的反馈不断使电视节目从单向的线性信息流动向双向的循环互动发展，实现了电视谈话节目的革新。

2.实现了现代传播观念的核心思想：受众的真正参与

从“枪弹论”“有限效果论”到“受众中心论”，受众的地位尽管在理论上得到了提升，但是在具体的电视实践中却表现得并不充分。以往的“观众参与”，大多是指演播室内的观众，以“观点”为中心的电视辩论节目，由于直播和“CALL IN”系统，使得荧屏前的观众意见能够直接显示在辩论现场的大屏幕上，随时影响着现场辩论人员的情绪、策略、话语等，真正成为影响节目的重要因素。虽然这些场外观众面目不清，但是每一个跳动着的数字都真切地代表着一名实体的观众，他们的实时参与，淋漓尽致地发挥出观众参与的作用。正如大众传播学者施拉姆所说，最佳的传播效果是由受众参与而最终完成的。

现场直播，是最能发挥并展现电视传播优势的一种最迅速、最直接的播出方式，这一点电视界早已熟知。但是由于诸多原因，现场直播在现实的电视运行中很少得以实现。《齐鲁开讲》最大的意义，在于使用直播方式去除了后期剪辑这一过滤环节，真正让现场的嘉宾说话；“CALL IN”系统的引入，又使场外的观众拥有了表达观点的权利。它不再是利用电视谈话“秀”出的好看的电视快餐，而是通过受众参与，凸显民意并具有一定理性深度的谈话场。《齐鲁开讲》的成功，说明电视改革不仅需要敢为天下先的勇气，更需要一定的智慧，这种智慧表现在认真研究现实媒介环境，在把握好分寸和尺度的基础上，最大限度地争取改进和创新的空间。

需要指出的是，《齐鲁开讲》同样有许多需要改进的地方。例如，“CALL IN”系统在现有的技术条件下是先进的，但目前观众还局限于“好与不好”的选择上，只实现了初步的反馈，观众在参与方式和参与程度上还有待提高。同时，辩论涉及的大多是社会“软”话题，节目要立得更高，需要在“开讲”的“开”字上有所突破：采取更加开放、开阔的视野，发掘、开拓、创造出更大的谈话空间，真正实现“激情齐鲁·开讲天下”的目标，用事实说话，用辩论呈现，给观众更多的思考空间。

从某种意义上来说，《齐鲁开讲》提供的舞台、彰显的勇气最大限度地诠释了今日中国民众和电视说话的内容、方式、水准与可能性。受制于媒介责任、播出效应、社会承受能力等多种因素的《齐鲁开讲》，还是迈出了很大的一步。它不仅意味着电视的创新，而且生动地昭示了和谐社会构建征程中民主、开放程度的提高，这也让我们有理由期盼，有话“直”说的《齐鲁开讲》借助电视媒介这个强大的传播工具，不仅摒弃了陈旧的宣传思想和模式化的新闻观念，唤醒了公众拒绝电视节目中的假话、空话、套话的意识，洞开真实讲话的风气，而且肩负起了责任，将“实话实说”的理念蔓延到整个社会。

转型期的中国社会充满矛盾，谈话节目本身也同样如此，那么《齐鲁开讲》究竟意味着什么？我们应当对此做一个较为中肯的评价：对电视本身来说，是工具潜力的一次突破性发挥；对电视人来说，是找到了另一种表达方式，即“鼓励人们说话和说自己想说的话”；对电视观众来说，首先是有了一个说话和说真话的地方，其次是锻炼和培养了说话的能力和思维。但是，一个有责任心和时代感的电视人应当思考：《齐鲁开讲》是以建立一个道德论坛为目标，还是着力培养受众的理性精神；是鼓励人们追求某种终极目标，还是强调为现行制度提供保障？制片人时间在创办《实话实说》时曾说：“人的说话依赖于他所生存的环境的健康和开放，那么同样，健康和开放的生存环境更有赖于人的说话。”改变环境显然不是一朝一夕就能完成的，要达到“实话实说”必须浇灌社会责任和人文意识——从这个意义上说，要真正给出“说什么话”和“怎样说话”的答案，作为接受者的观众和作为传播者的电视人同样责无旁贷。

二、素材增值：信息的再开发与深加工

媒体的核心竞争力在于自主生产的“内容”，这种自主生产能力的背后是“人才”，是其他媒体无法复制的真正家底。判断一个媒体自主生产力的高低，关键看它有多少经得

起观众和市场检验的原创性栏目。江西电视台《传奇故事》的特点在于其素材来自全国各地,并且坚持"好中求优,优中求奇"。《传奇故事》把准了信息深度加工的时代特征,把"素材增值"的渠道由本省拓宽到全国,在原有新闻影响力的基础上进一步提升了节目的号召力和影响力。该节目不仅实现了"素材增值",而且还实现了"影响力增值"。

同样,安徽卫视于2002年推出的、具有原创意义的名牌栏目《记者档案》也曾广受关注。《记者档案》不仅实现了安徽卫视自身素材的再开发,而且囊括了其他各种媒体,让他人为自己做"嫁衣",把"素材增值"的理念运用得极为充分,实现了"影响力增值"。下面以《传奇故事》与《记者档案》两档栏目作为案例,探讨"素材增值"策略在内容生产中的应用与影响。

案例一:《传奇故事》

《传奇故事》于2005年元月起在江西卫视开播(日播),通过采用全国各家媒介素材并进行精心编创的方法,每晚为观众讲述一个涉及"真、善、美"和"德、义、理"的社会故事。尼尔森数据显示,开播三个月后,《传奇故事》即跻身全国卫视晚间收视前50名;6个月后,排名上升至前30名;9个月后,排名为前20名;11个月后,排名为前10名。如此优异的收视表现,使《传奇故事》本身成为一个"传奇",其"故事"也一定有诸多发人深思之处。

(一)整合全国素材,实现"影响力增值"

《传奇故事》最鲜明的特点在于其素材不仅来自江西卫视自身,而且更多地来自全国各地传媒,并秉持"好中求优,优中求奇"的选择标准。既然省级卫视面临的是全国性竞争,为什么节目题材不能跨越"省份"?如果说跨省独立采制受成本因素的限制,为什么不考虑引进其他台"一次使用、几成'鸡肋'"的素材?既然电视剧可以全国采购,为什么各台的新闻素材不能购买(而且是低价购买)?看似简单的思路转变,取得的却是理念上的突破,《传奇故事》"激活"全国素材的举措,揭开了《传奇故事》的成功序幕,它不仅实现了"素材增值",而且实现了"影响力增值"。

何谓"素材增值"?简单地说,就是不断地挖掘素材潜力,借助不同素材,在不同点上延伸和扩张。除了整合不同资源以外,《传奇故事》还采用与普通公众十分贴近的"民生新闻",将这些颇具社会影响力的新闻资源(或专题节目)嫁接过来,不仅实现了"素材增值",而且将这些素材在其他媒介已经播出时的"影响力"一并移植和累积到新的节目中,实现了"影响力增值"。此等

“化功大法”可谓借力发力，力大无比，真正做到了汇天下之精华，成独家之优势。《传奇故事》把准了信息深度加工的时代特征，把“素材增值”的渠道由本省拓宽到全国，在原有新闻影响力的基础上进一步提升了节目的号召力和影响力，堪称典范。

（二）创造性地二度加工，使素材效果最优化

整合全国资源，是迈向成功的第一步，而真正“为我所用”则需要智慧。面对丰富的素材资源，绝不能简单地炒冷饭，必须懂得巧妙地“拿来”，即重新解读，深度加工，进一步改造、提升、激活已经冷却的新闻，只有巧妙借势，“老树”才能发“新芽”。

《传奇故事》之“创造性”在于选择了“故事”视角，把准了电视的传媒本质。电视的两大功能是信息和娱乐，而“故事性”是成就电视娱乐功能的重要特质。对大多数观众而言，看电视在某种意义上也可以说是在看故事，“故事性”符合电视观众普遍的审美需求。《传奇故事》的素材之所以选择关注“民生”新闻，是因为其要充分利用“故事性”，用故事的方式解读新闻，把目光转向普通人，展示普通百姓的真实情感和生活状态，为公众提供话语平台，渗透人文关怀。“故事”使《传奇故事》的情节更加曲折离奇、扑朔迷离，放大了人间冷暖、爱恨情仇，极大地增强了节目的可视性。

《传奇故事》的“创造性”，还在于对外来节目资源的加工上。其并没有进行简单地缩减和编辑，也没有对时间、空间进行淡化处理，而是节目创作者对原材料进行重新解读，这种二度创作淡化了原有素材的地域特点，从容易引发观众共鸣的话题、视角切入，通过讲故事，以最接近人际传播和更有社会正面意义的方式演绎，让荧屏内外互动起来，从而发挥了原有素材的最大效果，把节目理念化为现实的效益。

（三）走整合之路，实现品牌的不可替代性

《传奇故事》的品牌建设同样令人耳目一新。“人无我有”，即稀缺性，是品牌的重要特点。在过去相当长的时间里，电视传媒为了强调“稀缺性”，片面、极端地走向“窄化”，甚至不惜人为地制造概念。例如，将“法制节目”裂变为法制新闻、法制资讯、法制娱乐、法制谈话、法制庭审纪实；将娱乐节目分化为娱乐资讯、娱乐脱口秀、娱乐现场、真人秀、竞技、游戏、益智……为了达到“稀缺性”，准确地说为了达到字面意义上的“稀缺性”，媒体人为地“画地为

牢”,越走越“窄”。事实证明,此种方法不可取。因为仅仅实现单一的、表面的、概念性的“稀缺”,毫无意义,它不可能实际占有受众注意力,大众记住的不是电视人自己玩出的“概念”。显然,在品牌的“稀缺性”上,在“人无我有”的路途中,《传奇故事》走的是从单一到复合之路,即把各种元素有机地综合起来,比如游戏的、资讯的、娱乐的、法制的……将这些素材统一“打包”,整合成符合大众需要的形式。说到底,电视节目的名字并不重要,重要的是它是否能满足观众的需求。《传奇故事》追求的这种“稀缺”是复合“人有”,重新包装进而打造出“人无”的稀缺性,是整合出来的稀缺,而不是已经走火入魔、越走越窄的“稀缺”概念,这是《传奇故事》品牌建立的基础。

《传奇故事》的“整合”还在于它将传媒内容的三种属性,即宣传品属性、作品属性和产品属性,巧妙地融合在一起。主流媒体价值、传播艺术诉求、娱乐功能,在《传奇故事》里集中体现在媒介公信力和娱乐性的结合上,体现在媒介权威性和贴近性的结合上。正如观众所评价的,“这个节目就像是一面镜子,照出了人性的善、恶、美、丑,在不知不觉中影响、规范和约束着人们的行为,也使处在逆境中普通而又平凡的老百姓对社会和生活多了一份信心、勇气和希望,这些都是这个节目给予我们的”(引自观众来信)。

《传奇故事》的优质性、独特性,甚至品牌的不可替代性,集中体现在整个团队以及它的运作方式上。以主持人为例,金飞之所以能赢得观众,是因为他能在坚持健康、正确的导向的前提下,用通俗易懂的话语方式与观众交流,鲜活的口头语——来自生活中的俗语、谚语、成语、寓言等,既为观众喜闻乐见,又能点石成金,揭示生活的真谛,引发观众的思考,这些都是主持人因素赋予《传奇故事》的独特魅力。如同其他优秀谈话类节目中的杰出主持人所代表的符号意味一样,主持人金飞使《传奇故事》有了“不可替代”的特性。

此外,在品牌的培育上,《传奇故事》经历了从地面频道到卫视的转移过程,就像湖南卫视从《快乐大本营》到《超级女声》一样,这种先在地面频道探索,等节目成熟再移师卫视的经验值得借鉴和推广。

通过以上几点,我们可以总结出《传奇故事》的显在特点:在素材来源上大胆跨省“越位”,做不到独家,就追求独到(故事化解读);在品牌建设上,不拘泥于“人无我有”,而是创造性地整合“人有”以打造“人无”的稀缺性。做到这些不仅需要勇气,而且需要智慧:电视内容生产的创新,切忌作茧自缚,轻言“此路不通”;相反,应该勇于突破,在看似不可能隐藏成功的地方抓住机会。这是《传奇故事》传奇之路给予我们的富有普遍意义的启迪。

最终需要说明的一点是,《传奇故事》对新闻(素材)的第二落点深耕细作,并且卓有成效,为我们的电视内容生产开辟了新路。但是,这并不意味着我们可以轻易忽视第一落点。在今后的节目实践中,如果《传奇故事》能建立快速的反应机制,让资讯的时效价值和深度解读同步提升,使《传奇故事》不仅拥有"可视性"而且具有"必视性",那么《传奇故事》一定会续写新的传奇。

案例二:《记者档案》

安徽卫视2002年推出的具有原创意义的名牌栏目《记者档案》,从开播起即成为学界和业界关注的话题。作为全国第一档以新闻记者(也包括其他传媒界人士)为嘉宾、以新闻背景作为主要素材的新闻访谈类节目,不衰的播出效果已经说明了它的成功,对此,业界和学界也给予了许多独到而深刻的剖析。综合来看,其对中国电视的启示主要有两点。

其一,在近来众声喧哗、浮躁不安的媒介语境中,《记者档案》始终保持着对冷静、理性和严肃的个性追求。《记者档案》的主要收视群体是新闻从业人员(包括新闻工作者、新闻的研究者和大学新闻专业的学生),兼顾关心时事(往往是重大时事)的观众,因此其受众定位相对较"窄"。这种定位决定了《记者档案》必然要承受一定的收视压力,但即便如此,《记者档案》也没有唯收视率马首是瞻,即使在收视率低潮之际,也没有放弃自己"为记者建立档案,为社会立存此档"的理念和初衷。《记者档案》对于媒体责任的清醒认识和身体力行,与当下中国电视出现的"低俗"之风形成了鲜明的对比,也给我们处理媒体与观众之间是迎合还是引导的关系问题,提供了可借鉴的范本。

其二,《记者档案》的成功揭示了一条规律,即电视栏目要成功,应当用心地寻找媒介、社会和观众的交叉点。具体地说,电视栏目既要产生社会的、正面的、积极的意义,又要获得观众或者市场的认可;同时,从媒介自身的角度来说又要做到扬长避短,有持续发展的空间。《记者档案》的成功,就在于很好地协调了媒介、社会和观众三者的需求。

从媒介自身来看,《记者档案》制作简单,其内容为主持人和嘉宾在演播室里的谈话,成本较低,但是它的策划角度新颖、独到,具有不可多得的可持续发展空间。此外,《记者档案》还放眼全国,中国所有优秀的记者都在它的视野之内,来自报纸、杂志、广播、电视、网络等媒体的采访素材变成《记者档案》的素材,受访记者的影响力、受访记者采制的重大新闻的影响力更变成节目的号召力和影响力。

从社会的角度来说,《记者档案》首先为中国记者尤其是优秀记者提供了展现职业形象的平台,有助于提升记者的整体形象和媒体公信力,这对于记者所代表的主流价值和国家意识形态来说具有重要的意义。其次,《记者档案》建立了一个记者和社会(而不再是被采访对象)沟通的窗口,记者通过自己的视角,以及自己获得的第一手资料,以亲历者、见证者的身份,给新闻事件做了生动的注解,留下了鲜活、真实的历史资料。日积月累,《记者档案》将成为一部记者"口述"影像史,其史料价值不言自明。

从观众的角度看,《记者档案》"新闻的新闻,故事的故事"的定位,不仅能够满足他们对新闻的需求,对新闻背后的故事的需求,而且可以满足他们对于神秘"新闻场"的好奇心理,如暗拍过程的展示等。更重要的是,《记者档案》通过记者的直接讲述和对新闻事件的剖析,可以加深观众对于新闻的解读,不光知其然,更知其所以然。

因此,《记者档案》媒介、社会和观众"三位一体"的策划理念,对于策划新的电视栏目具有实际的指导意义。需要指出的是,经过多年的实践和摸索,《记者档案》已经积累了比较丰富的制作经验,具备了一定的制作水准。但是,从长远发展的角度来看,《记者档案》整个栏目要形成较高的品牌认知度,还需要进一步培养栏目相对稳定和统一的风格,使节目的个性特征和认知度更加鲜明。从这个考虑出发,笔者认为《记者档案》还需做到以下几点:

第一,《记者档案》的核心价值诉求需要进一步明确。它到底是要为中国记者树碑立传,还是要借助记者身份,通过这样一个载体去传播受众对社会的关注,还是想制造一个生产大众新闻(甚至媒介明星)的平台?《记者档案》提出了嘉宾选择的三项原则:社会意义、热点话题和曲折故事。在这个基础上,《记者档案》还需回答"是三者同时具备,还是有一即可"的问题。从实践中我们也可以看出,由于栏目的价值诉求尚不够明确,因而造成栏目风格时有起伏和落差,无法规范和统一。比如,有的节目像是记者版的《艺术人生》或"明星秀"(如名主持、"亚明星"的访谈),有的节目则明显偏向于对社会问题的再思考,有的则倾向于采访业务的技巧展示。节目风格不定,不利于培养观众的收视惯性,更不利于"品牌"的培育和建立。

第二,《记者档案》的着力点需要明晰。栏目名为《记者档案》,节目的主体当然是"记者"(人)和"档案"(事)。不否认,"人"是由"事"来反映的,"事"是由"人"来构成的,但是着力点不同,表现方式和制作理念必然不同,就像写作文,不同的人"记人"和"记事"都会有差异。如果意在树"人"(为记者立传），那么着眼点应为人物的思想、情感、个性、风骨，“事件”应该是背景和佐证材料；如果是说“事”（为社会存档），那么着眼点应为时代、意义、影响等。从《记者档案》“解密新闻背后精彩故事，品味记者生涯酸甜苦辣”这一句宣传语来看，其着眼点是模糊的。特定人物讲述特定事件，但在嘉宾选择上究竟是注重嘉宾的知名度，还是注重新闻事件的影响力，《记者档案》对此没有明晰的定位，这就可能给创作带来负面的影响，造成节目时而以人为主，时而以事为主的混乱状态，使采访视角和表现尺度时有失当。例如，不能以平视的姿态面对不同的受访者（看名气而不看新闻事件），有时会仰视甚至被对方牵制，有时又可能因松懈而表现得轻率；再如在表现某些严肃社会“事”件时，又会过于感性，显得主观，甚至不恰当地放大、渲染过程中的惊险、紧张、刺激等，尽管这样做会使节目“好看”，但消解了对于节目来说更为重要的新闻事件的意义，会使《记者档案》面临“媚俗”的危险。

第三，面临嘉宾身份单一和话题专业性的双重危险。一种可能是，节目影响未能有效扩张，最终陷入“新闻圈”的自娱自乐和自说自话，演变为新闻记者的小型俱乐部。虽然目前这个隐忧基本不存在，但依旧需要时刻保持警惕。另一种可能，就是节目影响越来越大，节目演变成一种权威评判，谁上了《记者档案》就意味着得到某种程度的认可，使节目演变成“名利场”。“名利场”的裁断权反过来会伤害节目的健康发展，《东方之子》即是一例。

第四，要解决好可视性和必视性的关系。在当前传播渠道过剩的格局下，收视的主动权掌握在观众手中。节目仅仅“好看”，即具有“可视性”，还远远不够，必须通过一系列方法，增强节目的“必视性”，才能实现可持续发展。比如通过媒介活动，对节目加以推广；通过媒介联动，增强节目辐射范围；或者紧追社会关注点，链接新闻当事人，引入新闻现场，打通各种渠道，不断引起新闻媒体和社会的普遍关注。

需要说明的是，以上几点均贯穿于节目生产的整体流程之中，并非是孤立和割裂的。栏目的核心价值和理念必须恒定，不能朝令夕改。但是，在具体的单个节目生产过程中，则要求“变”，甚至要“反其道而行之”。比如，恐怖、惊险的素材，能不能做得阳光一些、温暖一些；比较“软”的题材能不能做得有冲突性；比较尖锐的命题，是不是要做得和缓一些；重大的命题，能不能从小处去突破……电视制作人不妨采用辩证思维，让《记者档案》达到一个比较均衡和稳定的状态，只有稳中求升，不断提升节目品质，增强栏目的影响力和关注度，最终才能形成品牌效应，真正成为安徽卫视核心竞争力的重要组成部分。

三、深度发掘：理性与平衡

1996年创办的《新闻调查》在中国电视的发展历史上，称得上“经历了风雨，见证过彩虹”。对于这个寄托着电视人诸多梦想的栏目，学界从来没有转移过他们关注的目光。然而，创办之初就立志成为“中国《60分钟》”的《新闻调查》，现在是朝气蓬勃、雄心未已，还是英雄迟暮、廉颇老矣了呢？

同样是在1996年，作为《东方时空》的一个子栏目，《面对面》时长不过2—3分钟。直到2003年1月，《面对面》才取得独立地位，以王志作为固定主持人，并将栏目定性为“大型新闻人物访谈节目”。2003年年初，伴随着突如其来的“非典”疫情，各个媒体也随之展开了一场没有硝烟的“新闻大战”——“以最快捷的速度发布最新疫情，以最充沛的热情报道医护人员及各行各业抗击‘非典’中感人肺腑的事迹，以尽可能开阔的视野搜寻与‘非典’相关的新闻线索，以尽可能深入的观察挖掘新闻背后的新闻”。在这场新闻战役中，既没有时效优势，又没有播出时段优势，节目样式也相对单一的《面对面》，却出其不意地以“抗击‘非典’大型人物系列访谈”，从铺天盖地的“非典”报道中脱颖而出，吸引了大量观众的视线，《面对面》和主持人王志也迅速在新闻界受到广泛关注。孙玉胜在《十年》中难掩欣喜与兴奋：“第三次与观众见面的《面对面》，终于圆了《东方时空》追踪‘新闻人物’的一个梦想。”

笔者认为，中国电视的希望和力量，正是源自《新闻调查》和《面对面》这些远离喧哗、保持理性和深度的电视栏目，它们理所当然地值得被反复咀嚼，细细品味。

案例一：《新闻调查》

《新闻调查》，这个寄托着电视人诸多梦想的栏目，学界对其剖析和解读的文章汗牛充栋。然而，创办之初就立志成为“中国《60分钟》”的《新闻调查》，在走过20余年的时间之后，是否依旧以风光无限、朝气蓬勃的话题诱惑着关注它的电视学人去观察和研究。

（一）“品”读文本：宣传品、作品、商品

文本，就电视节目而言，就是最终呈现的影像。《新闻调查》从诞生之日起就以独立栏目为载体，其每一期节目都有着相同的规范，如固定的播出时间、长度、包装等，但在普遍遵循的范式之外，我们还应该从表层深入肌理，去

寻找文本内容的共同特征。是什么让《新闻调查》历尽风雨却依旧常青？我们不妨从分析中国电视内容生存的沿革入手。

中国传媒大学胡智锋教授曾经非常形象地用“宣传品、作品和产品”来描述中国电视多年来的内容生产历程：20世纪50年代末到20世纪80年代，中国电视以党和政府主流价值的宣传以及公众教育为主要功能，呈现出典型的“宣传品”特征；20世纪80年代到20世纪90年代中期，电视传媒从业者的个人职业化诉求和专业化追求得到普遍重视，他们把洋溢着个体创作的电视节目看作自己的“作品”；20世纪90年代中期以后，电视传媒市场化程度不断加深，电视内容与市场、与观众的收视日益紧密地结合在一起，电视内容与之前相比有了鲜明的“产品”或者“商品”色彩。①

如果说胡智锋在纵向的历史流变中，准确地把握了中国电视内容生产的鲜明特征的话，那么如今身处转型期的中国电视显然同时交错杂糅着“宣传品、作品、商品”三种属性。就《新闻调查》而言，首先，起舆论引导作用的“宣传”，尽管或隐或显，但永远都存在于电视节目内容之中，无法回避；其次，追求栏目鲜明个性的理想又让这群有着“纪实”情结的电视人执着于影像表达的精致、精彩、精到；最后，巨大的播出压力、步步紧逼的收视统计，开始向“流水线”式的“生产”方式寻求帮助。在客观现实面前，《新闻调查》必须做出自己的选择，在不可能三者并重的情况下必须有所倾斜和侧重。如果明显地倾向于“宣传品”，步步紧跟国家大政方针或高举舆论监督的鲜明旗帜，《新闻调查》就成了《焦点访谈》的加长版，泯灭了自己的个性。如果过分追求“作品”的色彩，就会陷入对声画的唯美追求甚至记录者的自恋中，愧对“新闻”二字。更何况，每周一期的播出压力从客观上就已经限制了精雕细琢的空间。如果过于强调“产品”甚至“商品”属性，唯市场是图，则栏目的选题、视角、深度都可能因受到影响而发生偏移，甚至滑向“媚俗”的边缘。

在无法面面俱到的艰难选择中，《新闻调查》很好地权衡并处理了三者间的关系：淡化“宣传”的政治色彩，遵循“产品”的生产规律而又不受制于此，把具有个性化、创造性、独特性的“作品”作为主要目标，即在导向正确、观点明确的前提下，在努力发掘新闻深度的同时，理直气壮地强调“作品”的可视性和感染力。这种独特的制作理念一经确立便矢志不渝地贯彻在《新闻调查》的每一期节目中。这种具备较高水准的“作品”追求，有着较高的门槛和“技

① 胡智锋.“产品”时代电视综艺新探索[J].现代传播，2005(2).

术含量”，它要求《新闻调查》的创作者们既要有新闻敏感性，又要有一定的艺术素养。事实上，正是这种难能可贵的“作品”追求，使《新闻调查》逃脱了被恶意“克隆”和“模仿”的厄运。当神州大地的《焦点访谈》类节目“山花烂漫”时，默默坚守“作品”理念的《新闻调查》独“在丛中笑”。

“作品”的本质要求是原创性，尽管每一档节目有共同的“产品”规范，但是《新闻调查》的单个节目是有着自己独特的生命力的。因此，我们说《新闻调查》的文本在本质上是“作品”属性，它在深入调查、挖掘新闻深度之时，还自觉地承担起了探索影像表达更多可能性的责任。每一期节目的“作品”色彩就像摇曳多姿的片片树叶，共同成就了《新闻调查》稳健、大气、厚重的荧屏景观。

（二）“品”话历程：品格、品质、品牌

《新闻调查》从诞生之日起，就未停止过对自身发展的“质疑”。他们在实践中不断进行理性、深入的思考，使自己的目标和定位逐渐明晰。从开播之时的“正在发生的历史，新闻背后的新闻”，到如今的“探寻事实真相”，形象地描述了《新闻调查》曾经有过的波折与思考。笔者认为，以“作品”作为自身追求的《新闻调查》，在不断前行的过程中迈过了三个重要的台阶：品格、品质和品牌。

1.品格：纪实和深度

美国学者丹尼尔·贝尔认为，“品格”是“道德准则和严肃目的的合成物”①。《现代汉语词典》把“品格”解释为“艺术作品的质量和风格”。两相结合，我们可以把“品格”理解为内在品质于外部呈现出来的个性特征。具体到电视栏目而言，就是较为稳定的栏目形态、定位、风格等，是留给观众的最为深刻的“符号”印象。

在筹备及早期运作的几年间，《新闻调查》的工作重心是塑造独特的“品格”，将自己和《东方时空》《焦点访谈》区分开来。经过不懈努力，他们最终确立了这样的定位——“用纪实的方式拍摄，展现对新闻事件的调查和采访过程，把新闻当成故事来讲，事件中应有悬念和冲突，情节应当跌宕起伏。”②在后来的实践中，《新闻调查》又概括出被业界奉为圭臬的“主题事件化、事件故事化、故事人物化、人物细节化”的叙述方法。

---

① 贝尔.资本主义文化矛盾[M].赵一凡，蒲隆，任晓晋，译.北京：生活·读书·新知三联书店，1989：34.

② 孙玉胜.十年：从改变电视的语态开始[M].北京：生活·读书·新知三联书店，2003：224.

那么，我们该如何表述《新闻调查》第一阶段的成果——“品格”呢？反复揣摩当时的宣传语“正在发生的历史，新闻背后的新闻”不难得出结论：“正在发生”，是强调用过程说话，表明其“纪实”风格；“新闻背后”则点明了“深度”报道的特点。因此，在2000年前，《新闻调查》直接围绕“纪实”和“深度”展开“品格”塑造，它通过充分的电视实践不断强化观众对其“新闻纪录片”特征的认同。事实上，第一期《宏志班》就以浓烈的纪录片形态特征，与别的节目拉开距离，让观众眼前一亮。之后，《新闻调查》又在1998年提出“重大新闻事件背景调查全面深入，国计民生改革热点话题难点疑点解惑，大时代背景下的新闻故事一波三折”的口号，通过舆情类、历史揭秘类、心理类型等多种节目形态，不断强化自身纪实和深度的“品格”认知。为了塑造“品格”，孜孜不倦的创作者们以深入的现场采访、精良的后期制作，借助细节、情节、悬念等，制作了一批令观众难忘的优秀作品，如《大官村里选村官》和《从市长到囚犯》等。

2.品质：质疑和调查

“品格”的成功塑造，使观众熟知了《新闻调查》的“符号”特征。在此基础上，积累了丰富经验的制作者们，开始向第二阶段迈进。他们追问自己：《新闻调查》的“个性”是什么？换言之，《新闻调查》内在的、深层的“本质”究竟是什么？在解决了技术、技巧层面的“品格”问题之后，《新闻调查》只有挖掘出栏目的支撑理念和核心精神，才能实现自我超越。经过长久思考和不断提炼，《新闻调查》浓缩出了如今家喻户晓的“探寻事实真相”。

“探寻事实真相”的提出，意味着“调查”理念上升到了自觉状态。为了探寻“被权利、被利益、被道德观念和偏见、被集体意识、被狭窄的生活圈子和知识技术”遮蔽的各种“真相”，《新闻调查》明确了“质疑”的追问方式，真正回归到“调查”的路上，比如《南丹矿难调查》《海登神话的背后》《东突恐怖势力揭秘》等节目。《新闻调查》的定位日益清晰，选题愈发明确，“质地”越来越纯粹，公信力迅速提升，迎来了发展史上的第二个高峰。

2003年4月，《新闻调查》再次提出将调查性报道作为栏目发展的终极目标，力争做到“在真相被遮蔽的地方就有新闻调查”，《阿文的噩梦》《派出所里的坠楼事件》《无罪的代价》《西安体彩风波》等产生极大社会影响力的节目相继诞生。在历经7年多的探索与实践之后，《新闻调查》终于磨砺出自己的“品质”：以质疑为生存方式，以调查性报道作为栏目的核心竞争力。

3.品牌:构建与维护

现代传媒的竞争已经进入品牌经营时代。在节目过剩时期,受众首先根据偏好和忠诚度来选择节目,即品牌。“品格”的塑造和“品质”的确立,使《新闻调查》在中国电视界中占据了重要地位。但是如何确立强势品牌,进一步提升竞争力仍是《新闻调查》面临的问题。要真正实现传播效果的最大化,培育相对忠诚与固定的受众群,《新闻调查》还必须把“品牌”的构建和维护落实到一系列具体的制度与策略中。

2002 年 8 月 28 日,《新闻调查》所在的央视新闻评论部率先在电视传媒管理中导入 ISO 质量管理体系。《新闻调查》以此为契机确立了节目标准化生产制作流程。2003 年,《新闻调查》首次引入电视资源管理的概念,建立了绩效评估体系和调查性报道的风险机制等一整套管理措施。更为重要的是,原来的编导负责制改成了主持人中心制,开始包装主持人,建立栏目的品牌形象。同时,《新闻调查》还逐渐形成了整套节目营销的理念和体系,与多家平面媒体和网络合作,增强与观众的互动交流,每年把优秀节目结集出版等,使节目尽可能增值;还先后在中国传媒大学、北京师范大学、复旦大学、南京大学等高校举行栏目发展高级论坛,与高校师生及专家交流,吸取经验,扩大节目影响。

对于《新闻调查》来说,如何进一步构建和维护品牌将是以后发展的重心。借助大众传播手段构建的品牌,由于备受关注,所以一两次的节目落差就可能导致品牌贬值,《新闻调查》对此必须有清醒的认识。强化品牌意识,是面对激烈竞争必须接受的挑战。品牌构建和维护的成败,决定着栏目的未来。

从塑造深度、纪实的“品格”,到确立质疑、调查的“品质”,再到构建与维护“品牌”,我们大体勾勒出《新闻调查》“在路上”的风尘仆仆。需要说明的是,“品格”“品质”“品牌”三者不仅是一个递进的关系,而且并存于今日的《新闻调查》发展中。《新闻调查》时而高歌猛进,时而坚毅稳健的姿态,很好地抒写着与时俱进的精神,参与着中国电视的风云变幻。

(三)“品”说期待:真品、藏品、实验品

这个世界上不存在完美的事物,《新闻调查》也不例外。依存于央视这个传媒界龙头老大地位而逐渐发展壮大的《新闻调查》,在赢得辉煌之时同样也暗藏隐患。

1.真品？赝品？

《新闻调查》虽然借鉴了美国《60分钟》的制作理念，但绝非“舶来品”，而是拥有独立“知识产权”、自主开发的“民族品牌”，按道理没有“赝品”的可能。但是深究下去，我们还是会产生以下几点质疑：

其一，《新闻调查》既然冠以“新闻”之名，就应该强调“新闻”的特性，其中“时效”是不可忽视的重要元素。深度有余，快捷不够，是《新闻调查》长期以来的弊病。究竟是调查“新闻”，还是调查之后不是新闻的成了新闻（即“议程设置”的色彩）？推敲这一点，我们发现《新闻调查》许多时候无非是“调查，以新闻为名”而已。当然，节目的时效性会受节目周期等因素的限制，但是对于《新闻调查》的忠实观众来说，他们还是希望能够在重大新闻发生之时的“第一时间”内看到《新闻调查》的身影。其二，虽然关于“调查性报道”的解释尚不统一，但是“事实必须是自己挖掘出来的”“调查与收集材料是记者的原创行为”等原则大体已成共识。然而，从目前《新闻调查》播出的节目来看，许多选题不是“第一发现”，即不是严格意义上的“调查性报道”，主题性、话题性报道依然占有一定的数量和比重。换句话说，《新闻调查》在“做真正的调查性报道”的努力上，还有不尽人意的地方。

可见，无论是在“新闻”二字还是在“调查”二字上，《新闻调查》都有提高的空间。要成为名副其实的“真品”，《新闻调查》尚需努力。

2.藏品？易碎品？

20多年间，《新闻调查》的确制作了许多“思想深刻，艺术精湛”、可圈可点的“作品”，给观众尤其是业界人士带来不小的震撼。但是，从《新闻调查》拥有央视平台、占有诸多资源且可网罗全国顶尖人才的优势来看，其精品数量在整体节目中的比例依然有着极大的提升空间。特别是近几年，随着竞争的加剧，《今日说法》和《法治在线》等新节目的不断涌现，给《新闻调查》带来了很大压力，一些“短、平、快、活”的新闻节目成为一闪而过的“易碎品”。显然，这与观众的收视期待不符。《新闻调查》的价值就在于其是经由“作品”意识而打造出来的“精品”，观众心目中的《新闻调查》应该是“精品”的集纳处和展示台。

需要指出的是，这里的“精品”并不局限于艺术和制作的标准，它还指涉点燃百姓对生活、法制、民主之希望的“珍品”，像《生命》《范李之死》《大官村里选村官》等节目，它们表现出的正义感和公平感使观众愿意把它们铭刻在记忆里。这些“藏品”，经得起历史、社会和人民的检验，是当代中国最具权威性的影像历史；这些“藏品”将随着时间的推移，越发显示出其力量，并且由此向观众证明，电视时代并不完全是一个肤浅的时代。

3.实验品？陈品？

《新闻调查》已经形成一套较为稳定的运行机制和制作规范，但是电视产品很难“越陈越香”。“‘成熟’是否会带来僵化和呆滞”，“标准化生产是否会导致模式化”等现实问题也摆在了面前。“陈品”，虽是昨日辉煌和风光的见证，但也可能成为令人沾沾自喜的“麻醉品”，从而销蚀电视人的创造力。面对未来，《新闻调查》能否唤醒当年敢为人先的“实验”勇气，大胆地求新、求变，发扬自己的先锋精神？

在当前的新闻改革中，中国文人“先天下之忧而忧”的历史使命感，党的宣传工作的要求，以及西方新闻专业理念和商海的诱惑，构成了中国新闻从业者错综复杂的心态。一直有着浓厚精英意识和历史使命感的《新闻调查》，可以毫不掩饰自己的“成名想象”[①]，用先锋精神勇敢地开拓新的话语空间。要成为“中国的《60分钟》”，就意味着必须超越《60分钟》，必须拒绝和抵制电视低水平的复制，使深刻和理性在节目中成为闪光点。为了实现这一切，除了要具备超前的思想力度、精神高度以及挑战价值体系的姿态外，还要具备对抗现实的勇气以及形式创新的天赋。

对于《新闻调查》成为“真品、藏品、实验品”的期待，也许存在太多的理想主义色彩，其可以达到的高度和可能被拔高，有些甚至是关乎体制的几乎“不可能实现的”希望，但是“取乎其上，得乎其中”的规则至少可以让“吹毛求疵”的愿望有了美好的托词。瑕不掩瑜，《新闻调查》做出的杰出成就，我们应该承认，但是否真金，最终还要由时间和实践来检验。

“在我看来，走到今天的《新闻调查》，其表现方法和叙述方式均可以与《60分钟》媲美。”[②]《新闻调查》的确改变了新闻语态，铸就了新的节目形态，因而现在也面临着更重的使命，即用理性和责任，浇灌出新的媒介生态。在构建和谐社会的今天，《新闻调查》有责任用智慧和汗水去推动中国的民主建设，履行不可推卸的历史责任。不然，《新闻调查》虽然“正在发生”，也可能很快成为“历史”。

---

① 陆晔，潘忠党.成名的想象：社会转型过程中新闻从业者的专业主义话语建构[EB/OL].(2011-02-23)[2018-07-28].http://www.douban.com/note/136074813/.

② 孙玉胜.十年：从改变电视的语态开始[M].北京：生活·读书·新知三联书店，2003：223.

案例二:《面对面》

《面对面》于1996年作为《东方时空》的一个子栏目而成立,时长不过2—3分钟,主要以主持人的言论为主。彼时,敬一丹、白岩松、水均益和方宏进都是该节目的主持人,与观众"面对面";2000年,《东方时空》二次改版,《面对面》取代了《东方之子》,但不到3个月的时间即改回了《东方之子》;2003年1月,《面对面》终于取得了独立地位,以王志作为固定主持人,并给栏目定性为"大型新闻人物访谈节目"①。

客观地看,《面对面》的成功绝非偶然,除了节目填补了"深度新闻人物"访谈节目的空白之外,主持人起到了关键作用。在主持《面对面》之前,王志已经在《东方时空》和《新闻调查》等栏目历练多年,其沉稳、老练和善于质疑的采访风格倍受同行称道,最经典的案例莫过于对经济学家刘姝威的采访(见《新闻调查·与神话较量的人》)。也许,正是由于王志扎实的采访功力和独树一帜的话语方式,才有了几乎是为他量身定做的《面对面》,也才有了让《面对面》在"非典"报道中脱颖而出的成功。

然而,随着节目的持续播出,迅速成名的《面对面》在精彩登场和迸发瞬间光华之后,便渐渐远离了观众关注的中心,退回到不温不火的状态中,虽时有反响不错的节目,却再也无法超越"非典"报道。要剖析《面对面》裹足不前的困境,不妨追溯其创办之初的定位,从中寻得启示。

从《面对面》的定位——"大型新闻人物访谈节目"来看,"新闻人物"显然是《面对面》的主体,我们的疑惑恰恰从这里开始:《面对面》关注的到底是"新闻"还是"人物"?是用"人物"解读"新闻",还是解读具有新闻性的人物?这绝非无聊的文字游戏,而是栏目首要的也是最核心的问题。从已经播出的节目中,我们无法得出明确的答案。"我们相信,新闻是由人来构成、人来推动的,人永远是新闻的主体。所以,我们试图用'人'来解读新闻,见证历史……"从央视网关于《面对面》的这段简短的介绍中,我们可以按照字面意思理解为:《面对面》意在解读"新闻",新闻(事件)是其主体,而"人"只不过是见证的符号。显然,这与"新闻人物访谈节目"的定位是不一致的。《面对面》的重心应该在于解读"人",而这个"人"应该具有质的规定性,即"新闻人物"。也就是说,只有具有"新闻性"的人,才能成为《面对面》的嘉宾。抛开"新闻性",《面

① 孙玉胜.十年:从改变电视的语态开始[M].北京:生活·读书·新知三联书店,2003:465.

对面》将失去栏目本身的个性,无法与《东方之子》和《鲁豫有约》等人物访谈节目区分开来。在实际操作中,《面对面》时常模糊了自身鲜明的"新闻性",从而使栏目在人物选择、内容定位等问题上发生偏离。以下,笔者引用"新闻"要素中的5个"w",以建设性的"质疑",尝试对《面对面》展开"探询、交流、求证、解读"①。

(一)when——"时效"的偏移

判断能否成为"新闻"人物,"when"的理解显然应该是"时效"——"新近发生或正在发生"的新闻中的当事人或知情者。从播出的角度理解,"新闻"还应该以最快的速度进行传播,才能获得最优的传播效果。"电视内容作为传媒的本质永远是第一位的,而这一传媒本质又集中地体现在一个'时'字上,即所谓'即时性'或'时效性'……从电视内容的叙事层面来看,关注时下、关注当下,从现在进行时的问题、现象和状态切入,是电视内容相当明显的叙事特征。"②

具体到《面对面》,我们的理解应是"当前观众关注的热点事件中的热点"。"抗击非典·大型人物系列访谈"能引发关注、获得成功,其时效性是第一要素,是当时公众最为关注的事件。《李立明:"非典"报告》《钟南山:直面"非典"》《张积慧:"前线"日记》《姜素椿:生死试验》《王岐山:军中无戏言》《陈冯富珍:香港战"疫"》《吕厚山:隔离之谜》《于幼军:"非典"特区》《方博:"非典"经历》,连续9档节目都与"时效"二字联系在一起。但是,从后来播出的许多节目来看,很多显然不具有"当下"关注度的人物走进了《面对面》,诸如《专访李嘉诚》《张海迪:生命的追问(上、下)》《赵本山:制造快乐》《周星驰》等。名人也许不乏"新闻价值",但如果不具有即时的热度——"时效性",就不应成为栏目的采访对象。如果把不准这一关,《面对面》就与《东方之子》甚至《艺术人生》等栏目在人物选择上失去差异性,而差异性的弱化会模糊栏目的个性。从长远看,对观众记忆点和认知度的培育会受到影响,最终伤害栏目品牌的建立。

"时效"的偏移还表现在"趋时"上。所谓"趋时",准确地说就是配合宣传日找"人物",比如配合中国电影百年的系列片《光影百年》,已经不是在关注

---

① 《面对面》的片头语:"在探询中交流,在交流中求证,在求证中解读。"

② 胡智锋,顾亚奇.中国电视内容生产的潮流与趋势[J].中国广播电视学刊,2006(1).

“人物”了，更像是完成宣传任务。采访一些不具“当下性”的电影艺术家，让人很容易联想到《艺术人生》。

可以说，对于人物是否具有“当下”的热度，应该成为《面对面》的第一道关口，因为人物有“热度”，观众才需要权威的解读。遗憾的是，《面对面》许多期节目追踪的不是与播出同步的“新闻人物”(people in news)，而是“风云人物”或者“知名人物”。

(二)who——人物选择的失衡

对于人物访谈节目来说，人物的选择毫无疑问是关键。对于《面对面》而言，“新闻人物”除了有“时效”上质的规定性外，还有一个不可回避的价值评判标准——“新闻是由人来构成的”。然而新闻未必都是由“好人”构成的，由“坏人”构成的新闻只要引导得当，反而可以从反面角度带来积极的传播效果。正面的事件、积极的观点毫无疑问不能缺席，但是具有争议性的人物，同样应该给予“登场的权利”，这既是新闻公正性的体现，也是新闻报道的正确态度。伏尔泰说：“我不赞成你的话，但我誓死捍卫你说话的权利。”在已有的新闻实践中，《新闻调查》即使在揭露性报道中也遵循着“均衡”的原则，即对峙、冲突、矛盾的双方都拥有发言的权利。纵观《面对面》已经播出的节目，其采访对象大都是“英雄好汉”，名人、明星、专家抑或“不平凡”的普通人。仔细数来，负面人物的访谈寥寥几期，印象稍深的有2004年国际禁毒日对大毒枭潭明林的采访。

笔者以为，在人物选择比例“失衡”的背后，存在着一个深层的隐喻：《面对面》本身就是一个评判的舞台，“当某个电视节目或电台节目制作人邀请某个学者时，这等于是对他的某种形式的承认”①。一个几乎正面的访谈，会给观众一个暗示：这是成功者的舞台，走进《面对面》，即被赋予了积极和肯定的意义。这样，在人物题材的选择上，《面对面》就遮蔽或者过滤了许多观众真正想了解的“新闻人物”，即便这些人颇具争议性。

举例来说，要论2005年的新闻人物，至少有两个人物是不可忽视的，一是“芙蓉姐姐”，二是“超女”。“芙蓉姐姐”当然不值得肯定，这一点早有定论，但作为一个客观存在并引发很大争议的网络现象，其新闻性是显而易见的。《面对面》对新闻人物的褒贬姑且不谈，光是视而不见、置若罔闻的失语态度，

① 布尔迪厄.关于电视[M].许钧，译.沈阳：辽宁教育出版社，2000：70.

就会令观众感到遗憾。清一色的“好人”面孔,使《面对面》的“全面性”打了折扣。

因为选择的都是“好人”,进而带来单个人物采访中的评价失衡,每一个受访者几乎都“没有缺点”。如2006年5月9日播出的《叫我如何不宰你》,便是由原来的黑导游披露旅游界存在的种种黑幕,人物的登场也是在“改过”之后以正义者的身份亮相的。于是,解读的每一个“人物”都是光鲜而神采飞扬的,缺乏矛盾和冲突的人物使《面对面》的可信度也受到一定影响。

(三)what——议题的错位

人物选定之后,就应该接着思考——短短的45分钟内要说一个什么样的议题。对于一个人物来说,访谈不可能面面俱到。“我们渴望了解这些新闻中的人——他们知道什么、做了什么以及为什么。所以,我们需要与他们进行面对面的交流、面对面的印证,所以才有了《面对面》。”这是央视网上关于《面对面》的另一段简要介绍。显然,“面对面的交流,面对面的印证”指的是人物在“新闻”中的所作所为、所思所想。对于《面对面》来说,人物的行为动因是其被选为采访对象的理由和根据,理应是谈话的议题点所在,应当成为记者访谈的核心。如果这一点发生错位,那么对于人物的选择也就失去了依据。遗憾的是,类似的错位在《面对面》中时有出现。

2005年杨振宁引起大众关注,不是因为他早年获得的诺贝尔奖,而是他与翁帆所谓“违背常理、惊世骇俗”的黄昏恋。如果《面对面》选择其作为访谈的新闻人物,其议题应该是“新闻中的人——他们知道什么、做了什么以及为什么”,即杨振宁在物理学上的成就、他不为人知的经历以及针对他人生中的重要节点发问。但是在播出的《杨振宁:大师别传》中,议题却为“往事追忆”,与“新闻性”相去甚远。至于“获得诺贝尔奖”和在科学上的贡献,显然是《东方之子》“浓缩人生精华”的定位。当然,具体到杨振宁这一选题上,可能存在受访人避讳话题的因素,但如果放弃这一选题,转换成“科学家”访谈,显然使《面对面》违背了自身定位,成为“追星”访谈。

(四)where——现场的单一

从节目形态的构成来说,《面对面》简单、简练、简约,场景基本为面对面的交流和外景的片段。访谈大多选择在与人物职业或者叙述主题相关的场所中进行。不可否认,简单的节目构成可以让观众专心关注于“内容”,专注于谈话双方的交流。但是，我们也必须认识到，电视作为影像艺术，在完成大众传播和人际交流的结合并强调“内容为王”之时，也绝对不能忽视“形式是金”——节目表现形式的审美要素。

新闻需要“现场”，新闻人物的展现更离不开他之所以成为新闻的“现场”。相信看过钟南山专访的观众都不会忘记，王志跟随钟南山院士在重症医院拍摄的同期声和画面，那种第一现场带给观众的感动与震撼，是面对面坐着采访无法替代的。受访人物镇定自若地坐着交流和现场的表现应该互相映衬以丰富画面和节目内容。但是在很多时候，观众不仅想看荧屏里记者和受访者的“面对面”（人际交流），更希望看到记者在现场的身影，听到记者在现场直接和受访者“面对面”地讲述（大众传播），“带领”自己到现场去体会。可惜，《面对面》的现场采访很少，固定场景的谈话由于缺乏变化而使节目略显呆滞、缺乏活力。这对观众来说，显然是对忠诚度和耐心的考验。因此，笔者以为，在节目形态上，《面对面》还有很多可以改进的空间。

（五）why——深度的不足

《面对面》的定位是“大型新闻人物访谈”。这里的“大型”，显然不仅指“时长”，更重要的是要在深度上体现出来。既然是人物访谈，就应该深入挖掘人物的情感、思想、个性。这不仅需要一流的采访技巧，更需要充分的采访准备和良好而平和的心态。正如王志所言：“与采访对象保持平等的关系，至关重要。这里所说的平等，是思维的平等和实力上的平等，而不是一种姿态上的平等……遇到强势的压一压，遇到比较弱势的人应该扶一扶，这样才能达到平等。双方都要克服心理障碍，才能达到均衡。”①然而，知易行难，“平等”的观念也不是时刻都体现在节目中。如 2005 年 10 月 9 日播出的《陈凯歌：〈无极〉》，记者的视角便有“仰视”之嫌，使节目既像是《无极》未播预热的宣传，又像是大腕导演的光辉成长史。节目播出后，有网友批评它是“《艺术人生》的另一个版本”。

深度来自质疑，来自切实的批判精神。没有人会否认王志的采访技巧——精到的提问、严密的逻辑、睿智的质疑。但是，失去了真正批判意义的“质疑”更像是一种“表演”。“在访谈中，人的社会属性又是怎样展现的呢？我的做法是：给采访对象一个开放的平台，让他来表演。”②但是，“表演”对新

①② 王志.浅谈对新闻人物访谈栏目《面对面》的把握[J].电视研究，2003(8).

闻真实性和挖掘新闻的深度来说,恰恰是记者需要警惕的。"有人说《面对面》谈话像剥笋,我说更像剥洋葱,剥洋葱有刺激的味道,带有刺激味道才有意思。"没有新闻性的人物频繁登场,经过重重过滤的议程设置,《面对面》有沦为"名人秀"和"好人秀"的危险;没有真刀真枪的"火药味",再好的"洋葱"也不过是佐料,《面对面》会沦为记者和受访人双簧"表演"的舞台。

综上,我们不是否定该栏目,而是希望厘清其定位和实际操作中存在的一些问题。客观地看,《面对面》依然是国内一流的新闻人物访谈节目,但是承载着新闻人太多期待的《面对面》可以做得更好。新闻人物的选择,看上去是一个技术性、操作性的问题,但其实涉及媒介理念以及媒介对于自身社会角色的认识。传媒"社会责任理论"关于新闻界角色的一些建议给了我们一定的启迪意义:"一种在情景中赋予当日事件意义的真实;全面和智慧的报道;一个交流评论和批评的论坛;一种供社会各群体互相传递意见与态度的工具;一种呈现与阐明社会目标与价值观的方法;一个将新闻界提供的信息流、思想流和感情流送至每一个社会成员的途径。"[①]谁理应走进《面对面》?这是媒介判断的权利还是公众选择的自由?如何评判坐在镜头前的新闻人物?对这些问题的追问,或许可以给我们打开解读《面对面》的新维度。

四、率先理性:自媒体时代的新闻表达

随着"自媒体时代"的到来,"人人都是记者"已成普遍状态,为保证新闻的纪实性,新闻表达需有怎样的态度和原则呢?

2012年11月7日下午,紧扣"率先理性"这一核心理念,知名传媒学者和媒体人就"人人都是记者"时代的民意表达、公民素养与舆论博弈等话题各抒己见,并与来自首都多所高校的学生及社会人士在北京大学展开互动、交流。嘉宾们的精彩发言与独到观点,如"保持理性,敢于率先""理性是有高度、尺度、温度和态度的""媒体的'率先理性'将助推政府的执政理性""民间舆论场的正能量"等,不仅摩擦出在场观众的思想火花,而且随着新闻媒体的后续报道,"率先理性"这一议题也延伸为社会持续关注的热点。

---

① 新闻自由委员会.一个自由而负责的新闻界[M].展江,王征,王涛,译.北京:中国人民大学出版社,2004.

(一)直面理性:媒介生态的变化引发对常识的反思与回归

为何会提出“率先理性”?有两个主要缘由:一是“自媒体时代”媒介生态的变化给当下传播秩序带来了挑战;二是社会非理性参与公共事件的普遍存在。最明显的一个案例就是微博的力量随着用户数量的扩张进一步彰显,公民新闻素养的危机也撬开了谣言的潘多拉魔盒,非理性的海量转发在短时间内吞没了个体的申辩。2012 年,数亿人通过微博围观了香港保钓登岛队的实况直播,也同时催生了因“钓鱼岛事件”而爆发的国民游行。可见,在技术赋予人们更大的言论自由和表达空间之时,自律的匮乏与他律的薄弱,也带来了舆论传播的混乱与失序,甚至开始冲击新闻传播的基本准则与价值底线。

提出“率先理性”的必要性首先在于,在反日游行中,不少披着“爱国”外衣的非理性行为暴露出当下社会潜在的危险,而化解这种危险需要政府引导并逐步培养群众的理性观念。其次,中国通过政治经济改革以建设一个幸福、民主的未来大国的愿景亟须能快速地推进整个社会的理性因素。最后,“率先理性”是每一个个体对理性的需求。真正的理性来自常识与幸福,倡导“率先理性”有利于每个人更好地对待自己的得失。可见,历史、现实和未来多方面的诉求决定了倡导“率先理性”的紧迫性,在走向民族复兴的征途上,有必要及早竖起“率先理性”的路标。

在话语环境不断变化的自媒体时代,每一场集体性的公共行为都既度量着媒体理性也检验着社会理性。倡导“率先理性”,既强调回归常识、张扬常识——理性是新闻真实性、客观性、平衡性的基础条件,同时也是一种追问:自媒体时代的公民应该具备怎样的新闻素养?传统舆论场的主导者和媒体组织,又该如何表达民意和引领价值?

“保持理性,敢于率先”,无论是体制外的自由信息发布者、转发者还是职业媒体人,对于良性舆论环境的建设都应该负起应有的责任与担当。因此,“率先理性”可以视作自媒体时代新闻传播的新起点。

(二)率先理性:何谓理性?谁来率先?

何谓“理性”?在社会学的视域中,“理性”是指能够识别、判断、评估实际理由以及使人的行为符合特定目的等方面的能力,是通过论点与具有说服力的论据发现真理,通过符合逻辑的推理而非依靠表象获得结论、意见和行动的理由。那么,从舆论环境建设的角度而言,在如今的自媒体时代,媒体人该如何认识理性?

中国教育电视台艺术总监张志军围绕“心、力、化”三个关键词,对“理性”进行了深入阐述。他认为,所谓的“心”指的是对理性的向往之心、欣赏之心、热爱之心,称职的媒体人还必须具有习得力、保有力、创新力,只有这样才能“化”为理性观察、理性思考、理性判断、理性传播。在他看来,理性是一个与时代共同变化的范畴,所以“作为一种长期积淀下来的正能量,理性的内涵和外延,特别是外延有一定的保鲜期和保质期,保有理性好比逆水行舟,不进则退,应当以变应变”。

中国新华新闻电视网总编辑陆小华这样解释理性的含义:“理性是全面了解并对多种因素与可能性进行冷静而全面的思考以后做出的选择。”在他看来,理性是有高度、尺度、温度和态度的。理性的高度在于它起于自我、及于世界,面对复杂多变的世界,只有保持理性才能前行。什么是理性的尺度?陆小华举例说,面对某场足球赛场上曾经发生的冲突,相关两地媒体的报道指向与表达观点截然相悖,甚至互相指责对方,它们的理性尺度又应该如何评价?理性还应当是有温度的。当高速连拍的照片将骑车者摔倒在水坑里的每个细节精确呈现出来时,拍摄者首先是作为记者还是作为一个人存在?所以,理性的态度就是敬畏理性本身,这种态度体现在记者以平衡的报道观,谨慎使用自己的话语权,减少对报道走向与力度的干预,因为“越是敬畏理性,越能做到‘率先理性’”。

那么,在自媒体时代,谁又该承担起“率先理性”的职责呢?针对这一焦点,白岩松认为,主流媒体应该首当其冲,因为媒体“率先理性”有助于推动政府更加理性地执政,“媒体是社会情绪的搅拌棒,记者是社会这艘大船上的瞭望者,如果我们看到社会对理性的需求,而自己不能‘率先理性’,这个社会将会怎么样?当中国正行走在危险的航道上时,媒体人要扛起该扛起的责任”。那么,在民众与政府都有可能非理性的情况下,谁要“率先理性”?白岩松的答案是,“当然是政府,政府‘率先理性’有助于避免一些由不够理性而导致的社会群体性事件”,因为“社会进步必须由双方妥协才能营造出来”。他特别强调,不应功利地把理性当成手段,理性本身就是社会要抵达的目标;理性的背后是信仰,期待着每个人都能真正理性起来,少抱怨,多改变自身,因为“你是什么样,中国就是什么样”。

(三)实现理性:打通两个舆论场,传递正能量

2012年,主流媒体与微博媒体的互动博弈,进一步折射出两个并不完全重叠的“舆论场”:一个是党报、国家电视台、国家通讯社等“主流媒体舆论场”;另一个是主要依托互联网传播的“民间舆论场”。在走向社会理性的过程中,拥有传播优势的主流媒体和日益彰显传播力量的自媒体该如何作为?

中国社会科学院新闻与传播研究所研究员时统宇,肯定了民间舆论场发挥的正能量。第一,弘扬社会正气,体现真、善、美。例如,网友们热情寻找和传颂的“最美警察”

“最美司机”“最美教师”等,得到了民间舆论场和主流舆论场的共同认可与呼应。第二,赋予舆论监督新的含义,倒逼主流媒体舆论监督不敢懈怠。“让权利在阳光下运行,实际上就是让权利在网民眼皮子底下运行。群众的眼睛是雪亮的,网民的眼睛是贼亮的。这些年被搜索、被人肉了的,从烟哥、表哥到房叔等腐败官员的落马,可以说是民间舆论场联手主流舆论场打的漂亮仗。”第三,实现了真正意义上的传播语体革命。例如,“元芳体”“撑腰体”等各种网络语体的流行,“不光体现了民间草根们的写作水平和对人性的深刻观察,也给职业新闻工作者提供了另一个平台”。

从某种程度上来说,主流舆论场对民意表达的包容、接纳与认可,正是“率先理性”的生动实践。那么,既然“人人都是记者”,原来的记者又应该怎么做呢?换句话说,职业媒体人如何才能具备“率先理性”的能力?针对这一问题,北京大学新闻与传播学院教授陆地以“好记者的老标新准”为题,重新诠释了2500年前《孙子兵法》中对“将”的五点要求——“将者,智、信、仁、勇、严也”,并以此制定了自媒体时代职业记者的新要求。

搜狐网副总裁、总编辑刘春就媒体人定位问题也有自己的看法。他以搜狐视频重回新闻主战场、强化新闻策划、增强快速反应取得的实际效果为例,重申了“内容为王”的铁律:无论是电视媒体还是网络媒体,都要遵从媒体规律,按照媒体的态度、温度、深度好好地做内容。在市场规则下,媒体人作为社会的瞭望者,应有坚守新闻主战场的信念,通过优质的、有影响力的内容来推动社会进步。在全球经济普遍不景气的当下,刘春“做好专业内容 回归媒体本位”的发言,为媒体人走向理性指明了方向。北京大学中文系教授张颐武从“免除高速公路收费”和“莫言获得诺贝尔文学奖”这两个新闻事件入手,将对“率先理性”的阐述与多元化社会的剖析相结合,指出主流媒体人要率先学会倾听多元声音、思考各种复杂观念、学会观察外在变化、增强应对复杂事务的能力,才能引领全社会逐渐走向“理性”。

传媒学者以“独立思考”共同探讨“理性”话题,不仅被视作推动媒体“率先理性”的务实之举,而且其本身也代表着社会中率先成熟的理性力量,对推动全社会走向积极理性、充分理性起到了“率先”的示范作用。

尽管专家们表达的观点与角度有所不同,但都形成了一个普遍共识:理性,本身就蕴含着开放与包容。主流舆论场与民间舆论场之间并不存在天然的鸿沟,不管是“大喇叭”还是“小喇叭”,不过都是扩音器。大家只有理性、平和、文明地表达诉求,才能传递团结、友善、向上的正能量。表达渠道的丰富、顺畅有利于政府倾听各方面的真实诉求,最大限度地达成思想共识,从而凝聚各方力量,推动小康社会的建成。这一点,也正是党的十八大再次将“保障人民知情权、参与权、表达权、监督权”写入政府工作报告的深意所在。而要真正用好“表达权”,媒体的“率先理性”是必不可少的先决条件。

第二节 综艺娱乐节目

综艺节目是电视节目的当家花旦,然而跟风、克隆一直是此类节目的痼疾,貌似热闹的中国电视综艺节目常常因为难以创新,导致模式化、平面化、肤浅化等问题出现。以《超级女声》为代表的湖南卫视娱乐节目曾激发娱乐风潮,那么,娱乐在中国电视中占有的份额越来越多之后,其造成的影响究竟有多深远?此类节目的突破点又在哪里?

一、娱乐:媒介利益与观众需求的共谋

2006年,湖南卫视的《超级女声》猝不及防地制造了一场炫目的娱乐风暴。这场风暴涉及面之广,引发争议之多,其首先带给我们的反思就是:到底什么才是主宰电视命运的“内容”。当“内容为王”已成业界和学界的共识之时,进一步追问什么样的“内容”才能“为王”也许可以给我们新的启示。如果说“新闻立台”的口号余音绕梁、犹在耳畔的话,那么时下的“娱乐兴台”似乎已成不争的事实。褒也好,贬也罢,近几年席卷荧屏的“娱乐”旋风以及背后隐藏的利润早已让许多电视媒体乱了分寸。所谓电视娱乐化,不仅指电视娱乐性内容所占的比重越来越大,而且指“娱乐”因子对一切节目形态的渗透,不仅综艺“娱乐”,谈话“娱乐”,体育“娱乐”,甚至新闻节目、纪录片也要“娱乐”。一贯“苦大仇深”的中国观众,在电视的推波助澜之下,正不遗余力地“娱乐”一切,笑逐颜开地迈进光怪陆离的“娱乐”时代。

以最为典型的综艺节目为例,从以《综艺大观》为代表的晚会类娱乐节目,到以《欢乐总动员》《快乐大本营》为代表的游戏类娱乐节目,到以《幸运52》《开心辞典》为代表的益智类节目,再到以《非常6+1》《超级女声》为代表的“真人秀”节目,中国电视发挥了强势媒介的巨大影响力,已经成功地把观众从电视机前“卷”到节目中来。一方面,此类节目以“真正地参与、互动”为特征,赋予了受众难得的主体地位;另一方面,媒体主动策划、发起此类“媒介行动”(或称“媒介事件”)必然有着自身的利益诉求,因此,对于当下的“电视娱乐”风潮,自然不能简单地加以肯定或否定。笔者认为,在传媒产业化进程不断加快的时代背景之下,如果从媒介利益和受众需求二者互动和“博弈”的角度来切入的话,有助于我们更好地审视和分析当下的“电视娱乐”现象。

媒介利益的产生依赖于媒体生存环境的变化。改革开放引领的中国社会的现代

化进程，使中国社会从一个由政府控制一切的全能社会转变为政府与社会分权让利、只发挥有限作用的相对开放、自由的社会。与之相适应，中国电视改革要求电视台自主经营、自负盈亏，这种商业化的运作模式要求它必须学会在竞争中求生存，学会在市场交换中获取利润。转型中的中国电视在宣传主流价值的同时，还必须把电视的内容生产与市场、观众紧密结合起来，计划经济时代只算宣传账的观念和做法已经过时，电视内容有了鲜明的"产品"或者"商品"色彩。媒介利益，尤其是经济利益的实现很大程度上取决于市场的需求和观众的选择，于是收视率成为衡量观众消费节目内容的重要指标。对节目的生产者而言，要获得尽可能大的"利益"，就必须尽可能多地占有观众的收视时间，只有这样才能赢得广告商的青睐，从而获得较高的收益。

从媒介的角度来看，观众＝收视率＝媒介利益，三者是一个问题的不同侧面而已。但是，对于观众而言，收视率并无意义，观众绝不会按照收视率的高低去收看节目，他们在乎的是电视内容能否满足自身的需求。也就是说，市场经济条件下的电视内容生产，使生产者与消费者之间建立了一种直接的经济关系，其中介就是作为"商品"的电视节目。因此，要获得收视率，媒介必须把观众看作"上帝"，必须在内容的组织、策划、运行等各个层面考虑观众的需求。那么，这些年龄、职业、性情各异的观众，又有着怎样的普遍需求呢？作为电视的媒介，制作什么样的电视内容才能操控这些手握遥控器的"上帝"，从而实现自己的"媒介利益"呢？当下的媒介现实告诉我们：娱乐可以帮助电视内容操控观众。尽管娱乐不是唯一，也未必是最好的选择，但是"娱乐"元素成为当下中国电视的"宠儿"一定有多方面的原因。

首先，"娱乐"是电视功能的应有之义。信息和娱乐是电视的两大主要功能。因为电视传播的声画符号本身具有欣赏价值和娱乐特征，而且其线性传播、不便重复阅读的特点，使它在深度、意义的传达上与报纸、杂志等其他媒介相比较不具有优势，所以充分发挥其"娱乐"特性成为媒介激烈竞争下电视发挥自身特长的明智之举。其次，娱乐是人的天性，尤其是快节奏、高强度的现代生活，使人们的身心更趋紧张，人们需要娱乐进行放松、缓释与调剂，"通过电视，娱乐游戏更加社会化，成为现代人类生存的减压阀"[①]。电视针对观众的这一普遍需求来制作娱乐节目，或在电视节目中加入"娱乐"元素，就可能赢得一定的受众群。同时，今天的电视已经成为家庭生活的一部分，其传播内容也带有明显的家庭特色，理所当然地成为家庭成员放松、休憩的场所，因此电视节目必然会呈现出轻松、愉悦的娱乐化倾向。最后，自 20 世纪 90 年代以来，中国

---

① 朱羽君，殷乐.减压阀：电视娱乐节目：电视节目形态研究之一[J].现代传播，2001(1).

电视新闻的改革“浅尝辄止”,尽管改变了新闻语态,但是整体的舆论生态依然不能满足观众对于信息深度解读的需求,大众不得不放弃对生活哲理和价值深度的追求,转而将注意力转移到消解意义、去除深度、刺激感官的“娱乐”节目上,直接寻求当下的满足,以便获得生活表层的简单乐趣。电视适宜“娱乐”,而大众只能或者急需“娱乐”,如此一来,消遣性、娱乐性越强的节目越能赢得代表大众的市场,获取利润的可能性也就越大,对媒体的诱惑力也越大。所以,电视媒体的利益和大众对娱乐的需求二者互动,成为“电视娱乐”不断升温的强大动力。

可见,电视为了实现自身的“媒介利益”而采用娱乐的节目形式,不仅与自身的传播特性、观众的需求相契合,而且电视娱乐节目具有的参与性,也使大众成为真正的消费者,能够在参与节目的过程中获得自我认同,以“主人翁”的身份表现自我、欣赏自我、愉悦自我、完善自我(这一点在《超级女声》的“海选”中体现得尤为明显)。没有观众,电视就难以存在,也没有任何价值。要实现媒介价值,就必须尽量满足大多数受众的需求,“电视娱乐”成为媒介价值与受众需求在当前社会政治、经济条件下的最佳契合点。

值得注意的是,“电视娱乐”作为当代百姓文化消费中相当重要的一个内容,同样具有“双刃剑”的属性,当我们充分肯定“电视娱乐”的正面意义时,也不能忽视它可能带来的负面效应。对于一个社会的整体文化生态而言,娱乐不可或缺,但不是唯一。业界和学界甚为流行的“娱乐至上”的理念和行为如果被过度放大,我们必然会为之付出代价。电视作为通俗文化的载体,如果把媒介利益等同于狭隘的经济效益,抛弃了媒介责任,丧失了电视文化应有的格调和品质,“电视娱乐”距离成为“最后晚餐”的日子也将为时不远。因此,如何掌控“电视娱乐”在社会生活和文化格局中的比重和含量,如何扬“电视娱乐”之长、弃“电视娱乐”之短,发挥其正常和健康的功能,不仅应当成为电视媒体,也应当成为全社会,包括政府宣传部门、知识界等方方面面共同关注和探讨的话题。

二、“电视秀”:是博弈,更是媚俗

“秀”,由“show”译音而来,即“陈列”“展示”之意。为了吸引受众眼球,一切皆可拿来“展示”,真情可“秀”,文化可“秀”,生死可“秀”,以电视为代表的各种大众传媒,正不遗余力地重新“包装”一切。

电视之“秀”的典型体现在综艺节目之中。《综艺大观》《欢乐总动员》《快乐大本营》《幸运 52》《开心辞典》《非常 6+1》《超级女声》《超级男声》等综艺节目,昭示着中国电视已经步入“平民娱乐”时代，电视更加娴熟地运用着大众媒介的影响力，把电视机前的观众吸引到节目中来。对于当下的“平民娱乐”和“真人秀”热潮，自然不能简单地加以肯定或否定。一方面，此类综艺节目以“真正地参与、互动”为特征，赋予了受众珍贵的主体地位；另一方面，媒体也受到利润的驱使，主动策划、发起此类“媒介行动”（或称“媒介事件”）。显然，今天的电视节目已不光是“宣传品”或者“作品”了，其“商品”属性正日益被强调和推进，我们不妨将节目的生产和消费看作传受双方的一种交易行为。就节目的生产者而言，要在这场无形的博弈中取得胜利，就必须尽可能多地占有观众的收视时间，赢得广告商的投入，从而获得较高的收益。因此，电视媒介对于受众的研究带有一定的功利目的，各种新的视听策略和制作技巧的运用，是为了不断地促使观众连续收看，而“电视秀”正是目前较为突出也颇见成效的方式之一。

“电视秀”的基础是“现实”，其关键是电视传播的“间离效果”，手段为“陌生化”，即通过适度的夸张、变形，调动诸多诸如悬念、细节、特技等制作手段营造影像奇观，让观众在“熟悉的陌生人”和“熟悉的陌生事”中感觉到前所未有的新奇、刺激和快感。要赢得这场“博弈”游戏，电视媒介必须把握彼此都认同的契合点，即“度”——绝不打破观众的“真实感”，否则“秀”可能适得其反，丧失传播效果。所以，“电视秀”要获得成功，首先要解除受众追问真假的“戒心”，这也是“真人秀”产生吸引力的秘诀之一。不同于影视剧的“虚构”，“电视秀”的内容与现实生活有重叠的部分，其因此不断地制造着似是而非、亦真亦幻的“白日梦”，让观众在熟悉与陌生之间沉迷梦想，难辨真假。其实，那些怀揣着“明星梦想”的“平民”虽然站在舞台上，但是舞台并不真正属于他们。以“海选”初期的《超级女声》为例，担任大赛评委的音乐人高晓松说，真正的主角其实仍然是拥有裁定权力的评委们。因此，在《超级女声》的选拔现场，那些尖刻、尖锐的评委，才能顺理成章地咄咄逼人，以致留下了所谓的“经典”点评，诸如“要想唱歌，死路一条”等——谁敢想象这是媒介对受鼓励而来的节目参与者的评语？电视娱乐似乎不可避免地为了迎合受众而伤害受众，“平民玩的娱乐”变成了“玩平民的娱乐”。

那么，观众真的是应声而倒的靶子吗？“电视秀”究竟用了何种方法才使观众丧失判断力的呢？我们知道，受众对信息的接收不仅是一个由想象、情感等多层次构成的复杂的心理活动过程，而且是一个无意识的、以唤醒或想象方式参与的过程。在这个过程中，观众的每一个心理或者审美需求都为电视节目的生产者提供了“契机”。仔细揣摩“电视秀”，会发现它们的共同特征是娱乐性。娱乐是人类的天性，电视稍纵即逝、不容仔细阅读的“线性”特征，更决定了“电视秀”必须消解“意义”以满足观众，而要赢得大众简单且又见效的方式就是浅层次的感官刺激和心理满足，于是观众的弱点成为最易被攻击的软肋。由此观之，荧屏上充斥着绯闻、暴力和隐私，“电视秀”更是为了迎合观众追求刺激、盲目追星、窥探隐私、搜奇猎异等不健康心理而不断降低自己的底线。于是，“明星取代了模范，美女挤走了学者，绯闻顶替了事实，娱乐覆盖了文化，低俗代替了庄重”，电视的“媚俗”现象也就见怪不怪了。正如法国社会学者皮埃尔・布尔迪厄所指出的，“(20 世纪)50 年代，电视关心的是文化品位，追求有文化意义的产品并培养公众的文化趣味；可到了 20 世纪 90 年代，电视极尽媚俗之能来迎合公众，从脱口秀到生活纪实片再到各种赤裸裸的节目，最终不过是满足人们的‘偷窥癖’和‘暴露癖’(人们为了一时露脸，都热衷于参与电视游戏，哪怕只是作为普通观众)”①。

米兰・昆德拉认为“媚俗，是不惜一切地取悦最大多数人的态度”②。然而，电视“不惜一切”地满足“最大多数人”并不是“为观众服务”，而是受自身市场利益的驱动。尽管业界和学界早已心知肚明“收视率唯一”的不合理性，但是从自身利益的狭隘视角出发，媒介还是为此“不惜一切”。为追求高收视率，电视无所不用其极，有时甚至堕落为游戏、消遣、娱乐的工具，“媚俗”不可避免地走向庸俗、低俗、恶俗，“电视秀”最终沦为满足观众集体狂欢心理的宣泄方式。

因此，“媚俗”不是媒介的“亲和力”，“为大众服务”也不应成为媒介“低俗”的挡箭牌。俗文化的流行，不是因为潜在的市场需求，而是商业追求对于精神领域的侵占，是受众无奈地被动接受。大众的需求是多样的，媒介为什么单就“娱乐”大做文章？难道对于社会严肃问题的剖析、审视不是大众所关注和关心的吗？对此，昆德拉将“媚俗”上升到哲学层面，认为“媚俗”的根源在于“无条件地认同生命的存在”③。“媚俗”就是对现实中的丑恶现象视而不见。由于现实体制的制约，电视节目小心翼翼地规避着社会敏感的隐痛，有意或者无意地摒弃媒介责任和媒介良知，一味地迎合观众的低级趣味。电视一边不断娴熟地“秀”着“生活总是美好”的幻影，一边将真实甚至残酷的社会真相隐到背后。“在商品逻辑严重侵蚀的条件下，文化生产出现了一系列的‘内爆’(波德里亚语)，新闻和娱乐之间的界限消失了，以至于在西方出现了一个新的概念——infortaiment，明眼人一望而知，这个词是information(信息)和 entertainment(娱乐)的合成，它预示了电视在收视率诱导下的发展趋向：娱讯。”④心灵的震撼被轻松的氛围淹没，批判的意味被喧闹的凯歌消解，生存意义的纵深向度被平面化、肤浅化、淡漠化。

的确，“电视秀”制造了快乐，但是，今天的中国电视比以往任何时代都需要走出“从众”的泥潭，张扬自身的社会责任意识。媒体不仅应该提供“娱乐”，更应该自觉地

---

① 布尔迪厄.关于电视[M].许钧，译.沈阳：辽宁教育出版社，2000：55.

②③ 苗棣.电视艺术哲学[M].北京：北京广播学院出版社，1997：95.

④ 布尔迪厄.关于电视[M].许钧，译.沈阳：辽宁教育出版社，2000：13.

承担启蒙、引导公众的功能。肤浅、庸俗的电视内容,有悖于先进文化的品格,如果说当下的"电视秀"仍然不失为大众饕餮的快餐的话,那么,有时代紧迫感和历史使命感的电视人有责任使它早日变成"最后的晚餐"。

案例:《百家讲坛》——学者"星工场"

易先生如日"中天",坊间或贬或褒,然而有一点可达成共识:东家《百家讲坛》功不可没。凭三寸不烂之舌,借央视之东风,易中天扬名立万,《百家讲坛》收视喜人,此所谓"双赢"。然而,笔者向来不信这世上有只赚不赔的事,"双赢"之余总会"输"点什么。梁漱溟先生说,"食其福者亦未尝不受其累",易先生的风光和《百家讲坛》的兴隆能长盛不衰吗?要回答这一问题,我们要先追问:《百家讲坛》到底靠什么赢得了观众的垂青?难道真的靠的是栏目制作人所说的"文化"的力量?

说到文化品位,笔者想到早先颓然下课的《读书时间》,其高端定位的文化姿态丝毫不逊于《百家讲坛》,然而"媒"态炎凉,"收视率为王",在观众的肯定声中"读书"还是很快没了"时间",空留商业时代"文化"落寞的苍凉身影。两档定位相似的节目为何会一衰一荣?笔者以为,从节目形态看,《读书时间》输在一个"趣"字上,即缺乏"娱乐性"。《读书时间》正襟危坐,"朗"得虽"专业","读"得虽高深,却了无情趣。《百家讲坛》则不同,其更像是"表演","手之舞之,足之蹈之",加上故事技巧、悬念设计,确实"平添三分娇",精致又好"看"。好看加有趣,《百家讲坛》以"文化"包裹下的"娱乐"底牌俘虏了观众。

也许有人会问,《百家讲坛》怎么就"娱乐"了呢?这是高品位的文化呀,节目中分析的《红楼梦》和《三国》等哪个不是经典呀?《百家讲坛》为什么是"娱乐性"节目,答案在主角身上。看看那些走上《百家讲坛》的学者,能够在此舞台上笑傲江湖,必然具备一个共同的特征:好口才。换种更流行的说法,能"忽悠"。易中天、阎崇年、刘心武,这些《百家讲坛》的当红小生"都曾经是中学教师",这意味着他们对于"授课"有着非常高的技巧。电视是面向大众的,电视栏目更是头悬"收视率"这一达摩克利斯之剑。如果无法吸引观众的眼球,那么任凭你满腹经纶,也无缘成为《百家讲坛》的媒介常客。因此,此坛既是讲坛,也是舞台、秀场,更是争夺观众的战场。谁赢得观众,谁就是"鲜花盔甲"的主人,谁就会成为最靓丽的"学者明星"。

当然,学者明星在本质上还是学者,因此不能完全否定《百家讲坛》的"学术”内涵。但是,学术含量经过电视的过滤一定会受到削弱。思维与时间存在着必然联系,电视的影像形态和线性传播,注定了观众对节目内容没有太多的思考时间,无论愿意与否我们必须承认:深刻不是电视的强项,指望从《百家论坛》获得大量的知识或思想,必定会失望。为了吸引大多数观众,演讲者不仅要“娱乐化”处理内容,比如来点无厘头,还要降低门槛,力求通俗易懂,最好做到妇孺皆知。因此,电视的娱乐工具属性,注定了《百家讲坛》是“注水”的学术课堂。

不过,并不是所有声名鹊起的学者明星,都是那个领域的权威。明星的资本,可以是脸蛋、演艺、绝技、口才,甚至是捧不上台面的“无极”,但绝不会是知识、思想和文化——这些只属于寂寞的、象牙塔里的大师。对于那些依托传媒赢得名声的学者,法国社会学家布尔迪厄称他们为“电视知识分子”——在电视上“挖一段时间”,靠媒介生存。他们借助电视对于公众的号召力,利用大众对专业领域的无知,骗取他们无法在专业领域得到的认可。比如,电视节目经常邀请固定的科学家、艺术家作为嘉宾,受众容易形成误解,认为电视邀请某个学者就代表了他是该领域的学术权威。甚至,有些学术“失败者”千方百计地向媒体献媚,不断“在电视上露脸”,从而在公众的“伪认同”中欺世盗名。

最可笑的是,时间一久,道行一高,这些明星化了的学者往往能修炼到自欺的境界,信以为真地把自己当作权威,容不得别人批评,处处显出莫名的优越感和“那喀索斯”(自恋)的得意劲儿。其实,“开水不响,响水不开”,忙着在电视上频频露脸,四处游说,哪里还有时间在专业领域做研究?一个知识分子,离电视越近,离学者就越远。因此,《百家讲坛》培育的是学者型明星,不是学者;提供的是娱乐,不是思想和文化。如果想做真正的学者,还得耐得住寂寞,“一盏枯灯,几卷残书”,沉下心来用理性去思考、判断、积淀。

三、差异化策略:《寻找金花》

“博弈”,是20世纪40年代发展起来的一门数学理论,它主要研究人们在利益相互影响的局势中,如何选择策略使自己获得最大化的收益。在传媒产业化进程日益加快的今天,电视节目的生产和消费,其实就是传受双方的一种交易行为,我们同样可以把它看作一种特殊的博弈:节目是被看的客体,受众则是看的主体。从生产者这一方来说，为了获得收益，必须保证较高的收视率，即尽可能多地占有观众的收视时间；而观众付出时间，则必须要满足自身的某种需要。要在这场无形的“博弈”中获胜，节目的生产者就必须持续吸引观众，针对观众的特点，选择富有新意、新鲜的内容，赋予新锐、新兴的节目理念，采用新奇、新颖的叙述技巧来抓住观众。

赢得观众的要点在于一切从观众出发，一方面要认真研究当下类似节目的内容、形态，另一方面要摸准靶子，瞄准受众的“期待视野”，再利用自身的资源和优势实施差异化的竞争策略，从而从一大堆相互模仿、缺乏个性的节目中“跳”出来。

在荧屏充斥着选美风潮，媒体不厌其烦地打“美女”牌，观众日渐“审美疲劳”之时，广西电视台的《寻找金花》依然将节目定位于“发现并展示女性美”，似乎有些鲁莽甚至危险。然而，《寻找金花》在亮相荧屏短短一年的时间里，不仅收视率持续攀升，而且在第十届全国少数民族题材电视“骏马奖”评比中获得了二等奖。显然，要把这场“美丽风暴”发动得别开生面，必然要具备与众不同的“技术含量”。作为一档外拍（非演播室）节目，《寻找金花》能够异军突起，其过人之处在于：潜心研究受众和当下综艺节目现状，并在此基础上找准“发力点”，从而制定出行之有效的策略。笔者以为，这是节目生产者赢得受众的一场成功“博弈”。为了真正打造栏目的个性和特色，《寻找金花》在内容选择、节目理念和表达策略等多个方面都做了有益的探索。

（一）在内容选择上，着重挖掘民族和旅游资源

同样是“选美”类节目，当大多数电视媒体致力于举办各类“模特”大赛，并刻意渲染都市、前卫、风潮等老概念之时，《寻找金花》确立了全新的“寻美标准”：把观众的目光从城市 T 台和镁光灯下的浮华，转移到藏于民间的朴实之美中。因此，《寻找金花》强化了节目的民族、旅游元素，把少数民族的民俗、文化、风景直接推到前台，真正为电视观众打开了一扇新的视窗，使观众眼前一亮、心头一动，审美取向随之位移，重新体验久违的惊喜和激动。

在开播一年多的时间里，《寻找金花》栏目组就已经踏遍全国 15 个省和自治区的 45 个地区，寻找到包括汉族、壮族、瑶族、京族、毛南族、侗族、苗族、仫佬族、土家族、白族、傣族、纳西族、布依族、土族、撒拉族、藏族、羌族、蒙古族、维吾尔族、朝鲜族、回族、黎族、畲族等 23 个民族的几百名美丽“金花”。这些不同地域、不同民族、藏身好山好水的“空谷幽兰”和“天涯芳草”，通过电视之“秀”满足了观众对于别样风景的渴望。大多数观众对于少数民族的生活方式、文艺形式、风俗民情的陌生，以及对生长于斯的民族“金花”的期待，成为《寻找金花》有别于其他类似节目的“卖点”。当观众随着镜头走进那些远离都市喧嚣的山里人家，神秘感和新鲜感使节目的观赏价值和吸引力得到了提升。

需要说明的是，《寻找金花》对于观众这种“猎奇心”的满足，是健康和积极的。首先，节目展现的女性之美，有着丰富的内涵。“金花”不但指狭义上的貌美如花、能歌善舞，而且强调“金子般的心灵”。走进节目的女主角，既有山村义务支教的小学女教师，也有率先开发家乡旅游资源、带领乡亲致富的女能人等，她们虽然来自各行各业，但是她们体现出的爱心、自信、乐观，使“金花”的“金”字有了别样的分量和内涵。其次，对于观众“猎奇心”的满足，是一个不断寻找、发现、挖掘、表现“美”的过程，这个“美”也是多义的，除了女性之美外，还有各民族灿烂的文化之“美”以及各地独有的天然风景之“美”，它带给观众的是一种高尚的、纯净的审美感受。《寻找金花》对于观众“好奇心”的满足，既不同于格调低下、打探明星隐私的狗仔追踪、花边新闻，也有别于新闻节目中不得已而为之的“偷拍”和“曝光”。

当观众跟随《寻找金花》栏目组，走过一道道泥泞小路，翻越一座座高山，置身于风景如画的天然风景中时，它带领观众完成的是一次次文化之旅。当节目把观众带进偏僻的山野，在领略心灵手巧、秀外慧中的民族“金花”的风采之时，也为这些“金花”及其背后所代表的文化搭建了通向山外世界的桥梁。借助大众传媒得天独厚的传播优势，《寻找金花》也顺理成章地传播着少数民族的优秀文化，这在不断呼唤保护民族文化、倡导先进文化的今天，不啻为一种值得赞许的现实努力。因此，寻找“金花”的过程，也是观众增长见识，领略少数民族文化的过程。这不是迎合观众庸俗感官刺激的“偷窥”，而是裹挟着浓郁的少数民族风情和厚重文化气息的文明之旅。

（二）在节目理念上，凸显强烈的草根情结

“草根”，在社会学领域被赋予了“基层民众”的内涵，“草根”扎根大地，因此具有强大的凝聚力、生命力和独立性。“草根情结”与时下常说的“人文关怀”和“平民意识”虽有相似之处，但内涵却更为丰富。就电视节目而言，“草根情结”最基本的要求就是“受众主体”意识。媒介传播从“枪弹论”“有限效果论”到“受众中心论”，尽管理论上在不断提升受众的地位，然而在当下中国的电视实践中，以传播者为中心、具有浓烈主流意识形态的宏大叙事依然占据着主导地位，只是随着近年来传媒产业化的推进，在市场的压力之下，电视内容才在服务类、综艺类节目中体现出一定的“受众主体”意识。

具体到综艺节目来说，中国电视正逐渐步入所谓的平民娱乐时代（或称“真人秀”时代）。然而，在笔者看来，《超级女声》和《梦想中国》即使属于“平民娱乐”，也仍然是一场由媒体发动并占据支配地位的不对称的“娱乐运动”，其背后是商业炒作和市场利润的驱动。正如前所述，这些“平民娱乐”更像是玩“平民”的娱乐，它们充其量不过是一种颠覆传统、打破常态的发泄方式，只是满足短时间内观众的狂欢心理而已。

相比之下,《寻找金花》不仅把舞台真正地交给了“平民”,也把裁判权交给了现场随机参与的“平民”观众。与那些搭好舞台等着选手前来报名的节目不同,《寻找金花》是真正“走下去”,跋山涉水,不辞劳苦,深入“金花”们的家园,真诚地邀请她们。为了让“金花”参与节目,主持人有时候还要接受参与者的考验,甘愿自己“出丑”,这显然是一种平等、平视、平和的心态和姿态。

更加难能可贵的是,《寻找金花》节目中处处渗透着浓重的“草根情结”。“草根”,是与民间和家园相连的,散发着泥土的芬芳气息。因此,参与节目的“金花”,穿的是民族服,唱的是家乡歌,跳的是家乡舞,她们展现的才艺,似乎都是从生她养她的那片土壤中“长”出来的。《寻找金花》为选手安排的表演场所,不是人工搭建的豪华“选秀”舞台,而是选手平时生活的居家住所,可以在简陋的蒙古毡房前,也可以在清雅的吊脚楼下,这些都充分显示出《寻找金花》对少数民族“草根文化”的尊重。也正因为如此,在这些“金花”身上,看不到浓妆艳抹的人工矫饰,她们的风采源于自然,源于“乡土”。当你随同《寻找金花》走进少数民族的山寨,面对山里孩子天真、淳朴的笑脸,或者赶猪放羊、挑水劈柴的“金花”时,你能感受到扑面而来的生活气息。这些俊秀的面孔、真挚的表情,令荧屏流溢着生命的鲜活,让我们情不自禁地感动。相信看过第 65 期《寻找金花》的观众,都不会忘记那位当选“香橙小姐”后,依然回到原来打工的猪排店工作的韩国“金花”银淑。

这些平凡的“金花”,就像小草,是阳光、水和土壤共同创造的生命,平凡而顽强。也许她们不会因为参加了“节目”而一夜成名,但是她们的美通过节目被更多人所熟知,从而给浮夸、浮躁的节目生态带来一股清流。笔者以为,《寻找金花》,也是在寻找一种对乡土的眷恋和歌唱,就像诗人艾青所描述的那样:“为什么我的眼里常含泪水?因为我对这土地爱得深沉。”

(三)在表达策略上,充分调动“陌生化”手段

电视节目最终要用影像来表达,这种表达不仅指对声画符号的运用,而且涉及结构方式、叙述技巧。概言之,《寻找金花》的表达策略就是“陌生化”:调动一切手段,诸如设置悬念、渲染细节、变换节奏、特技运用等,带给观众全新的视听印象,让观众在“熟悉的陌生人”和“熟悉的陌生事”中感受前所未有的新奇、冲击和愉悦。这种“陌生化”源于节目拍摄前的精心策划和设计,这种常变常新需要下不小的功夫。

具体来说,节目中的“陌生化”手段有以下几种。首先是“放大过程”,虽然编导事先可能已经确定“金花”人选,但是仍然要巧妙地把“寻找”作为节目的“情节”元素而加以精心设计。为了寻找到传闻中的“金花”,主持人绝不能一帆风顺,如此一来节目就

增加了戏剧性,“佳人”难觅,“寻找”就有了故事性。其次是“设置障碍”,“金花”好不容易找到了,却有些犹豫和迟疑,“犹抱琵琶半遮面”,主持人还必须通过自己的努力,使“金花”最终答应参与节目。这种处理方法既增添了新的看点,又为主持人提供了“表演”和发挥的空间。最后,选手“竞技”之后,观众投票前的简要采访,增加了观众对“花落谁家”的期待,增强了节目的悬念。总之,各种“陌生化”手段的运用,使寻找“金花”的过程得以最大限度地延长,女性之美、民俗之美、影像之美,在美丽、新奇、现代、时尚等元素的烘托中绽放魅力。

那么,观众为什么能在“陌生化”的手段作用下获得新的观赏体验呢?这是因为,受众对信息的接收不仅是由想象、情感等多层次构成的复杂的心理活动,而且是一个无意识的以唤醒或想象方式参与的过程。“陌生化”往往能制造一种独特的发现、新奇的演绎和一种非常态的表现。这些独特、新奇、非常态,能够打破观众的惯性接收模式,吸引观众连续观看。由此,我们也就不难理解,《寻找金花》每期都选择多人参与,不仅是出于对节目时长的考虑,也是为了环环相扣、层层递进,不断地刺激观众的收视欲望。

当然,在具体的节目操作中,《寻找金花》也有不少需要改进的地方。如前所述,节目的创作与接受既然是一场“博弈”,那么就必须把握好创作者和接受者彼此成交的契合点,也就是“度”——绝不打破观众的“真实感”,否则就会适得其反,丧失传播效果。遗憾的是,在一些节目中,由于设计不到位,或者主持人“表演”分寸不当,时而让人产生虚假感,这是节目需要不断锤炼和提高的地方。《寻找金花》在目前已经形成了较为稳定的创作队伍和相对娴熟的操作技巧,栏目已经初步呈现出“模式化”的端倪,这需要栏目对此保持高度重视并及时加以调整。

总而言之,在当前省级卫视节目整体低迷、乏善可陈的现状下,《寻找金花》大胆的探索以及取得的成绩是值得肯定的。获得初步成功的《寻找金花》,如今已经踏上了“品牌”经营的道路,“2004 年金花迎春晚会”、每一季度的“金花聚会”以及观众通过电话、短信参与投票评选的举措,都在不断扩大“金花”的影响力和知名度。不仅如此,《寻找金花》的成功,对于广西卫视 2005 年明确自己“女性频道”的定位也起到了极大的推动作用。《寻找金花》的成功还生动、有力地说明,在“频道竞争”的时代,“内容为王”依旧是电视产业的核心,电视产业必须踏踏实实地做“精品节目”、创“品牌栏目”,只有切实增强电视频道的实力和竞争力,才能使频道在整个中国电视市场的博弈中多些筹码,多些底气。

四、宣传艺术与审美品格:《中华情》

综艺节目,一直是电视的当家花旦,然而历经跟风、克隆,貌似热闹的中国电视综艺晚会终究难逃千人一面、大同小异的同质化局面,模式化、平面化、肤浅化的问题开始出现,成本巨大、缺乏新意的电视晚会开始受到观众的质疑,电视综艺节目迫切需要寻求新的突破。

2003 年年底,由国务院台湾事务办公室、中国文化部、中国文学艺术联合会、中国广播电影电视总局联合发起,中央电视台联合台湾中天电视台、香港无线电视台、澳门电视台等数家媒体,推出了面向全球华语观众的《中华情——全球华语原创歌曲至尊演唱会》,并于 2004 年春节期间陆续播出,低调地接受观众的检阅。以"呼唤和平统一,共襄华夏繁荣"为主旨,以"大型华语歌会"为载体的《中华情》,对原创歌曲和怀旧金曲进行了全新演绎,在保持浓郁民族文化韵味的基础上,有机融汇了流行的国际元素,迅速以独树一帜的风格,与其他同类节目区分开来。连续播出三期之后,其国际化的创作团队和播出渠道、豪华的演员阵容、新颖而独特的舞台效果、先进的高清摄录转播技术,不仅为日渐衰落的电视综艺节目吹来一阵新风,而且在海内外华人观众中创造了声势浩大的轰动效应。

《中华情》剧组随之紧锣密鼓地推出了《同里之春》《浦江月·中秋直播晚会》《激情南昌》《东盟博览会闭幕式晚会》,在奥地利录制播出了《维也纳之春·中国新年音乐会》。通过这一系列节目,《中华情》不断调整自身的节目定位,最终锁定以海内外华人作为目标观众,满足"有华人的地方就有中华情"的节目诉求,用创作而非制作的态度,不断营造令人震撼的视听效果。该节目的社会反响与日俱增,不仅受到海内外华语观众的普遍认可,而且赢得了音乐界人士的充分肯定,媒体将之誉为"央视流行音乐的国际品牌"和"全球华语音乐的至尊晚会",《中华情》一跃成为中央电视台最具吸引力的文艺节目。《中华情》的成功,为我们提供了研究与解读综艺节目的样本,以下将从宣传艺术、全球意识和审美品格三个层面展开分析。

(一)在传受的互动博弈中彰显宣传艺术

电视作为大众传媒,是一门传播艺术,为了达到最佳的传播效果,必须懂得如何艺术地(即富有创造性地)传播,而要实现这个目标,就必须讲究效率和品格。具体来说,中国电视的品格首先指政治品格。中国的电视传媒是党和政府的宣传媒介,必须义不容辞地宣传党的基本路线和方针政策。完成祖国统一是我国新时期的三大历史任务之一，而加强和搞好对台宣传是实现两岸统一的有力保证。与其他媒介相比，电视声画合一、即时性、兼容性、全息性等传播特点和优势，使得中国电视在体现其"政治品格"方面扮演了极其重要的角色。

具体到《中华情》来说，它创办的初衷就是对台宣传。更准确地说，是实现对台湾的沟通和交流，唤起"思乡"的情愫和彼此的"炎黄"情结，唤起"回归"的愿望。那么，电视通过哪些手段来实现这一目标呢？节目的定位与策划至关重要。

首先，我们来考察一下以往对台宣传的效果如何。从新中国成立初期福建前线的海漂宣传，到20世纪末中央电视台国际频道在台湾落地，大陆对台宣传的确取得了不小的进展。然而，节目"入岛"并不代表节目"入心、入脑"，忽视宣传对象的感受和需求，时常造成"以我为大"和"自说自话"的局面，不仅影响了宣传效果，还可能使受众产生逆反心理。正如霍尔所言，"文化传播不是一个从传播者到接受者的直线行为，意识形态的被传送不等于被接受。过多超出本体的单向传播功能并不能让受众在阅读（消费）过程中产生意义，有时甚至以一种俨然相反的对抗方式去解码信息"[①]。

其次，对台宣传面临的现实困境是：海峡两岸隔绝多年最大的危害，就是造成台湾同胞，特别是年轻一代对祖国大陆感情上的疏远，这种疏远甚至会演变成对大陆的误解和怀疑。显然，大陆电视惯常使用的口号式传达政策、教化民众的方式不能实现有效传播，填鸭般的信息传递方式更无法满足大众在感官和心理上的深层要求，自然大陆的节目无法引起台湾受众的注意。而引起注意，乃是传播的前提，因为传播的最终效果应该是让观众对传播内容产生认同。在认同的基础上，或受到感染，或得到启发，或提升品位，或净化心灵。种种情况说明，要改变这种状况，必须讲究宣传艺术。

因此，从创作者来说，为了使电视节目准确与受众接触，必须调动电视媒介的自身传播优势，如覆盖面广、包容性大、渗透力强等特点，以新的形象体系、时空观念和叙事方式去持续地吸引观众的关注，从而潜移默化地影响人们的价值观念和思维方式，增强或改善当代人对主客体世界的认识。

简单地说，要达到宣传的目的，首先必须淡化"宣"，即淡化宣传色彩，研究目标观众的接受心理和接受习惯，再结合电视传媒的特点，采取合适的节目形态，提高宣传技巧，获得可信度，最终达到宣传的目的。这种合适的节目形态，至少应该具备以下几个显著特征：

第一，通俗浅显，易于接受。这是由传播载体——电视的大众传媒属性决定的。布莱希特认为，"通俗对广大群众来说意味着清晰易懂，丰富他们的表现形式，采用他

---

① 张步中.春节联欢晚会需要脱胎换骨[J].现代传播，2004(3).

们的立场”[1],电视的特殊艺术构成,决定了其节目必须针对大众的视听审美需要,为尽可能多的受众创造获取信息和身心娱乐的可能。作为收视主体的“市民阶层”应该是电视节目制作主要关注的对象,“市民阶层”的文化水平、消费能力、思想高度决定了传播内容的文化特性——通俗、浅显,易于接受。只有受众感到有乐趣,愿意看、愿意听,传播效果才具有可能性。电视传播的浅显易懂吻合了大众对文化的需求,成为传播大众文化的最佳传播通道。

第二,强调情感诉求,以情感人,这是由受众的特点决定的。接受美学的创始人和主要代表尧斯曾提出“期待视野”的概念,作为电视作品的创作者,有必要对可能的观众做出预先的设想,把握他们的审美欲求和期待心理,然后针对其特点对电视节目进行合理的元素配置。在这一点上,《中华情》给各电视节目的制作树立了一个典范。

台湾和大陆,同祖、同宗、同根,这是很重要的情感基础,这说明在“情”和“理”的选择上,电视节目必须倾向于前者。确定基调以后再来分析传播受众——台湾民众对电视节目的期待。台湾民众的普遍心理状态一方面是“离别、怀乡、寻根”的情结。台湾居民以来自中原而定居闽粤的移民为主,自明末即17世纪中叶开始,逐渐发展为移民的定居社会。这种移民经历反射在民众的文化心理上,表现为不断追问“我从哪里来”的强烈的祖根意识,同时又因同乡、同族聚合而居的村社群落,形成原乡意识。乙未以后,由于日本殖民者推行以灭绝汉民族文化为目的的殖民同化政策,激起民众反抗,台湾人民表现出更加强烈的民族意识、祖国意识,其思念家乡、渴望回归故里的心态越发浓烈。另一方面,则是“漂泊、无依、孤苦”的心理状态。台湾在中国版图上处于边缘位置,长期以来形成对中原的仰望姿势,“乙未割台”对于台湾民众而言,在客观上造成了无法主宰自己命运的心灵伤痕,从而使他们产生无可归依的漂泊感、飘零感,这些情愫暗藏了他们寻找归依而终结漂泊的寻根意识与回归行为。尽管现在经济发展了,人民的生活水平得以提高,但因种种历史和现实的原因,两岸关系时而缓和,时而紧张,这种反复不定的过程,难免造成台湾民众思想上的混乱,并使他们对命运经常感到无奈和茫然,产生悲情意识。

因此,这些由于地域或者历史因素积淀而来的社会心理和文化心态,成为宣传的主要突破口。以画面为特质的电视作品也同文学作品一样,要求创作者注重情感的挖掘和表现,用情感去叩击观众的心扉,从而完成“接受—感染—共鸣”的过程。

第三,采用简单的表现形式,这是由目前的传播现实决定的。在目前因传播过度

---

① 布莱希特.通俗性和现代主义[M]//弗兰契娜,哈里森.现代艺术和现代主义.张坚,王晓文,译.上海:上海人民美术出版社,1998:362.

而造成“信息公害”的传播现状下，避免“信息丢失”的最佳方式并不是操作性不强的“原创”，而是“节俭”或“简化”，即较为集中地传播信息。当然，电视的传播更强调艺术性，所以电视最终呈现出的影像，应该是一种“有意味的形式”，即通过电视各个环节的强化，尤其是反复播出以培养观众的收视习惯之后，着力形成一种具有象征性的、包涵深意的仪式，就像具有浓郁乡土气息的中国传统“庙会”一样。这种通过简单的表现形式形成的“仪式”，应当通过对共同的历史认知和未来认知的强调，使仪式的参与者获得共同的身份指认和一种基于平等观念的归属感，并借助这种归属感加强参与者之间的凝聚力。所以，这种电视节目应当重视台湾演艺人士的加盟助阵，通过这样的认知表达大陆、台湾在意识形态方面的平等。

正是基于以上几点分析，经过反复的论证和研究，《中华情》最终确立了大型电视歌会的形式，在祖国大陆人士、港澳台同胞及海外华侨华人中发起了征歌活动，征集期盼祖国统一、反映两岸同胞骨肉亲情、激励中华民族团结奋进的爱国主义歌曲。然后，由台湾、香港、澳门及其他海外华语歌星用崭新的风格，对大量的优秀音乐作品进行演绎，抒发海峡两岸同胞的亲情，表达全体华人团结起来，振兴中华，完成统一大业的共同心愿。

应该说，《中华情》从创办之初，就因为清晰的节目理念，为成功的宣传奠定了基础。它把音乐作为意识形态的载体这一点十分巧妙。一方面，音乐本身具有不可比拟的感染力，如“三大纪律八项注意”和诸多的广告歌等，最能击中唱者和听者的心扉。从音乐的传播特点来考察，其最突出的一点就是不怕重复传播。它不像综艺节目，如相声，在第二次播出时观众已经知道它所有的包袱在哪里，歌曲或者音乐能够通过反复、不断地演绎，加深人们的印象，更容易引起共鸣，达到好的宣传效果。观众与音乐特有的亲和力，配合强大的明星效应，使音乐和情感融为一体，在潜移默化中，“歌声入岛”；另一方面，电视歌会的表现形式“挠到了痒处”：华语歌曲恰如难改的“乡音”，代表着同根、同宗、同源的亲情，维系着文化上割不断的渊源关系，“乘着歌声的翅膀”，把显性的意识形态隐藏于电视本体的声画符号中，借助电视技术的表现力，创造出独特、新奇、虚幻的影像，让观众在获得新的审美体验的同时与创作者和参与者产生审美共鸣，从而将歌会化为“寻根思归”的狂欢仪式。

通过精心编排内容积极的文艺节目，《中华情》既让观众获得了精神上的慰藉和安全感，又产生出巨大的向心力和凝聚力，正如马歇尔·麦克卢汉在《理解媒介：论人的延伸》一书中所写：“就电视而言，收视者成了屏幕。他受到光脉冲的轰击，乔伊斯称之为‘轻装旅的冲锋’，这种冲锋使收视人的‘灵魂表层饱和着潜意识的知觉’。”①

---

① 胡智锋.电视审美文化论[M].北京：北京广播学院出版社，2004：164.

(二)在华语文化认同感的营造中体现全球意识

作为当代最具影响力的大众传媒,电视首先发挥着传播信息的功能。这里所说的信息显然不仅意味着狭义的新闻信息,而是有着更为宽泛的概念,文化的、情感的、艺术的,皆在其中。准确的定位,使《中华情》在外宣的艺术水平上取得了一定的成功。在播出三期《中华情——全球华语原创歌曲至尊演唱会》之后,节目不仅引起了台湾观众的强烈反响,更赢得了国外华人华侨的认可,该节目的辐射力从一个侧面说明了外宣节目全球意识的重要性。以国际频道作为播出平台的《中华情》,显然没有将自己的节目完全局限于对台宣传,而是具备了更为宽广的视野,担当起沟通全球华人情感的纽带和传播中华文明的重任,完成塑造国家与民族形象的任务。与其他类似节目,如同样颇有影响力的《同一首歌》相比,《中华情》最显著的特点在于它呈现出来的全球意识,它不仅是一台晚会,而且是一场倡导华语文化认同的文艺联欢。

理智地分析经济"全球化"对于文化传播造成的影响以及目前的媒介环境,可以让我们更深刻地认识《中华情》现实努力的指向:本土节目国际化以及在节目中营造话语文化认同,以期获得更大的传播效应。

1."全球化"与"文化危机"

"全球化"首先是以经济的形态来引发注意和思考的,同时它也对文化产生影响,它带来的隐患是文化的"趋同化"。经济全球化使信息传播畅通无阻,信息传播的高效、高速,拉近了各个国家和民族之间的地理距离和文化距离,加速了文化的碰撞和融合。为了抵御某些经济强势国家推行的"文化全球化"主张,有人提出了"电子殖民主义"的理论命题。张西明指出:"我们的后代一天天在'大众'和'流行'之类的旗号下餐饮着'垃圾餐文化'长大,最后竟然在不知不觉中失去了自己文化的'根',这实在是一个必须未雨绸缪的大问题。这样的问题,欧洲遇到了,现在欧洲也警醒了,但并没有解决好。我们一个刚刚'入世',涉'世'不深,且经济社会发展还在'初级阶段'的大国,从今以后更要时时面对这样一个长期的历史性课题,并且需要有更深切的关注和更见微知著的智慧。"①

经济全球化,已然构成了世界文化多元化共存、民族文化本土特色传衍的危机。现代媒介技术的发展,在使世界变成了小小"地球村"的同时,也必须担当起复兴民族文化个性的大义。文化的民族性、地域性、本土性差异越鲜明,人类文化的内涵才越丰富,世界才因此而更精彩。"对话"应该成为具有不同文化背景的意识形态达成共识的过程,但沟通与合作并不消解竞争,而是在此前提下展开新一轮的竞争,即"竞合"。

---

① 张西明.传媒帝国的诱惑[J].读书,2002(3).

作为发展中国家的中国，成功进入 WTO 的同时，一批有历史责任感的学者也发出了中国电视振兴民族文化，走“中国文化复兴道路”的倡议。这种倡议有一种很强的民族文化认同色彩，是在东西方经济、文化冲撞下产生的特有的“文化怀乡”现象。作为处在民族文化发展前沿的媒介机构，其行为意识的定位也正是在这一经济文化的坐标上展开的：一方面，发展中国家的媒介行为应该有很强的本土针对性，以确保这种文化复兴是本土文化的复兴；另一方面，更要将这种文化复兴建立在全球文化语境基础上，不能走狭隘的中西文化二元对立的思路。

必须认识到，文化竞争远比经济竞争更残酷，经济竞争关系到利益，文化竞争关系到民族存亡。英国学者特里・伊格尔顿指出：“文化现在显然是问题的一部分，而不是解决问题的方法；文化是战场，而不是可以弥合差异的奥林匹亚神台。”[①]所以，在经济全球化过程中，仅仅存在还称不上文化，文化必须是一种活的精神，它必须在现实中发出声音，产生影响，产生民族的创造力，这正是发展中国家媒介意识的明确内核。[②] 对此抱有清醒认识的媒介人士，如张子扬提出的“文化版图”概念就是学理上的一种呼吁。经过漫长的优胜劣汰，地球上的主要文明已仅剩处于领导地位的、以美国为代表的西方文明(欧洲系文化)，强硬、落后、封闭、无代表核心国家的伊斯兰文明以及积蕴深厚而优秀、当前相对模糊而处于关键发展时期、以中国为核心的中华文明。我们的出路，是再造中华精神，确立现代中国的世界观、文化观、审美观。确立的前提，便是为世界的华人营造自己共有的精神和文化家园。

电视节目作为文化版图视野中的一个重要载体，其意义已经超越本身，成为一种附载着历史责任与民族使命的重要工具。的确，这种清醒的认识必须通过实体节目转换为现实的影响力。在《中华情——全球华语原创歌曲至尊演唱会》中，其选择了世界的华人作为自己“全球化”努力的目标：囊括了华人，就拥有了世界。杰出的华人遍布世界的角落，拳拳“中国情”，串起颗颗赤子心，共有一个家，天涯若比邻。《中华情——全球华语原创歌曲至尊演唱会》的开场白很好地说明了这一点：“歌声是最奇特、最有力、最夺目的光芒，它可以带我们穿越茫茫空间，穿越两岸和港澳地区，来表达全球华人的心声，为全球华人创造一个交流的平台，让中国人的歌声走向全世界……就让我们用相同的语言一起放声歌唱……我们中华民族是一个大家庭，中国人无论走到哪里都有家，因为我们有着共同的情感，那就是中华情。”

2.媒介环境的理性分析

“全球化”“网络时代”，这些耳熟能详的词语，共同指向一个媒介现实——我们曾

① 伊格尔顿.当代文化的危机[M]//韩少功，蒋子丹.是明灯还是幻象.昆明：云南人民出版社，2003：114.

② 高鑫，贾秀清.经济全球化・文化本土化与发展中国家的媒介意识(上)[J].现代传播，2003(1).

经拥有的“美好”时代一去不复返了。正如喻国明描述的那样，只要我们拥有一个传播渠道（无论是一个频道、频率还是一张报纸或者一本杂志），我们就几乎拥有了阿拉丁神灯似的魅力——要社会效果有社会效果，要经济回报有经济回报。[①] 然而，随着传媒产业的发展，特别是传播技术的革命性进步，传播市场上的渠道资源以一种不可遏制的方式被释放出来，信息传播渠道的数量规模及品种质量都有了爆发式增长，其结果是，过去，我们熟悉的一切产生传播影响力的方式遭遇空前的挑战。在传播通道规模扩张和大量堆积的大背景下，传统的传播管制的力度和效能会平均递减。从传播效果来看，无论是政治宣传的那种“媒体连动”，还是广告投放的那种“集中轰炸”，其传播效果都在明显衰减。

尽管 CCTV-4 目前已经覆盖绝大多数国家和地区，甚至还进入了互联网，增加了我国对外的电视传输手段，但是收视率并不尽如人意。对外宣传，是一个笼统而模糊的概念，究竟是针对“外国的外国人”，还是针对“外国的中国人”，对外宣传有必要对目标受众进一步细分和明确。对此，《中华情》直接定位于身居国外的华人华侨，力求将这些分布在海外的 5,000 多万黄皮肤、黑头发的华人用情感的纽带联结起来，做到“有华人的地方就有中华情”。

3.表达策略：营造华语文化认同感

特定的媒介生存环境决定了中国对外电视节目特定的道路选择。正如美国学者阿里夫·德里克所指出的那样，“几乎所有关于全球与本土问题的讨论中都存在着一种不对等。这种不对等在于强调全球的普遍性和把本土降为从属地位”[②]。与其无谓地呼喊“民族的就是世界的”，希望世界注意到自己，不如用实际的努力，以主动、积极的姿态去注意世界、融入世界。《中华情》依托华语歌曲的力量去实现这个目标，起到了“四两拨千斤”的效果，因为语言的背后是文化和文明。可以说，《中华情》之所以能取得如此成绩，与目前已经形成的华语市场以及媒体自身肩负的责任是紧密相连的。

(1)华语市场的繁荣

近 20 年来，中国致力于推行稳定的对外开放政策，国家综合实力逐步提升，中国和平崛起的主张得到了世界的赞同。20 世纪以来，大量中国人移民至东南亚及欧美各地，形成了海外华人区和外商跨国企业，在多方因素的共同作用之下，全球掀起了学习华语的热浪。统计表明，目前全球学习汉语的外国人数超过 2,500 万，已有 35 个国家的 87 个城市设置了 140 个汉语水平考试考点（HKS），并有 33 万外国人参加此项考

---

① 喻国明.“渠道霸权”时代的终结：兼论未来传媒竞争的新趋势[J].中关村，2005(1).

② 德里克.全球主义与地域政治[M]//韩少功，蒋子丹.是明灯还是幻象.昆明：云南人民出版社，2003：173.

试。华东师范大学对外汉语系的一位教授说，目前，汉语教学在全球范围内已经遍地开花。

《中华情》充分利用了华语市场繁荣带来的契机，邀请具有世界对话资格和身份的人参加节目，比如被西方广为认可的画家陈逸飞，在华语文学界颇受关注的余秋雨等，并且用华语歌曲、电视音像手段，为“汉语热”在全球范围内继续升温造势。汉语在全球范围内的走红，有利于显示“中国想象”，发挥中国文化的引力，改变世界对中国的认知方式。

(2)媒介自身的责任

电视本身就是文化，但同时也担负着传播文化的重任。香港凤凰卫视中文台杨锦麟在接受《新京报》采访时说，多媒体时代的任何一种载体，在倡导文化方面扮演的角色，都不能视而不见，电视的视觉传播效果以及对受众最直接的影响，不容低估。电子媒体在今时今日的中国社会，似乎已经成为家庭成员，而且是赶不走、离不散的成员，也正因为如此，它的作用和功能是实时的、潜移默化的、无时不在的，是形形色色文化不可或缺、必须依赖的载体。现实中的各种制约因素和思考模式，可能会使华语文化对传统的承接以及对现代的延续陷入瓶颈，所以这更需要电视媒体发挥它应有的功能。因此，在全球化时代，《中华情》倡导华语认同，是顺应时代潮流的明智之举。

(3)华语文化的作用

五千年的中华文化博大精深，是连接海内外中华儿女的精神纽带。在对外宣传的过程当中，应该把传播中华文化作为一项重要内容。出于对中华文化的认同，海内外华人能够产生“血浓于水”的共鸣，能够互相沟通、求同存异，团结合作、共同奋斗。因此，中华文化的纽带性质和桥梁作用，构成了中华民族文化凝聚力的基础。今天，“全面弘扬中华文化的‘纽带’性质和作用，对于增强中华民族的精神认同感和向心力，反对分裂祖国、分裂民族的各种图谋，促进中华民族与世界各民族的交流合作，无疑具有重要的现实意义”[①]。

《中华情·维也纳新春音乐会》采用“走出去”的方式，邀请理解中国、渴望了解中国的外国人以及海外著名的华人社团、机构参加，充分发挥中华文化的纽带和桥梁作用，表达海内外华人的共同心愿，体现中华文化的强大生命力。其中，对华侨华人的采访感人至深。具体到细节上，《中华情·维也纳新春音乐会》的晚会片头采用了“龙”的标志，演员的服饰、色彩的运用、舞台道具的布置，处处凸显着“华夏”的标志意识。

《中华情》正在摸索的“走出去”方案，即在世界各地的华人聚集地和几大文明古国

---

① 钱其琛.增强中华民族的文化凝聚力：为“华夏文化纽带工程”而作[N].人民日报，1999-05-31(3).

遗址演出的方案。在2005年的实践中，充分体现了中国电视先进性、开放性和传承性的“文化品格”。这也说明，华语文化的构建，不是画地为牢，也不是故步自封，而是面向世界；不是孤芳自赏，而是敞开胸怀去学习、借鉴；不是急功近利，而是着眼于长远发展，在本土节目全球化的同时，吸纳外来的先进文化提升自己。

（三）用独特的电视符号创造晚会的审美品格

高超的宣传艺术和先进的节目理念，最终要落实到可供阅读和观赏的文本上，即用电视的语言符号创作的作品上。对于作品而言，独有的审美风格是至关重要的，利用大众媒介作为传播载体的《中华情》，要完成从“可视性”到“必视性”的跨越并稳健地走下去，同样必须形成独有的审美品格。与其他艺术形式相比，电视文艺由于以电视为依托，同时诉诸视觉和听觉，因此具有先天的优势，即具有逼真性、综合性和视觉造型性等诸多鲜明的审美特征，那么用好、用活独特的电视符号，以便更准确地还原和表现节目的形体、色彩、运动和声音，给人以强烈的生活真实感和独特的艺术魅力，应当成为创作主体努力的目标。一个优秀的电视文艺作品，除了强调内容和主题之外，还应该在外部形态的呈现中充分运用电视元素，以饱满、丰厚、清新之态体现出节目巧妙的构思和艺术上的创新。

如前所述，《中华情》遵循“简化”原则，为了实现信息传播的有效性，采用了歌会的形式，但这并不意味着在固定的框架下就没有创造的空间。恰恰相反，“歌会”的定位，使《中华情》轻松地摆脱了许多综艺晚会、主题晚会难以解决的一些棘手问题，比如结构松懈、节奏拖沓、细节不明、串联脱节、缺乏互动以及晚会特定主题、特需氛围与特定内容之间割裂等弊病。《中华情》将创作的重心转移到了营造晚会整体美感与和谐上，对画面、舞美、灯光、服饰、色彩、音响等视听元素提出了更高的要求，重视现场及现场之间的调度和转换、镜头的运用和组接，在互动互衬的动态结构中完成了电视语言本体的回归——电视文艺节目成功与否不仅在于“文艺”，而且还在于“电视”元素的运用。

《中华情》形式“简化”，但是并不简单。《中华情》在节目中巧妙地融入了文化和时尚元素，既呈现出对文化内涵的潜在追求，又展示了对时代风尚、流行时尚的捕捉和敏锐，使《中华情》在为观众制造了一个参与互动、激情四溢的欢乐场的同时，又自觉倡导了积极、健康的审美趣味和清新雅致的格调。

1.文化为根，远离平庸

就一台晚会而言，“内容”二字是多义的，具体的演出节目、场地场景的选择、电视艺术手段等都可以包括在内。同样,晚会的“形式”也是多义的。在这里,我们不妨用“个性塑造”来评判。一台晚会的个性塑造,包括电视艺术手段、视听元素运用、时空复合能力,更主要的是,在表现出的特定文化内涵上,晚会做出了怎样的审美诠释。笔者认为,打造晚会个性特色的核心,在于对文化的解读和诠释。

作为中央电视台三大晚会之一的中秋晚会,导演选择了大都市上海作为晚会场地。在导演的阐述中,创作者如此诠释和定位上海——“中国近百年沧桑巨变的见证”“改革开放的最前沿”“中国当代形象的象征符号”,这些准确而又有延展的文化视角,使该台晚会突破了以往中秋晚会以传统民族资源和月亮符号为主题的模式,突出了现代感和时尚性,拒绝了陈旧和平庸。再加上晚会其他的形式创新,如三个各有文化所指的外景地、节目内容的选择等,晚会自然而然完成了“脱俗”。《中华情》以文化为根的审美品格,受到普遍好评。

2.时代为本,引领时尚

电视,是技术发展的产物,电视艺术生来就具有与时代同步的个性。从审美生成看,一台优秀的电视晚会应当展现时代风貌,洋溢社会情感,营造轻松气氛,满足观众的审美需求。以海内外华人为受众的《中华情》只有把握时代脉搏,紧跟流行风潮,引导时尚风向,才能达到令人感到惊奇、兴奋、感动、鼓舞、震撼的艺术效果,才能无愧于对它保有亲和感、信任感甚至依赖感的亿万观众的期待。

为了实现这个目标,《中华情》在节目的选择上,邀请了大量具有国际影响力的外国明星、艺人,而出现在节目中的华人大多都有国际对话的能力,这些具有时代“标杆”意义的人物,加上先进的技术支持,先锋、前卫的包装理念,把当下的时尚元素融入晚会的舞蹈、服装、化妆等方面,在第一时间进行展示,充分发挥电视传播的及时性、同步性。《中华情·元旦晚会》中,网络歌手直接从幕后走到台前就是最典型的例子。

3.求变为魂,不断创新

电视语言的丰富性和多样性,为电视手段的创新提供了极大的空间,“因为这种语言不仅可以用来言说,而且可以表情表意,用来进行思维想象。语法修辞意义上的陈述、判断、疑问、譬喻、象征,审美造型中的联想、回忆、幻觉、变形、怪诞等,都可以通过多元化的电视艺术语言、声音、画面、造型、镜头、绘画、特技、文字、符号等来完成”[①]。当然,创新不是空穴来风,而是在艺术手段上寻找新的表现形式,其中一种方法在于“陌生化”,即让观众在“熟悉”中体验陌生、新奇的效果。“熟悉”的本质是存在感,而

① 刘扬体.电视晚会向何处去[J].当代电视,2004(3).

“陌生”则能打破观众的惯性接受模式，形成一种独特的角度、新奇的演绎和非常态的表现方式。

《中华情》在电视语言运用方面做了大量的尝试，比如外景地的三地同步直播、LED电子背景的设置、极富创意的舞台造型、经典歌曲的重新编曲、对歌手的重新包装、镜头切换节奏等。这些变动不仅能带给观众新的视听感受，而且获得了业内人士的赞誉。《中华情》的创新意识，甚至体现在一些小的细节上，如服装、道具的设计等都能给人大气、清新、精致的美感。在绮丽的光影空间里，在轻松、愉悦的歌声海洋里，观众心动、遐想而澎湃，大大延伸了歌会的艺术张力。

《中华情》系列节目较多，每个系列的节目都各有其特色和卖点，但是笔者刚刚谈到的三点是贯穿于每期节目的显著特点。《中华情》对视听艺术进行高度整合，让艺术性、娱乐性、参与性交织，贯彻了主体意识的多维多面，这些努力最终达到了高度的和谐统一，从而使晚会结构紧凑、布局合理，节奏张弛有致，形成了自己的格调和品质。

毋庸讳言，《中华情》以“中华”冠名，以中央电视台国际频道为传播渠道，无疑有着潜在的宣传意图和宏大叙事的现实需求。但值得探讨和研究的是，它将这种信息和观点的传播进行了富有创造性的处理，使传播者得到了接受者的反馈和呼应。如果说，《中华情》是一台多场地的现场直播，我们不妨将祖国大陆比作主会场，将港澳台以及旅居海外的华人华侨比作紧扣主题的分会场，《中华情》用电视媒介搭建了一个可以表达和沟通的平台，这个跨越时间和空间的屏障，使世界华人多了一个虚拟的家。

五、媒介责任与创新表达:《梦想星搭档》

2013 年 10 月，《梦想星搭档》亮相荧屏，这是中央电视台继《梦想合唱团》之后推出的又一档“以音乐为载体，以公益为内核”的综艺节目。节目播出后，引发了观众和理论界的持续关注。在中国电视娱乐节目竞争激烈且饱受争议的背景下，《梦想星搭档》的成功具有独特的分析价值与启示。

从节目形态上看，《梦想星搭档》是一档明星歌唱类节目，其能在诸多唱歌选秀类节目中脱颖而出的原因主要在于该节目真正实现了“综艺”与“公益”的深度融合:“公益”不是噱头，而是节目的灵魂。《梦想星搭档》不是单纯的明星秀场，而是以唱歌的形式促成一个个公益援助行动的展开，在歌声和善举中潜移默化地传播主流价值观，传递积极向上的正能量。正如孔子听《韶》乐评论其“尽美尽善”一样，《梦想星搭档》追求艺术之美和道德之善的统一，在满足观众审美体验的同时，顺水推舟般发挥了舆论引导和社会教育的功能。概言之，《梦想星搭档》的成功源自其在电视公益传播上的创新与突破。

(一)坚守媒介责任,弘扬主流价值观

中央电视台作为国家媒体,担负着正确引导舆论、弘扬社会主义核心价值观的重任,在市场化竞争日益激烈、娱乐之风大行其道的传播环境中,如何彰显主流媒体的社会责任与文化担当显得尤其重要,这不仅需要坚守,更需要智慧。

以国家媒体为播出平台的《梦想星搭档》既旗帜鲜明地弘扬社会主义核心价值观、传播正能量,又大量、大胆地运用"娱乐"元素。可以说,"娱乐"的节目形态是最能贴近观众的一种传播形式。《梦想星搭档》消弭了"娱乐"与"主流话语"之间可能存在的冲突,以"接地气"的方式表达了对当下现实社会的观照。节目直面社会现实,涉及诸多民生议题,如助学、扶危济困、助老等,通过寻找需要帮助的弱势群体,以明星讲述的真诚语态,反映百姓疾苦和需求,在充满温情与暖意的基调中,用歌声来传递朴素的价值情感,从而感染并打动观众。

值得强调的是,《梦想星搭档》尽管在内容上涉及不少"贫困"的社会阶层,但它摆脱了"苦难叙事"一贯以来的窥视与煽情,始终保持着积极向上的基调。节目不以同情姿态赚取观众的眼泪,而是充分展现受助者的尊严、价值以及生命的闪光点,张扬他们在艰难处境中积极向上、顽强拼搏的精神价值。有评论者形象地比喻:"如果把当下那些以标新立异、怪诞、背离社会伦常达到令人咋舌效果的作品比作'雾霾',那么《梦想星搭档》则是阳光下的瑞丽。"[①]因此,节目所承载的高尚道德标准、正确社会导向,为培育良好道德风尚、促进社会和谐稳定发挥了重要的作用。

(二)传播公益理念,力行公益事业

在媒介融合的背景下,传媒的公益传播始终伴随着商业性与公益性的博弈,在电视荧屏上以"公益"之名谋"商业"之实的不良现象并不鲜见,这不仅使"公益"沦为商业与娱乐的附庸,而且极大地戕害了媒体的公信力。对于电视公益节目,观众往往存有"是不是真心诚意做公益"的质疑。

在以往的公益传播中,电视媒体大多扮演理念宣传者和推动者的角色,《梦想星搭档》的突破之处正在于它不只传播公益理念,更是一个实实在在的行动者,《梦想星搭档》实施的"关注儿童烧烫伤""关注儿童交通安全""让贫困地区孩子能快乐奔跑"等公益项目就是有力的例证。

"公益性"是《梦想星搭档》的核心价值所在,所有的艺术手段与呈现方式均以此为

---

① 本土创新,传递真情,彰显公益活力:《梦想合唱团》创新论坛纪要[J].电视研究,2013(3).

出发点与落脚点。节目中的每一位歌星首先是现实生活中的捐助者，其次才是舞台上以演唱来募集公益基金的歌手。歌手们的现场比拼不是为了个人荣誉，而是为了实现帮助他人的公益梦想。行动者与倡导者的双重身份，在某种程度上来说对歌手也是一种“加冕”，公益内核和文艺内容融为一体，他们亲身经历的故事更能引发公众的共鸣，从而放大了媒体的社会动员功能。《梦想星搭档》既“说”又“做”的公益传播方式，对于整个中国电视行业有着积极的示范与引领作用。它既是对电视节目过度商业化的矫正，在某种程度上又代表着中国电视内容制作正确、健康的媒介产品的方向所在。

(三)把握受众的审美偏好，创新表达与呈现方式

与引进或跟风复制海外成熟节目模式不同，《梦想星搭档》从主旨立意到整体架构，从表现形式到舞美灯光，都坚持自主创新，在明星搭配、赛制环节、歌曲编排等舞台呈现上频出亮点。

在“公益性”的统领之下，《梦想星搭档》采用了当下观众最喜闻乐见的“唱歌”节目样态，有机融入了新闻、专题纪实元素，超越了同类节目“为娱乐而唱”的模式。同时，《梦想星搭档》针对受众的审美趣味，添加了时尚、前卫元素，使节目内容和语态更趋年轻化，为节目在新媒体上的传播拓展了空间。动听的歌声让观众乐于欣赏，又让观众在审美中得到耳濡目染的“教化”和心灵的共鸣，真正体现了寓教于乐的目的。这种公益传播方式不是枯燥乏味的说教，而是让人生动地感受、真实地感动。节目中人性的自然流露，不仅感染了现场的嘉宾与观众，也得到了荧屏前观众的接受、理解与认可。此外，线上线下的网络推广与整合传播吸引了年轻观众的互动与参与，进一步提升了节目的辐射面和影响力。

综上，《梦想星搭档》不失为一个电视公益传播可资借鉴的样本，它以付诸现实的公益行动和娱乐中蕴含的人文关怀，在同类“唱歌”选秀节目中独树一帜。从某种意义上说，它也是中央电视台近年来在《感动中国》《寻找最美乡村医生》等系列公益节目基础上的一次跃升。“崇美、向善、有担当”，将推动着《梦想星搭档》的创新之旅不断向前迈进。

第三节 纪录片

自 20 世纪 80 年代以来，中国电视纪录片看似风光的背后一直存在着难以突破的发展困境，“叫好不叫座”和“赔钱赚吆喝”一直是纪录片生存的常态。21 世纪初，几家

省级电视台开办了专业的纪录片频道,试图破解纪录片发展的困局。虽然一直在"摸着石头过河"的电视纪录片业界数十年来做过不少尝试,但一直都未能找到良性循环的发展路径。随着网络媒体的异军突起,纪录片开始尝试与新媒体合作。近年来纪录片的网络化生存取得的良好效果,引起了人们对纪录片跨媒体发展的思考。

一、记录时代:《再说长江》

长江,是中华民族的母亲河,也是正在变动中的当代中国的缩影。古老与现代、历史与现实、"亘古不变"与"万象更新"之间形成的巨大张力,一直吸引着电视人的目光。1983 年 8 月,25 集大型系列纪录片《话说长江》的播出,掀起了一场持久的"长江热",以 40%的收视率创造了中国电视的收视奇迹,成为中国电视史上的一座里程碑。2006 年 7 月,由中央电视台海外中心专题部承制、制作周期长达两年的 33 集大型电视纪录片《再说长江》在 CCTV-1 隆重播出,再次引起了广大观众、业界与学界的关注。该片以饱满的激情,立体、多维、全景式地展现了长江波澜壮阔、多姿多彩的壮丽景象和人文景观,以震撼人心的视听冲击力塑造了魅力长江的新形象,充分展示了长江这一中华民族精神符号所蕴含的自然、人文、社会、历史价值,是中国电视荧屏上不可多得的一部精品力作。

2006 年 7 月 24 日,时任《现代传播》主编的胡智锋,就《再说长江》这一值得关注的电视个案,与该片总监制、中央电视台时任副台长张长明一起,就这一重大纪录片项目的由来、创作历程、历史文化意义及电视艺术与传播价值进行了深入探讨。作者参与现场交流,记录并整理了关于对这一重要纪录片作品的思考。

胡智锋(以下简称"胡"):《再说长江》是近年来中国电视规模较大的一次制作,播出之后反响强烈,我们不妨一起来探讨这一值得关注的电视个案。首先从"重拍"说起。在电视剧领域,翻拍、重拍经典比较常见,比如"红色经典",但是其他各类电视节目似乎并不多见,尤其像《再说长江》这么大规模的重拍相当罕见。从 23 年前《话说长江》产生轰动效应,到 20 年后重新启动《再说长江》这一大型项目,有人说这是费力不讨好的事情,因为经典是很不容易超越的。您作为这一项目的主管台长,当时央视决定立项是出于什么考虑?

张长明(以下简称"张"):首先我想说说"重拍"的概念。《再说长江》并不是在原来《话说长江》的基础上,完整地对应着重拍,而是把长江作为一个载体。20 多年来,长江发生了太大的变化。20 多年前,长江三峡大坝还没竣工;20 多年前,重庆直辖市还未建立;20 多年前,青藏铁路还没通车;20 多年前,也没有南水北调工程。因此,今天的《再说长江》是以长江为载体来讲述长江，是在展示今日长江的过程中拿20多年前《话说长江》中的一些影像作为资料——这是我理解的“重拍”。长江也是我们的母亲河，也可以视作中华民族的象征，它代表着一种民族精神的指向。所以说，我们是以长江为载体记录现实，见证历史，给人知识，让人思考。当初，我们在策划这部片子时想要达到的社会效果就是要使观众接受并受到感染，最终引起共鸣。现在，我觉得要再加上两个字——“思考”，要让人们静下心来，细细地品味、静静地思考。思考什么呢？思考我们的国家、我们的民族、我们的历史、我们的情感，也包括我们个人的人生，因为20多年来我们的社会确实发生了巨大的变化。

胡：23年前的《话说长江》营造了收视奇观，这与当时的收视环境有密不可分的关系。也就是说，那时的电视由于频道、栏目、节目稀缺，常常可以产生“振臂一挥，应者云集”的效应。而今天我们在筹拍《再说长江》之时，周边的环境都已经发生了变化，大到外部的政治、经济环境，小到电视的收视环境，都不可同日而语。无论是风头正劲的“超女”，还是让人狂热的世界杯，观众的收视期待发生了很多变化，在这种媒介环境中，“细细品味，静静思考”会不会成为一种奢望？您怎么看待收视环境的变化对《再说长江》的影响？

张：我觉得应该用一种很平实的眼光和态度来看待这部片子，它并不一定一播出就要给人巨大冲击，而是要唤起人们对于我们的母亲河、对于我们这个时代发生的变化进行思考，不同年龄段的人可以从不同的角度去思考。

20多年前的《话说长江》之所以有那么大的轰动效应，其中一个原因在于那时人们的选择余地小。今天的电视荧屏和20多年前相比丰富多了，应该说人们对电视文化的需求更加能够得到满足。电视应该是一个丰富多彩的，能够让不同年龄段、不同文化层次的观众得到满足，让众多的人喜闻乐见的一个载体。人们的收视习惯是多种多样的，我们应该尊重并给观众更多的选择空间。我觉得，电视的功能是多样化的，有教育功能、服务功能、娱乐功能等，《再说长江》只是众多电视节目表现形式中的一种，一个大型的电视纪录片。一位观众给我们留言，“看了这部片子让我感到振奋，这是中央电视台的气派”。这句话让我们备受鼓舞，我觉得作为一个中央级的媒体就应该用大投入、大制作来表现这种厚重的、宏大的主题，满足观众的这种文化需求。《再说长江》内容涉猎很广，历史、人文、经济、自然都囊括其中，蕴含了丰富的知识，能够给予人们精神和文化的营养，启迪人们的思想，我觉得这是中央电视台责无旁贷的事情。

在这部片子里，我们没有结论式的语言，也没有拔高式的语言，而是采用了一种叙述式的语言，我们用一种真实、平实、朴实的语言来讲述长江——讲述长江的人，讲述长江的故事，讲述长江的变化。所以，《再说长江》会不会再现当年的辉煌并不重要，因为今天的观众有着多样的选择。但是好的作品是会流传的，它不会像一阵风一样，它会留下长久的记忆和无穷的感受。

胡：20多年来，电视的收视环境发生了变化。一方面，电视产品在丰富，功能多样化；另一方面，观众的接受、选择也多样化了。在这种情况下，就不好用原来只有一两套节目时的收视效果来衡量今天的节目质量，简单、表面的收视效果只能倒过来证明电视内容的丰富、电视功能的多样以及观众选择的自由。尽管如此，《再说长江》依然有着明显的不可替代的价值，这就是好多观众所说的“中央电视台的气派”。那么，如何理解“中央电视台的气派”，或者说这部片子如何体现这种气派？观众可能出于直觉而做出了判断，所以作为总监制的您提出的标准和要求是怎么样的？

张：看一个媒体的实力，就是看它的品牌价值，要说它的气派其实就在于它有没有这个品牌。中央电视台现在的发展方向是频道专业化，专业频道品牌化。怎么样才能产生品牌？我个人画了一个品牌创立的规律链条：品牌靠什么？品牌靠质量，质量靠创新，创新靠技术，技术靠人才，人才靠管理。我讲的技术既包括硬件也包括软件。我们生产的是精神产品，也遵循这样一个过程，综合循环，互相带动。要产生轰动效应，要有这样的气派，就得从中央电视台整体发展战略出发，从我们整个的发展链条出发，才能构成整体实力，打造品牌。从表面上看，《再说长江》是我们打造的一个有社会影响力和品牌价值的电视节目，但实质上是中央电视台多年来不断增强自身实力，不断引进高新技术，不断培养和锻炼优秀人才的结果。因此，《再说长江》不仅是近年来我们台推出的有影响力的纪录片之一，而且从某种程度上讲，它是我们事业发展的一种体现。中央电视台整体实力在提高、在壮大，因此才能体现出这个气派。

胡：表面看，《再说长江》是一个大制作，其实是央视多年经营的体现，您刚才说的几个“靠”很有新意：“品牌靠质量，质量靠创新，创新靠技术，技术靠人才，人才靠管理。”那么，从您个人的角度来说，《再说长江》在您30年的电视职业生涯中占据了什么样的分量？《再说长江》前后历经3年，从立项到拍摄、制作，都是在您宏观的把握和指导下进行的，您感觉难度或者压力最大的地方在哪儿？

张：就我个人而言，有生之年能够投入大量精力，围绕长江去做这样一个节目，意义很大，分量很重。因为《再说长江》触及了维系海外五千万中华儿女精神纽带的一个重要载体——长江。要把这部片子介绍到海外，甚至在海外的华人媒体中播出，让我们的海外华人华侨也能感受到长江的巨变，然后感受到中国所发生的变化、我们这个民族所发生的变化。因此，在接触这个选题的时候，它很自然地给了我一份厚重感，它在我的电视事业生涯中，是永生都不会忘记的事情。

当这个选题提上日程的时候，我是非常有信心的。从我多年的电视经验来看，选题成功就意味着片子成功了一半。为什么？因为它前面有一个别人无法获取的20年的影像资料，将这些影像资料和我们现在的长江结合在一起，它就有了非常强的历史纵深感，一下子就把20年的时间给连接到了一起。这是别的媒体所没有的，所以这个选题、创意一出现我就认为一定会成功。

在创作过程中，我没有给摄制组更多的压力，我就给他们留了6个字：真实、细节、情感。“真实”是生命也是灵魂，20年前拍摄的镜头是真实的，20年后还是要真实。“真实”里面包括了真挚、真情，这些都是融为一体的，真实地去表现人给长江带来的变化以及长江给人带来的变化。三峡，是不是长江给人带来的变化？那反过来三峡是谁建的？那不是人的创造吗？“细节”就是要有故事，要有那种很鲜活的、和人们生活贴得很近的、观众能够触摸到的生活。“情感”源于真实，“细节”给它支持。从目前的成片来看，这6个字基本上都做到了。我相信这个团队，这个团队聚集了全国20多个台的电视精英以及许多文化精英、专家和学者，都为这部片子做出了巨大的贡献。

胡：但是，难度也是显而易见的。第一，这部片子作为一个整体，要求大气、气派，这是33集的规模所要求的，它代表了央视2006年度的水准，即最新的技术、最新的影像、最新的电视话语和电视艺术的思维和创作手法。第二，您提到的6字要求——“真实、细节、情感”，既宏大又微小，在具体的操作中要做到由小见大，难度不小。从细节看，可能是个人情感；从宏观看，又必须升华为民族情感。真实既要展现局部的真实，但是又必须反映出一个时代的总体真实。

张：应该说，我们的编导突破了这个难度。比如，《告别家园》和《他乡故乡》，讲述的是三峡移民告别家园的故事，我反复再看的时候还是很感动！百万移民在世界移民史上是罕见的，百万人的情感、命运最后凝聚到冉应福和他一家人的身上，反映移民的这两集完全印证了“真实、细节、情感”。细节，如移民一到新住所，煤气不会使，锅都不会用，学骑自行车等，都给人留下了非常深刻的印象。一个细节能够让人记住一集节目。故土难离啊，生活这么多年的地方一下子要走了，能没有感情吗？一家人说清楚了，百万人家就说清楚了，说难度可能这就是难度。选到这样的典型人物就实现了突破。

胡：还有一个感兴趣的问题，我对您的职业生涯有两个非常深刻的印象，第一就是20世纪80年代初期，中央电视台成立经济部，您是第一任主任；第二就是您长期主抓对外宣传。经济发展更多的是偏内的，外宣则更多偏外。从经济的角度看，长江这20多年恰恰见证了中国经济的腾飞；从外宣的角度看，《再说长江》也肩负着弘扬中华文明的重任。我想请您从这两个角度来谈谈《再说长江》，是不是有一个“内外结合”的思路，即在电视经济报道和对外宣传之间寻找结合点？

张：在筹拍《再说长江》时，我提出一定要多表现经济。《话说长江》涉及的经济内容有限，大量的还是展示自然、文化、历史、文物、名山大川等。因为当时是20世纪80年代，经济并不活跃，万元户就可以成为全国典型，一个饭店转成个体餐馆也是全国典型。当时乡镇企业的概念还没有产生，那是一个特殊的历史时期。但这20多年来，恰恰是长江三角洲快速发展的时期。一个有目共睹的事实是，这20多年来中国最大的变化是经济社会的进步，是人们生活水平的改善，片中上海一对夫妇的账本是最典型的例证。因此，这部片子也是体现我们20多年来以经济建设为中心这个原则的一个成果。要表现长江，不仅要关注它拥有的丰厚的自然、文化、历史的东西，而且要重视经济的影响，这个片子必须表现经济的发展以及人民经济生活的变化，这是国家建设的成功之处。

此外，这部片子还要能够体现中华民族的精神内涵，比如崇尚群体、自强不息、人文关怀等。我们要实现中华民族的伟大复兴，第一步就是看精神。如果说没有中华民族优秀的传统文化，没有那种不屈不挠、不畏艰险的精神气质，我们很难实现国家发展的宏伟目标。片中，那些舞火龙、划龙舟的场景最能体现我们中华民族的精神。同舟共济，劲往一处使，长江巨变是由无数中华儿女共同创造的。没有这种自强不息的精神，我们的民族不可能发生这样的巨变。在《再说长江》拍摄、制作的过程中，我反复说到一句话，即片子的核心就是围绕“变与不变”。“变”，主要就是指经济、社会、生活的变化。要说自然景观变，你说乐山大佛变，它怎么变啊？你要看到大佛脚下的人在变。“不变”的是中华民族的那种精神。“变”既有长江给人民带来的变化，也有人们给长江带来的变化。

胡：最后，我想请您从个人的角度给《再说长江》一个评价，您觉得它在央视的纪录片史上占据什么样的位置？

张：我觉得可以用“鸿篇巨制”来形容《再说长江》。从它的内容看，选题是能够连接海内外中华儿女情感的长江，涉猎面非常宽广，充分展现了长江流域的人文、历史、地理、文化、宗教等。从形式上来讲，它是电视界首次探寻长江源头，中央电视台动用三架黑鹰直升机航拍长江源头，以影像的形式将源头的壮观场面展现在世人面前，这是建台史上没有过的。现在真正能够到达长江源头的全世界也不过30多人，但是从来没有人到那儿记录下影像，所以我们记录的源头影像应该说具有非常珍贵的史料价值。从拍摄手段来讲，我们采用了高清技术，水上、陆地、空中，全方位、立体式展示，中央电视台投入了大量的人力、物力、财力，大兵团作战。从表现理念看，我们采用了一种很平实的手法，它不仅让人们看到长江的变化，更给人们留下了连绵不绝的深层思考。这些思考能够启迪人们的心灵，这使《再说长江》超越了影像层面，获得了更加厚重的分量。从各种意义上来说，《再说长江》都值得静下心来，细细品味；静下心来，慢慢思索。它必将成为一部经典作品。

二、观看之道:《宇宙之旅》

人类从未停止过仰望天空,关于宇宙探索的天文科普类纪录片不胜枚举,但其中震撼人心的精品力作却不多见。由美国知名科学家、学者和纪录片人联手打造的《宇宙之旅》(*Journey of the Universe*),却能深深地吸引观众并赢得艾美奖最佳纪录片奖。这部纪录片之所以成功,是因为其并不停留在探索宇宙奥妙、讲授天文知识的层面,而是打破时空阻隔,将浩渺的宇宙与人类的命运联系到了一起。

从电视艺术创作的角度看,《宇宙之旅》没有追求大多数同类题材的"史诗性",是一部朴实、平常之作,其中既没有令人眼花缭乱的特技,也鲜见撼人心魄的影像画面。在50分钟的时间里,观众跟随讲述人——美国数学家、哲学家布瑞恩·托马斯,从希腊萨摩斯岛的黎明出发,在一天的时间里聆听一个关于宇宙、地球与人类历史变迁的故事。该片结构方式的巧妙之处在于打破时空分割,使远久与当下、抽象缥缈的外太空与地球上具体的事物不断地发生联系并产生对比,从而凸显其表达的主旨:宇宙进化的奥妙在于,万事万物始终体现着选择性、创造性、连接性和相互依存性。全片没有出现过一帧关于地球生态危机的画面,却让所有观者都意识到自以为是的人类中心主义如此荒谬,是时候检讨人与自然如何相处了。

尽管没有出现关于"环保"和"生态"的片言只语,《宇宙之旅》却卓有成效地激发了观众的"生态意识"。因此,这部纪录片的价值主要不在于它在天文学、地质学、生物学、生态学等领域中的科学发现,而在于它以严密的逻辑和实证研究触动了观者去反思宇宙、人类、未来,它超越了单纯的"科学探秘"。尽管片中也有对宇宙起源、星系运转以及地球、生命诞生的科学知识的介绍,但这一切始终围绕着一系列问题展开:对于宇宙140亿年的历史来说,人类究竟意味着什么?在地球的历史中,人类扮演着怎样的角色?人类与地球上精妙繁密的生命之网究竟有着怎样的联系?不仅如此,令译者任天倍觉亲切的是,这部外国人创作的纪录片所要传达的理念,与东方的人文传统与哲思有着许多相通之处,他简约地表达为:一沙一世界,刹那是永恒。140亿年前的"大爆炸",开启了漫漫的宇宙征程,地球上看似偶然的生命却有其必然性,天地化育万物,而万物之中正隐藏着宇宙的演化密码。就这一点而言,《宇宙之旅》的创作尽得中国传统美学中"得意忘象"的真谛,"此中有真意,欲辨已忘言",很自然地引导观者去思考:在环境危机和社会危机日益严重的当下,人类该如何重新定位人与地球、人与自然的关系?

在接受美学的视域中,所有艺术文本(包括纪录片)都具有不确定点和空白,属于

“召唤结构”,意义的生成最终必须依靠受众去体验、去“填空”。《宇宙之旅》正是一部以信息与观点为主体的作品,日常叙事式的开放式结构决定了它是一种吁请、呼唤,渴求被理解;而受众积极地应答,解读作品提出的问题,从而构成了“对话”。因此,《宇宙之旅》的价值更多地体现在它阐述了多种可能性,体现在围绕它展开的“填空”与“对话”之中。

纪录片《宇宙之旅》让人们重新思考了宇宙、地球和人类的关系,这无疑是对失落的人文精神的一次反思与追寻,为我们思考日益严重的生态问题提供了新的视角。

三、全媒体传播格局下的纪录片

“全媒体”作为一种明显区别于传统的传播格局,构建了一个开放、兼容并蓄的传播系统,它立足于现代技术的发展和媒介融合的传播观念,综合传统媒体与新兴媒体,在内容生产、媒介形态、传播渠道、媒体运营模式和营销观念等方面进行了整合性运用。①

需要注意的是,“全媒体”虽是媒介融合的产物,但并非是各种媒介手段或渠道的简单叠加,而是一种质变、一种新的传播形态。“全媒体”通过提供多种方式和多种层次的传播形态来满足受众的细分需求,使得受众获得更及时、更多角度、更多感官需求的新的媒体体验,其中就包括作为记录人类集体记忆、传承文明和文化的纪录片。人们从来没有像今天这样,能够如此方便、快捷地从网络上找到海量的纪录片资源。无疑,网络上的纪录片胜景是一个值得关注的现象。在新媒体的助推之下,曾经生存困难的纪录片提升了受众整合和市场营销的能力,不断变革生产、创作、传播的各个环节,传统电视全媒体平台化发展亦为构建纪录片的良性产业链提供了有力的支撑。

(一)全媒体拓展播出平台和分发渠道

纪录片的网络发展历程大致可以从 2008 年算起。2008 年以前,进入网络的纪录片寥寥无几,纪录片与视频网站之间的合作仅限于单一的栏目播出。2008 年年中,中文互联网业界的一家大型纪录片门户网站——良友纪录网正式开通,由专业纪录片运营商良友(北京)文化传媒有限公司承办。如今,该网站已经成为“中文纪录片第一门户网站”,它不仅为中国数亿网民在线收看提供了大量的纪录片视频资源,而且还搭建起了一个全方位涵盖纪录片产业链的网络平台。2009 年 8 月,搜狐视频通过与国内

---

① 姚君喜,刘春娟.“全媒体”概念辨析[J].当代传播,2010(6).

外大型电视机构及其版权代理公司合作，推出国内首个高清纪录片频道。2009年12月底，中国网络电视台正式开播，该网站依托中央电视台等媒体机构的纪录片资源，开辟了纪实频道。2010年9月1日，凤凰网纪录片频道开播。目前，除了上述几家以外，国内多家知名网站，如爱奇艺、网易视频、腾讯视频等均开辟了纪录片频道。①

2011年之后，新媒体在纪录片领域的竞争达到了一个新高度。搜狐视频、中国网络电视台、凤凰网视频、爱奇艺等开始推出网络媒体原创的纪录片。以前，这些网站主要是通过购买传统媒体现有的纪录片来满足自身对纪录片的需求，但随着市场的扩大、竞争的加剧和新媒体自身实力的提升，这些视频网站已经不满足于简单地购买播出过的纪录片了，纷纷投入资金推出自己的原创纪录片。2011年8月，搜狐纪录片频道推出中国互联网首档高端自制纪录片日播栏目《大视野》，根据网络新媒体传播特点而定制的网络纪录片开始出现。无疑，在这种竞争和发展的态势背后，是纪录片在新媒体中拥有的广阔发展前景，"钱途"被广泛看好。可见，新媒体的发展壮大，使纪录片的传播方式和传播格局发生了巨大变化。网络化传播和网络化生存使纪录片获得了广阔的发展空间，对纪录片来说，这几乎是它的一次"绝处逢生"。

纪录片与互联网融合的方式呈现多样化、加速化的特点。通过垂直型网站、门户网站、移动App、社交媒体，纪录片在网络融合方式上逐渐完善，从而有效地拓宽了纪录片的播映途径和市场渠道。2015年9月16日，抗战题材纪录片《大后方》登录腾讯视频，每天3集连播，两天之内新增点击量突破1,000万次，网络总播放量突破5,600万次，单集最高播放量85万次，单条最高播放量732万次，2万条网友跟帖评论。②

(二)平台转换提升受众整合力和作品原创力

为什么在传统媒体中生存艰难的纪录片借力新媒体，能焕发蓬勃的生机和活力？这需要我们回顾一下纪录片在传统媒体中的生存状况。

在很长一段时间内，与人气爆棚的综艺节目和拥有数亿观众群的电视剧相比，纪录片的收视率一直很低，可谓人气惨淡。长期以来，中国电视纪录片市场一直存在着一种难以理解的情况：随着社会发展和人民群众精神文化需求的提高，老百姓对纪录片的收视需求一直在增加，但是让从业者感到困惑的是，观众对纪录片收视需求的增加却无法体现在收视率上。这种情况使得纪录片不受广告商的青睐，也无法给电视台带来显著的经济效益。在这种情况下，无论是中央台还是各级地方台，纪录片一度被

---

① 何苏六.中国纪录片发展报告(2011)[M].北京：社会科学文献出版社，2011.

② 2015综艺年度纪录片《大后方》：还原抗战中国 致敬四万万民众[EB/OL].(2015-12-27)[2018-09-30]. http://toutiao.com/item/6232817354363896322/.

安排在深夜播出,进一步加剧了纪录片的生存危机,形成一种恶性循环。中国电视纪录片业界一直存在三个共识:纪录片一不赚钱、二没有收视率、三没有核心竞争力。纪录片被打上了“曲高和寡”的标签,陷入了既没有收视率,也没有资金投入的尴尬境地。

但是,随着新媒体时代的到来,市场对纪录片的有效需求被挖掘出来,并被网络整合成了一股巨大的力量,推动着纪录片的发展。造成这种变化的原因在于,新媒体为纪录片的制作与营销打开了一个新的空间,使得公众对纪录片的需求被释放出来。长尾理论认为,由于成本和效率的因素,当商品储存、流通和展示的场地、渠道足够宽广,商品生产成本就会急剧下降,以至于个人都可以进行生产,几乎任何以前看似需求度极低的产品,只要有供给,就会有买卖。这些需求和销量不高的产品所占据的共同市场份额,可以和主流产品的市场份额相等,甚至更大。这就是纪录片播出平台的差异所带来的截然不同的后果。

今天,中国网络电视台、凤凰网、搜狐、爱奇艺等网站的纪录片频道拥有大量的纪录片资源。通过网络传播,众多潜在的受众因为纪录片可以随时点播、反复观看而成为真正的受众,原先分散在不同地域的纪录片爱好者也因为收看的便捷性被有效地整合了起来,成为这些纪录片网站的忠实粉丝。一般认为,典型的纪录片受众以男性为主,其受教育程度、收入和社会地位较高。对任何媒体而言,这样具有较强话语权和消费能力的受众都是无法被忽视的,而拥有这样的受众对广告商而言也意义重大。拥有网络平台的新媒体发挥了纪录片跨时空、跨文化的传播属性,通过日积月累的点播量,纪录片频道逐渐成为新媒体有影响力的品牌,其人文品质和广告价值日渐增强,这反过来为新媒体环境下纪录片的长足发展提供了强大推力。

网络视频调查数据显示,在“网民最期待看到的视频内容”中,“纪录片”以高达35%的投票率排名第一。[①]新媒体不仅为纪录片市场带来活力,而且深刻影响着纪录片的内容和制作。近年来,随着纪录片视频网站的迅速发展,众多视频网站争相购买纪录片的播出版权。与传统媒体相比,这些网站对纪录片的种类和时长大多没有限制,巨大的需求量扩大了纪录片的传播空间,提升了优质纪录片播出版权的价格。胡智锋认为,“这对于扭转纪录片价格与价值严重失衡的市场起到了良性作用,为纪录片行业开辟了一个新的市场平台”,新媒体和纪录片的结合对于不温不火的纪录片市场来说意义重大。[②]

2013 年,中国纪录片进入全媒体营销时代;2014 年,纪录片在互联网发展的格局

① 胡伟雄.高质量高品位视频内容凸显商业价值[EB/OL].(2009-09-04)[2018-07-15].http://www.sohu.com/a/307989385_120136162.

② 韩业庭.新媒体给纪录片带来了什么?[N].光明日报,2012-05-02(7).

里被逐步边缘化;2015 年,新媒体纪录片开始突围并出现井喷;2016 年,网络纪录片进入平稳发展阶段,这一年,亮点频现。其中,全网纪录片(包括栏目和专题)的点击量为 114.2 亿次,占全网视频点击总量的 1.39%。

表 2-1　2016 年点击量最高的 10 部纪录片

序号	片　名	网络点击数(亿次)
1	地球脉动(第二季)	7.6
2	了不起的匠人	6.3
3	永远在路上	6.2
4	我们诞生在中国	3.2
5	寻味顺德	2.56
6	我在故宫修文物	2.0
7	新疆味道	1.27
8	本草中国	1.05
9	极致玩家	0.57
10	人间世	0.54

表 2-1 表明,历史类、美食类、旅行类纪录片最受欢迎,各大视频网站逐渐选择用高质量的纪录片来取代以数量取胜的状况。在纪录片的题材选择上,有的创作者致力于打"人情牌",选择了"接地气"的题材,如优酷土豆推出的温情纪录片《遇见你》。文化类的纪录片表现抢眼,在"工匠精神"的影响下,一批关于杰出"匠人"的纪录片受到追捧,如《我在故宫修文物》《大国工匠》等。与此同时,网络纪录片在多屏互动、跨媒体推广上有较大推进。在播放平台方面,其他平台也有相当可观的播放量。例如微信公众号"一条"定期推送文化领域的纪录片,"开眼"视频 App 定期推送从世界各地搜罗而来的优质纪录片。在传统媒体与新媒体的互动中,多平台的播出使得网络纪录片的播放量得到了较大增长。如在央视播放的《我在故宫修文物》反响寡淡,但在 bilibili 弹幕视频网站(下称 B 站)上却收到了超过 200 万次观看和近 9 万条弹幕的收视效果。此外,《我在故宫修文物》还在微博上设立话题,5 家视频平台参与传播,B 站还投资了电影版,让该片的持续热度超过了一年。

(三)全媒体催生制播一体式新型产业链

互联网改变了纪录片的生存状态,网络新媒体已经成为纪录片传播的重要平台,这一现状的改变将对纪录片的创作和发展产生重要的影响。电视媒体的全媒体平台建设，将使纪录片的发展呈现出新的特点。

第一，全媒体平台可以精准地满足受众需求，中国纪录片将从满足小众的需求走向覆盖更为准确的目标受众。在以传统电视媒体为主要传播渠道的情况下，收视率是最主要的评价标准，这注定了纪录片小众化传播的生存状态。而现在，新媒体搭建了一个互动的平台，它不但可以把爱好纪录片的受众有效地汇聚起来，而且为他们提供了开展讨论的公共空间。因此，技术的进步让纪录片的传播变得更为精准。

第二，全媒体平台为受众提供了全新的观看体验，海量纪录片资源让观众可以根据自己的需求选择收看时机和收看方式。电视媒体在播出纪录片的时候，观众只能在播出的时候观看，没有自主选择性。但是在新媒体时代，人们通过网络平台可以随时收看自己感兴趣的纪录片，摆脱了电视媒体在播出时间和播出频道上的诸多限制，具有自主性和便捷性。在一些大的视频网站上，取得百余万次点击量的纪录片越来越多，受众也可以自由点击、自由讨论。这种几乎不受限制的观看方式，为纪录片赢得更多的受众和市场提供了前所未有的可能性。

纪录片的网络传播彻底颠覆了传统的线性播出方式，并逐步与社交媒体联姻。纪录片通过微博、微信、微视等进行品牌宣传以提升影响力，有效实现社会化营销。纪录片利用网络的去中心化、非线性、多媒体化等特征，带给受众更多的感官体验和互动选择。

第三，全媒体平台降低准入门槛，为民间原创纪录片提供了播出平台，丰富了纪录片发展的土壤。在传统电视媒体上，受收视率节目评判体系和市场压力的影响，电视媒体无法为纪录片提供充足的播出平台，这在一定程度上制约了纪录片，尤其是民间原创纪录片的发展。而电视全媒体平台的建设，大大弱化了这种制约因素。许多视频网站鼓励人们上传、发布自己的原创视频，从而拓展纪录片的发展空间、丰富纪录片的内容。今天，随着技术和社会的进步以及 DV、手机等视频记录设备的普及，“全民记录”的时代已经来临。在 DV 技术和新媒体平台的支持下，网络短片、手机电影、微电影等新型纪录片形态取得了一定的发展，DV 文化已经走向了社会，也渗入了传统媒体。

商业视频网站开始作为生产主体全方位进入纪录片制播环节。从选题、策划、大纲、剧本、拍摄到后期的制作和播出，视频网站逐渐介入纪录片的整个生态链。作为视频网站的代表，优酷近年来先后推出的自制纪录片《侣行》《遇见你》《季录》，都赢得了较好的用户口碑和观看体验。

在播出平台上，越来越多的纪录电影进入院线，2015 年以产出 14 部纪录片的数量创下了近 5 年来的新高。以邓小平访美为主题的《旋风九日》放映周期持续了一个月;《喜马拉雅天梯》充分利用“大V”进行粉丝营销,营造话题和热点,使影片始终保持较高的市场关注度。最终,两部纪录电影均获得了超过1,000万元的票房,为院线纪录片的发展提供了可供借鉴的经验。

此外,纪录片的融资方式开始从以体制内政策支持为主向众筹转变。众筹的目的不仅是为作品筹集资金,更是对作品进行宣传预热,以形成黏度用户。这种方式可以对用户进行数据调研,从而把握有效的用户群体,更好地开发、利用纪录片的商业价值。获得第18届上海国际电影节金爵奖最佳纪录片的《我的诗篇》,就是采用边拍摄边筹资的模式,通过互联网实现了内容生产、网络点播、宣传营销、资本众筹,最终成为当年话题级纪录电影。显而易见,互联网思维已经改造了传统纪录片工作者的创作思维,用互联网的手段进行融资、创作、传播、宣传,是近年来新媒体纪录片的最大亮点。

综上,媒介融合在纪录片的收购、传播、营销等环节上推动着纪录片产业的发展,全媒体传播环境将为纪录片的发展带来新的空间和发展机遇,为构建良性产业链提供更有力的支撑。

第四节　栏目及频道建设

20世纪80年代以来,中国电视运作的层次与载体不断升级,先后经历了节目建设阶段、栏目建设阶段和频道建设阶段。目前,电视媒体运作的核心载体是频道。随着数字技术的推广和运用,频道资源变得十分丰富,媒体之间的竞争进一步加剧。在市场份额的争夺战中,一个突出的现象就是栏目的同质化、雷同化,这不仅造成频道资源的极大浪费,而且从整体上削弱了电视媒体的影响力。因此,电视频道要获得可持续的发展,就必须打造一批自主生产、具有原创意义的特色栏目,以建立别人无可比拟的核心竞争力。所以,如何开展特色栏目建设是频道竞争时代电视媒体决策者和管理者都必须面对的问题。

一、特色栏目:个性化、差异化、稀缺性

20世纪90年代中期以来,随着电视传媒市场化程度的不断加深,电视的内容与市场、观众的收视日益紧密地结合在了一起,一些以往在主流电视媒体中不太提及的字眼,成了这些年来电视媒体从管理者到每个工种从业者都关注的焦点,如产业化、集团化、市场、效益、效率、收视率、受众需求以及成本核算、营销、广告等。这个时期的电

视栏目建设，已经超越了原来意义上的“节目制作”，尽管栏目建设的主业还是节目制作，但是栏目向“两头”延伸的趋势日渐明显——一头是前期的策划、定位，另一头则是节目的播出编排、营销、后开发等。特色栏目建设逐渐成为一个频道的支柱，许多电视频道出现“二八规律”，即80％的成本投入20％的拳头栏目，20％的特色、主打栏目创造出80％以上的效应。特色栏目蕴含着巨大的无形资产，它可以支撑起频道的架构，提升频道的整体号召力。电视媒体重点建设个别频道，每个频道又主抓符合频道特质的特色栏目，这已成为当下中国电视一个不可逆转的潮流。

中国电视频道数量众多，每个频道又开设了许多栏目，那么什么样的栏目才称得上是特色栏目？笔者以为，特色栏目建设应该有以下三个要点：

（一）个性化

所谓栏目的个性化，就是指栏目拥有自己独特的传播内容和表现形式，进而拥有自己独特的风格。栏目的个性化是电视频道依据整个频道而确立的内容定位、文化与审美的品格定位以及形象定位，结合预期受众完成的对于自身的设计。电视栏目个性化，是对当下业界存在的栏目相互“克隆”现象的积极回应。要获得成功，必须结合电视栏目特定的生存背景、创作环境及各方面条件，进行精心的设计和策划。

栏目要实现“个性化”，定位最重要。电视栏目应当有独特的分工定位，在这个前提下去找热点、聚焦点和亮点。这种定位体现在内容、选题、风格、样式等许多方面。

以电视栏目的定位为例，它包括两个方面，一是内容的定位，二是对象的定位。简单来说，内容定位就是“做什么”，对象定位就是“给谁看”。例如，中央电视台经济频道于2000年创办的《对话》，其内容定位于“经济、前沿、高端”，对象定位于社会精英。鲜明的内容定位和对象对位，使《对话》成为一档富有独特个性的栏目，尽管收视率不高，但却俘获了一众品位较高的观众。《对话》的收视率在中央电视台经济频道中位居倒数，但分钟创收率却排正数第一。准确、独特的内容定位使《对话》的广告价值提炼得越来越高，用极低的收视率实现了极高的广告价值。

（二）差异化

所谓“差异化”，是指在同类型的栏目形态中通过比较而产生的不同。如前所言，当下的电视内容生产已进入“产品”时代，“差异化”之路，其实就是商业经营理念中基于市场细分基础之上的“错位竞争”。有学者认为，商家在细分市场目标时，可以通过商品、形象、业态的错位，巧妙地避免正面冲突和恶性竞争。在同一商圈内部的各企业之间以及商圈与商圈之间开展错位经营，既能体现不同商圈的经营特色，又能为消费者提供细分化、多元化的服务，从而提升整个商圈的功能和等级。简而言之，所谓错位竞争，就是“你干什么我不干什么，你这么干我那么干”。错位竞争是一种互补性的竞争方式，其代价低、风险小，通过寻求市场空白点，力求形成自家特色。

“差异化”的实现，往往未必是“内容”层面的突破，其主要考虑的是如何在同一内容中选择特殊的样式和风格。《经济与法》是中央电视台经济频道一档以“用案例说话，推进中国市场经济规范进程”为宗旨的专业经济法制栏目。从内容定位来看，其虽为经济话题，但却在表现风格上吸收了法制类节目的可视性、故事性、娱乐性，从而使自身区别于《今日说法》和《法制在线》。一般来看，大多数法制节目关注的是大案、要案或涉及刑事责任的案件，而《经济与法》选择的却是广大电视法制节目工作者很少触及的、与经济活动密切相关的民商类案件。在节目形态上，《经济与法》选择了复杂案件，以讲故事的形式向观众娓娓道来，对经济领域中的民商类案件涉及的法规做出透彻的解析，并对案件立意和主旨进行深入的挖掘，最终形成了栏目“理性至上”的原则。

“差异化”说明栏目有许多可以突破的空间，正因为如此，同样是民生新闻，《南京零距离》与众不同；同样是情感谈话，《艺术人生》特色鲜明；同样是读报，杨锦麟、马斌、孟非各有千秋；同样是“真人选秀”，《梦想中国》和《超级女声》拥有不同的“粉丝”。市场细分，观众多元，给特色栏目建设提供了广阔的发展空间。

（三）稀缺性

特色栏目建设要善于挖掘独家资源，这种“独家”常常体现为权威性与排他性。

比如，《焦点访谈》之所以成功，是因为其资源的独家性，这种资源既包括央视国家媒体的播出平台，也包括政府的大力支持。2002 年，国务院办公厅正式开设了《焦点访谈》督查情况反馈机制。《焦点访谈》每天通过热线把节目传送到国务院办公厅，由办公厅整理成文件分送有关领导，如果领导有批示，或者节目产生了很大的社会反响，那么国务院办公厅就会督查相关省份解决问题。这种针对《焦点访谈》设立的督查反馈机制，是中国电视栏目里的“独家”，它把舆论监督纳入整个监督体系当中，把舆论监督和行政监督成功对接。正因为如此，《焦点访谈》历久不衰，其稀缺性提升了栏目的含金量并建立了不可替代性。再如，山东电视台齐鲁频道的《提案追踪》栏目，选题由山东省政协提供，同样具有一定的权威性和排他性，巧妙地把电视媒体的舆论监督和政协的民主监督功能结合在了一起，使该栏目一直保持着较高的收视率，并多次获得奖项，种种出色表现也是稀缺性在特色栏目中的佐证。

可以说，个性化、差异性以及稀缺性，是判断一个栏目是否具有发展潜力的关键因素，是能否建成特色栏目的重要依据，也是建设特色栏目需要着重把握的要点。那么，如何打造特色栏目，或者说建设特色栏目的突破点又在哪里呢？笔者在此提供以下几点思考：

第一，更新观念，灵活应变。

要建设特色栏目，首先要树立“特色”观念。要在电视“产品”时代获胜，不存在一成不变的模式，也没有一劳永逸的手段。从表面看，电视是大众传媒，自然是受众越多越好，但是如《对话》走高端路线，影响“有影响力的受众”，就是一种逆向思维在电视传播中的成功实践。中国的电视观众有9亿之多，客观地说，这些经过电视文化熏陶并已经形成恒定收视习惯和收视取向的受众，已经有了初步的层次之分。尽管这种分层还在进一步细化，同时处于很不稳定的状态中，清晰的受众分类市场的形成还需要时间，但是，建设特色栏目必须依据频道的目标诉求，理性地正视这一现实并做出自己的判断。在受众定位上，到底是彻底降低门槛，让老百姓介入，以贴近性和实用性来赢得观众，还是强调“专业”，走窄播路线，都需要依据具体情况进行判断。

《百家讲坛》曾一度临近末位淘汰，但经过栏目观念的转变，该节目从学术讲坛变成了大众课堂，从专业化走向了社会化，高居象牙塔的学术大家换成了富有魅力的讲课能手，最终获得了大众的认可；中央电视台经济频道，原本应该定位于专业化的财经频道，经过最近的几轮改革，特别是栏目编排的调整，显得越来越有活力；科教频道的《走近科学》，从最初较为枯燥地讲解抽象的科学知识，转变为以“故事、悬念”的理念去拍摄、制作，尽管科学理念、普及知识的主旨没有变，但节目的观赏性大大增强，收视率有了一定的提升。

第二，整合资源，素材增值。

一个电视频道要打造自己的特色栏目，需要仔细盘点自己已有和可能拥有的资源，并进行重新配置和整合，才能推陈出新，实现资源利用的效益最大化。这些资源包括人才、技术、资金、节目素材以及相关的有形资产和无形资产等。有的资源是独家的，有的资源是挖掘出来的，有的资源则是自己长期经营形成的。

比如，中央新闻纪录电影制片厂推出的《重访》，聚集了它所拥有的大量与新中国相伴相随的重要时政影像资料，这是它独家的资源优势。中央广播电视总台新闻频道的独家资源，是一批全国知名的播音员与节目主持人，如康辉、海霞、白岩松、阿丘、崔永元等，这是其他媒体不可比拟的。再如，凤凰卫视的海外华人资源、港台资源都是独家的；广西卫视利用独有的民族资源，推出《寻找金花》等特色栏目，逐渐打响栏目名号。还有一些资源，则是利用旧有或者别人的素材，重新整合，从而打造特色栏目，如前文介绍过的《记者档案》和《传奇故事》即属于此类。还有，湖南卫视扣准电视媒体的“娱乐”功能，围绕“娱乐”苦心经营，最终获得了观众的认可，“快乐中国”成为其口号，也凝练成自己的娱乐资源，这种资源虽然不是天生拥有的，但一经开掘并获得认可，其价值很快就呈现了出来。

第三，执行到位，管理创新。

一个特色栏目的整体战略最终要靠一流的执行力实现。“真人秀”节目的首创不是《超级女声》，但是《超级女声》获得了极大的成功。通过总结其成功的经验，可以发现关键在于优秀的电视制作队伍和策划营销配合默契、互相推进。上海克顿顾问公司董事长兼首席执行官吴涛评价说：“《超级女声》的成功可以理解为在正确的时间、正确的地点面对正确的受众，运用正确的手段，在一个正确的平台上进行了创新的重点战略行动。因此，特色栏目建设的成功与否，执行力是关键。”①

每个事物都有自己生长、发展、繁荣、衰退的生命周期，特色栏目要实现生命周期的延展，科学的管理机制十分重要，要在节目人员、分配制度等多个方面探索出新意。比如，节目优劣考评制度，可以通过阶段性的栏目内部评估，形成级差以促进内部竞争，不断地提升节目质量和水平。江苏卫视的《南京零距离》将热心观众培训为新闻“线人”、通讯员，让他们加入新闻采集队伍，完成新闻源的社会化，打破了旧有的封闭的新闻制作流程，不啻为一种创新。针对社会需求、市场存在的空隙，《南京零距离》发挥媒体的沟通搭桥功能，甚至直接履行了服务社会的职能。例如，组织培训有一定厨艺的下岗职工，并将其直接输送到急需厨师的餐饮业，这些举措无疑是节目在创新方面做出的有益探索。

需要说明的是，对于频道如何打造特色栏目还停留在静态的分析层面。现代传媒的竞争已经进入品牌经营时代，电视栏目没有特色显然是无法生存的，但仅有特色还远远不够，在节目过剩的时代，受众首选的标准就是偏好和忠诚度，即品牌。特色栏目的目标是建立品牌，是凝聚自己的独特性、稀缺性、优质性甚至不可替代性。电视栏目的品牌是借助大众传播手段构建的，与其他商品有着很大的区别，由于受众日常接触多、关注度高，因此只要有一两次节目质量下滑，就可能导致品牌贬值，业界对此必须要有清醒的认识。特色栏目的建设不是一朝一夕之事，“品牌”的构建和维护需要具体落实到一系列制度、策略中，这是频道在发展特色栏目建设中的另一个重要议题。因为，只有成为品牌栏目，才能提升其有形和无形资产，使频道获得可持续发展的、长久的生命力和竞争力。

案例：《经济与法》

《经济与法》2003 年 2 月开播至今，是一档“以案说法”的专业经济法制

① 王甫，吴涛，胡智锋.2005：中国电视备忘录[J].现代传播，2006(1).

栏目,从电视内容生产的角度看,似乎存在许多天然的劣势:既无“大案要案”和“现场追踪”的视觉冲击,在叙事上也没有探秘类节目的设计与趣味,形态上更缺乏娱乐节目的诸多“噱头”和“看点”;“一天解析一个案例”,“案例”均是审判完毕、已有定论的结案,看上刻板而又机械;“用案例说话”,“说”的又是冷冰冰的“规则”二字。把这些因素综合起来,很难想象《经济与法》如何在激烈的电视栏目竞争中求得生存。然而,就是这样一档强调“理性精神”“均衡的话语权”“规则至上”的“专业”电视栏目,却一步步走进观众视野,并且赢得了司法系统和法学界的高度认可,收视率和影响力不断攀升,成为中央电视台经济频道晚间黄金时段的主打栏目。

笔者以为,《经济与法》这样一档原本存在许多“先天劣势”栏目的成功,显然离不开诸多突破与创新,但是它对其他电视栏目的启迪意义,在于它回归并遵循了电视内容生产的普遍规律,并且把电视栏目成功的普适性要素,以持久、坚定的执行力贯穿始终。在这个意义上,《经济与法》不失为成功电视栏目颇具说服力的一个样本。

(1)“差异化”策略创特色。之所以不说“内容为王”,而是强调“差异”,是因为只要仔细分析一下《经济与法》开播之时中国电视法制类节目的现状就一目了然了。当时,全国地面频道有300多个法制栏目,省级卫视有近20档日播法制栏目,中央电视台的《今日说法》和北京电视台的《法制进行时》已经形成了相对固定的收视群体。法制节目的竞争已经颇为激烈,“法制”内容已经不再是收视率的天然保障。

所谓“差异化”,其实就是商业经营理念中基于市场细分基础之上的“错位竞争”,即“你干什么我不干什么,你这么干我那么干”。错位竞争是一种互补性的竞争方式,通过寻求市场空白点,力求形成自家特色。差异化竞争的实质是使栏目具有一定程度的“不可替代”的内在品质,从而凸显栏目特色、实现突围。

具体到电视栏目而言,差异化又表现出不同的层次和阶段,如内容差异化、栏目形态的差异化以及品牌塑造的差异化等。开办之初的《经济与法》抓住了广大电视法制节目工作者很少触及的、与经济活动密切相关的民商类案件,在法制与经济之间找到了较佳的契合点,首先在题材选择上实现了“差异化”,赢得了自己的生存空间,为栏目对相关选题进行深加工并实现可持续发展奠定了基础。

《经济与法》的成功运作,在于一方面认真研究当时类似节目的内容、形态，另一方面瞄准靶子，即受众的“期待视野”，再结合自身的资源优势（和最高人民法院的联系），实施差异化的竞争策略。《经济与法》内容定位上选择了经济话题，在表现风格上吸收了法制类节目的可视性、故事性，从而从一大堆相互模仿、缺乏个性的栏目中“跳”出来，成功发现并开拓了“蓝海”。

市场细分，观众多元，给电视栏目的差异化提供了多种思路。所以说，差异性无处不在，具有普遍性，其难度在于选择出那些既具有竞争力又具有操作性的差异性。

(2)“大众”定位赢取市场。一档电视栏目，是不是只有专门针对特定的电视受众，才能提升其到达率？“市场细分理论”与“分众化”传播理念的核心是研究并尊重对象的差异性，提供有针对性的服务，从而使传播效果优化。但是，这个看似逻辑严密的理论在实践中却难以实现，因为从频道层面看，备受诟病的“千台一面”和“专业不专”，乃是无法规避的媒介现实，前者是趋同性，后者是综合性，二者顽强地粉碎了专业化的神话。

中国的电视观众有9亿之多，客观地说，这些经过电视文化熏陶并已经形成恒定收视习惯和收视取向的受众，已经有了初步的层次之分。但是，这种分层还在进一步分化，同时处于很不稳定的状态中，清晰可见的分类受众市场的形成还需要时间，每个电视媒体和电视栏目都必须正视这一现实才能生存下去。此外，目前我国绝大多数电视频道仍以广告为唯一盈利支撑，频道专业化目前只是一种美好的企盼，在此背景下的电视栏目如果想当然地把目标受众定位于“特定人士”，不仅会作茧自缚、事与愿违，某种程度上也违背了电视规律。

市场既未细分，营利模式未变，传播远未“分众”，因此，“大众为本”的定位是电视栏目发展壮大的不二法则。《经济与法》立足于当下媒介现实，不断培育和发展观众，节目收视率的不断提升对此做了最为生动的注解。

以2005年3月28日《经济与法》的改版为例，改版后的《经济与法》收视率提升了60%，新增的观众主要为女性；从24岁到55岁、每15岁为一个阶层，三分天下，占了80%的收视群体，其中男性占了51%，女性占了49%。可见，节目大众化带来了更好的收视表现。

在当下的媒介现实中，电视栏目理应争取最普遍的受众。《经济与法》对此有着清醒的认识。它虽然是一档专业性的经济法制类栏目，但并不把目标受众锁定于特定的“专业人士”，栏目组强调节目的“好看+实用”，尽可能地吸引大多数观众。栏目要好看，首先要强调运用一切有效的创作手法来提升节目的可视性。用生活的眼光看经济案件,具体到节目表现上,就是强调结构性、故事性,以叙述者的语态锻造栏目的表现力,彻底摒弃高深、晦涩、专业的叙事方法。其次是"实用",把"以案说法,规则至上"作为价值取向,使每一期节目都能让观众明白一些法律规则。

(3)"质量控制"塑造品牌。一个电视栏目如何才能保持长久的生命力,获得充足的能量和动力?如何在市场和观众中保持相对稳定的占有率?关于打造栏目品牌的策略、方法,各方分析较多,在此不做赘述。但要特别指出的是,品牌是整体的"经营",而这一切离不开两个前提:一是节目本身的"品格",二是科学、有效的管理。对此,《经济与法》探索出了一整套适合自己的节目质量控制和生产管理体系。

首先,只有保证了每一期节目的"品质",才能塑造出栏目的品格。何谓"品格"?丹尼尔·贝尔认为,"品格"是"道德准则和严肃目的的合成物"[①]。《经济与法》正因为长期致力于锻造自身独有的品格,才使"经济人的法律顾问"这一自我形象定位最终被观众接纳并认可。与此同时,栏目致力于通过编排方式的调整和特别节目的打造,模糊了原来日常节目和非常规节目的对峙状态,精心策划并推出了一系列及时而有影响力的专题、系列,很好地凝聚了观众的收视注意力,大大提升了栏目的影响力。比如,"3·15依法维权特别节目"首次揭露手机短信强制消费行为;"经济诈骗"系列报道,逐一揭示了合同诈骗、金融诈骗、销售诈骗等10种市场骗局;2003年年底推出了首届"2003中国法官十杰"评选活动;2005年世界知识产权日推出了"4·26保护知识产权特别行动"等。2005年年底,《经济与法》推出的特别节目《执行,正在进行》和2006年2月27日至3月7日再次推出的"两会"特别节目《和为贵》播出后,受到公众和各地法院系统的高度评价,已经成为栏目新的收视增长点。

其次,通过创新管理方式,不断推进栏目的平稳提升。电视栏目品牌的构建和维护具有自身的特殊性。严格的质量管理体系,确保节目质量的相对稳定是塑造品牌的重中之重。

《经济与法》栏目率先引入企业化管理制度,告别"人治"走向"法治",栏目组制定了各种规则,用规则规范和约束每个人的行为,从节目人员、分配制度等多个方面考量每个人的业绩;推行有效的激励机制,诸如节目优劣考评

---

① 贝尔.资本主义文化矛盾[M].赵一凡,等译.北京:生活·读书·新知三联书店,1989:34.

制度、阶段性的栏目内部评估、形成级差以促进内部竞争等；强调人性化管理，营造团队文化，鼓励公开、公平、公正和平等竞争。此外，《经济与法》栏目组还注重节目创作人员的培训等，种种举措都保证了栏目质量的平稳与提升。

需要指出的是，《经济与法》的成功经验，反映了电视栏目在激烈的市场竞争中得以生存与发展的共同规律。在遵循规律的基础上，栏目最终的成败将取决于团队的执行能力。

二、频道专业化：内容与品质

当电视媒体的运行从节目时代、栏目时代进入频道时代，“在一个以频道为基本竞争单位的电视时代，我们需要的不仅仅是一个栏目的无限活力，我们还需要一个频道的无限生机；我们需要的不仅仅是一个栏目的品牌效益，我们还需要一个频道的规模效益；我们需要的不仅仅是一个栏目生产的有序状态，我们还需要一个频道的集约化生产”[①]。

尽管现在有一种声音，呼吁各电视频道走专业化道路，但是具体的实施却远没有那么简单。孙玉胜曾从“营利模式”的角度分析：尽管分众化时代已经来临，但就电视而言，分众化的营利模式还不存在，因此中国电视频道专业化还只能是理论界的一厢情愿。但无论怎样，电视的研究也应当浸泡在实践中，理论是对实践的总结，“闭门造车”式的“专业化”理论，是无法作为检验标准和操作手册的。

由此可见，在我国电视频道仍以广告为唯一盈利支撑的现有电视体制下，中国的电视频道不可能做到彻底的“专业化”，只能是“准专业化”和“半专业化”，专业化程度也不是“安身立命”的第一要素，不应该操之过急。从“内容为王”的角度看，我们不妨以务实的态度把“专业”变通为内容的“专门”，即相对明确的分类，采用一种便于观众选择和收看的方式来制作节目。基于上述认识，我们不妨以 2005 年央视经济频道的改版为例予以探析。

诞生于 1973 年 5 月的中央电视台第二套节目（CCTV-2，经济频道），在央视诸多频道中一向引人注目，其分别在 1996 年、2000 年改版，2003 年 10 月更是以惊人之势进行 30 年来第三次大修整，2005 年 3 月再次改版。由于 2005 年的改版距离 2003 年

---

① 吕正标.一个频道化运作的案例：CCTV-经济频道“十一”长假收视成功探因[J].现代传播，2004(6).

的10月大改版仅仅相隔16个月，因此引起了业界和学界的极大关注。总的来看，经济频道改版最显著的特点在于：第一，每次“开刀”都是在良性运作的情况下进行的，而且收视和市场都有可喜的回应；第二，改版的频率日渐加快，调整幅度明显加大。此次改版既有新栏目的增加，又有旧栏目的改造，除了扩容《开心辞典》《幸运52》《非常6+1》等老牌栏目之外，还将晚间黄金档的《前沿》《生活》整合为一体，并推出《财富故事会》《今晚》《超市大赢家》等实验性栏目。梁晓涛认为，“频道改版应成动态和常态”。学界和业界争议的焦点也直接指向“改版频率”：频道改版的核心到底是“因变而变”还是“为变而变”？接下来将结合经济频道的改版，探讨当下电视频道的生存与发展策略：究竟以何为本？究竟何以称王？“以何为本”是指频道安身立命的“看家本领”，“何以称王”则指向频道长盛不衰的“制胜法宝”。

（一）频道以何为本？曰：内容为王、大众为本

1.内容为王

“内容为王”是句老话，谈来说去似乎缺乏新意，但其含金量就在于管用。CCTV-2在2003年改为“经济频道”绝非心血来潮，其意在“资源整合创造出频道品牌”，向专业化方向迈进。在资讯、服务、财经、深度资讯、益智娱乐等五大节目版块中，显然有着明显的“非经济”因素。对此，经济频道强调：“台领导明确，经济频道以‘大众、综合、实用’的大经济观作为频道定位的核心理念。频道呼号的改变并不是频道定位的窄化，经济频道也不是纯财经频道。”

显然，即便在“大经济”的概念之下，经济频道还包含着明显与经济无关的益智娱乐类节目。《开心辞典》《幸运52》毫无疑问属于综艺娱乐的范畴，与“经济”界限明显。但是，经济频道为何没有拿掉这类节目，以便更显“专业”呢？显而易见，经济频道难以舍弃的是这两个品牌节目所带来的高收视率及广告效益。同样不争的事实是，CCTV-2虽然名为“经济频道”，但事实上它依然是一个综合频道，这五大类内容依然没有超出“经济·生活·服务”的范畴。显然，经济频道举“专业频道”的大旗，行综合频道之实，“项庄舞剑”，意在利益，即尽可能获得高收视率和高额利润。经济频道做“大经济”，而不定位于专业的“财经”频道，就成了理性分析媒介环境的明智抉择。现在回到“内容为王”上来，作为“大经济”的经济频道，如何理解“内容”二字？笔者以为，一是实用，二是好看。实用是指资讯信息的便民性，好看是指节目形态的可视性。

“实用”的内容决定了“资讯”成为经济频道中的高频词，快速跟进生活中消费者关心的热点问题，提供全方位、有深度、更实用的经济报道。经济频道既不是政府或官员

视角的“经世济国”，也不是商界或企业视角的“投资经营”，它与每个人的实际生活直接相关。那么，如何实现“好看”？在理念上，要立足于用生活的眼光看经济；在表现形式上，强调多元化、娱乐化，以服务者的姿态打造栏目的亲和力，彻底摒弃高深、晦涩、专业的姿态，以轻松、愉悦作为栏目的追求。可见，经济频道的改版，在内容的选择上我们至少可以用“一番苦心，理解万岁”来作答。

2.大众为本

正如前文所述，中国电视的受众已经开始分层，并有进一步细化的趋势。但同时，这个过程也处在变动中，要形成成熟的受众分类市场还需一段时间。因此，经济频道完全有理由放眼大众，理直气壮地追求最广泛的观众和更好的收视效果。

但需要指出的是，正朝着“专业”方向努力的经济频道，在节目的定位上应做到内涵准确，缩小外延，从而激发大众对经济某个领域可能的兴趣。举例来说，微观经济包括关心民生、关注市场动态；宏观经济包括扫描国内外经济趋势，以“大众为本”的经济频道要求介入老百姓的日常经济生活，洞开关注民生的全新视野。如改版后的装修类节目《交换空间》，关注的就是年轻人普遍关心的房子装修的热点。

(1)在受众定位上，因为经济频道面对的是一群没有特定年龄段与收入水平，又不具备大体一致的知识结构的受众群，所以经济频道必须彻底降低经济新闻的门槛，让老百姓都能看懂；同时强化节目的服务功能，以贴近性和实用性来赢得观众的青睐，即“以百姓的眼光看经济，用平民化的手法解读经济”。

(2)在内容选择上，只要是与老百姓日常生活息息相关的衣食住行、投资理财、消费维权等方面的内容都应被纳入编导的视野，成为节目关注的对象。这部分内容应该在经济频道中占有相当大的比重，如此次调整将几个栏目全部重新整合成为加长版的《生活》。

(3)在题材处理上，许多栏目充分考虑了普通观众的收视心理，融合了各类节目的特点和长处，将经济题材的节目做得饶有趣味，引人入胜。如早间经济资讯节目《第一时间》，重点突出了“经济味、早间味、人情味”，内容不仅从经济的角度出发，同时还兼顾心理上的贴近性，播出大众关心的话题，在表达上采用社会新闻的“笔法”，即讲究人物化，突出故事性、戏剧性。主持人亲和、清新的风格也一扫经济类节目的沉闷气氛，很容易拉近与观众的距离。

市场既未细分，营利模式未变，传播远未“分众”，因此，“大众为本”才是经济频道安身立命之本，先做大，再变强。经济频道的此次改版，立足于当下的媒介现实，认识到电视体制不可逾越的“市场”鸿沟，大胆地抛弃了“专业化”的枷锁，表现出了务实和理性的态度，堪称改版之优秀典范。

(二)频道何以称王？曰：品格为先，变化为道

1.品格为先

一个频道如何才能保持长久的生命力，获得充足的能量和动力？如何在市场和观众中保持相对稳定的占有率？许多学者提出了经营品牌的概念。要特别指出的是，品牌是对整体的“经营”，而这一切的前提是节目本身“品格”的塑造。经济频道正因为长期致力于锻造自身独有的品格，才使它显得卓尔不群，不断创造着“心有多大，舞台就有多大”的无限空间和可能。在长期的经营中，经济频道逐渐形成了被观众认可的“品格”，这个品格可以概括为服务、时尚、娱乐。

“服务”是经济频道自诞生起就倡导和坚持的“品格”，无论是节目内容还是表达方式，经济频道始终不渝地“贴近实际，贴近生活，贴近群众”，此次改版同样也是力求满足百姓多方面的需求，树立了“贴近百姓需求，贴近百姓最实用的需求”的核心目标。多年来，经济频道“全心全意为观众服务”的品格已经内化在每一个栏目、节目甚至电视元素中，从而构建了频道真正的公信力，为自己赢得了一批忠实的观众。

“时尚”是经济频道最为鲜明的个性品格。中央电视台一向以“稳重、持重、厚重”的形象示人，而经济频道之所以显得醒目、抢眼，给人以标新立异、与众不同的印象，无疑源自它对“时尚”品格的执着追求，而这种“时尚”品格也给严肃的中央电视台增添了鲜亮的色彩和充沛的活力。经济频道的节目，无论是演播室设计、场面调度、主持人形象和语言风格等细节之处，还是大的节目形态如《开心辞典》《幸运 52》等都洋溢着清新和创新的气息。因此，深究下去我们会发现，这种“时尚”品格其实正源于“不满现状、敢为人先”的开拓精神和创新勇气。

需要强调的是，“时尚”因为“开风气之先河”，站立在潮流的风口浪尖，许多时候不可避免地会带有“精英”色彩，“时尚”的诉求因为直指“前沿、前卫”，就可能和大众的接受产生一定距离，因此，追求时尚也就带来了收视的风险。如果过分“时尚”，就可能丧失大众从而影响收视率；如果过分照顾大众，就会影响“时尚”的品质，与经济频道“锐意改革”的风格不相协调，因此，经济频道必须找到一个平衡点，使“时尚”成为大众的风尚，才能避免“时尚”品格和收视份额产生冲突。令人欣喜的是，根据央视索福瑞的调查数据，经济频道此次改版，收视率再次提升，从原来全台的第七、八位上升到第五位，这充分说明它找到了很好的支撑点，既保证了对“时尚”品格的坚守，又照顾到了市场的积极反应。

“娱乐”品格在经济频道的突出表现，一直深受观众欢迎，说明它实现了对媒介本

体意识的一种回归。传媒不仅是人类交流信息的载体，其本身从诞生起就具有天生的娱乐性。近几年对于电视节目商品性的强调，更加深了人们对传媒娱乐功能的认识和需求。纯娱乐节目在经济频道的成功翻新和继续发展，极大地满足了观众的这一收视需求。新版经济频道亮相荧屏后，我们不难看出，娱乐功能在该频道中进一步增强，除了原有的《开心辞典》《幸运 52》之外，《非常 6＋1》也得到加长和加强。此外，娱乐化的包装手法也被更多地采纳，网络传播的全新编排模式被巧妙利用，悬念、动感、刺激消解了电视原有的说教面孔，令观众在轻松、愉悦的气氛中消除压抑和紧张，获得心理和精神上的满足。改版后推出的《财富故事会》大量采用主持人戏说人物故事和情景再现的手法，使节目显得生动、有趣；《今晚》对“喜闻乐见”的幽默呈现，让人耳目一新。

可见，只有一以贯之地锻造“品格”才能成就“品牌”，使频道走得长远并且稳健。经济频道为了达到对“服务、时尚、娱乐”的追求，一直有着清醒的意识和高超的技巧，这使它获得了区别于其他频道的独特“气质”，成为一种超越时空的品位和文化。“付出终有回报”，经济频道对于“品格”的坚持和提升，还将在以后的“王者征程”中继续显现它的魅力和威力。

2.变化为道

变化是发展和创新之道，需要商榷的是何时变、变什么和怎么变的问题。何时变？以前的“变”，时间间隔最起码是几年，而近来经济频道几乎做到了“随时改”，其改版不再有周期性。那么如何把握“变”的时机？中国有句话：穷则变，变则通。显然，身处瞬息万变的信息时代，如果等到“穷”的时候，“变”则晚矣，所以“改版”和“微调”应该成为一个常态化、经常性的动作。但是，必须说明的是，这种“变”应该是谨慎的，要建立在前期充分调研的基础之上。毕竟，新栏目的推出存在知名度的扩大期和渗透期，观众也需要一定的时间来了解和认识新栏目，节目改版不能令观众眼花缭乱、无所适从，除旧布新既要勇气更要智慧。

变什么？怎么变？简而言之，变脸不变心。心，就是“内容”及通过内容呈现出来的“品格”；脸，则是外在的形态。具体来说，比如主持的风格，《今晚》更偏向于自然的说书、演绎方式，《财富故事会》不再是正襟危坐，而是真正营造好的交流气氛，并从情和趣中发掘生活哲理。再如，编排方式不妨灵活多变，模糊日常节目和非常规节目的对峙状态，大量推出专题、系列、特别节目，“引爆”重磅节目，如构建“模特大赛”和“年度经济人物评选”等媒介事件凝聚观众收视注意力。又如，变“态度”，主动放下国家台的姿态，不仅学习国外，而且借鉴地方台经验，研究市场，重视观众，丢掉架子，成就气度和风范。此外，还可以改变投入产出比，降低成本，力求效益最大化。当然，改版不是救命稻草,更不能成为一种“冲动”,改版必须讲究理性和科学,要建立在充分的调研基础之上。

变,是活力和创新的来源,正是常变常新,才使经济频道始终处于中心频道的地位,并具备非常强的时尚感、潮流感。对于频道而言,只有“不断变化”这一点是永恒不变的,至于如何变,的确是一个涉及多层面的话题,值得引起更多关注和研究。对于一个频道而言,不能为变而变,而要因变而变,这才是发展之道。

经济频道在不断的变化中改进,求得突破和发展,彰显了最为可贵的锐意进取的精神。改版其实是一个阶段性的调整,理性的态度决定了经济频道必须在渐进中打造个性,讲究策略,稳中创新,不断拓展生存和发展的空间,“有空间就有可能”,有可能才能创造出更大的空间。

三、频道“定位”潮:成功要靠执行力

1999 年年底,全国 31 个省级卫星频道全部开通,国内的电视传媒格局由此发生了巨大的变化。2005 年前后,省级卫视定位蔚然成风,形成一个引人瞩目的潮流景观。在已经上星的 30 个省级卫视中,近三分之一都在为定位而忙碌,围绕着定位展开的一系列探讨、论争,在业界和学界都引起了相当大的反响。为什么会出现这样一种具有全局意义的潮流景观?频道又应该以什么样的思路、方式与方法来进行定位?怎么评价定位所带来的影响?这些问题对中国电视而言是不容回避的重要命题。

(一)省级卫视定位的背景与缘由

引发省级卫视纷纷确立定位这一动态的背景,是日益严峻的电视生存与发展的空间问题,是日益白热化的中国电视内部的竞争问题。仔细分析,形成省级卫视定位大潮,有多方面的深层原因。

一方面,它是中国电视从计划经济向市场经济转型的阵痛反应。尽管从宏观上来看,早在党的十四大就已经提出了建立社会主义市场经济体系这一明确而清晰的战略目标,国家经济领域的方方面面也早已开始了向社会主义市场经济体系转轨与转型的探索。但是,由于中国电视长期居于上层建筑和意识形态的地位,它所面临的情形远比经济领域的市场化改革要艰难和复杂得多。长期的电视发展规划的根本性质、任务、功能主要依托于上层建筑和意识形态的需要,因此各级电视媒体作为各级党和政府的宣传窗口这一定位是相当明确而清晰的。但改革开放以来,中国电视事实上在完成宣传任务的同时也已经展开了适应社会主义市场经济体制转型的种种探索,包括经

营和产业化的开发、活动等。这样一种在宣传与市场之间,在意识形态属性和产业属性之间来回平衡的现状,对于以划分行政区来建构的中国电视媒体来说,始终处于“大而全”“小而全”的境况。随着市场化程度的不断加深,计划经济时代的“大而全”“小而全”的境况,遭遇着前所未有的挑战,要改变这种同质化、雷同化的局面,省级卫视必须走差异化、个性化、特色化的道路。

另一方面,省级卫视在现实竞争格局中处境艰难。作为夹在国家级媒体和城市电视媒体之间的省级卫视,在日益市场化的情形下更有“上不着天,下不着地”之感。国家级电视媒体的垄断资源和权威性,城市电视媒体与本地的贴近性,相对而言都有较强的竞争优势,而省级卫视身处夹缝,处境尴尬,寻找特色定位,打开新的缺口也就成为必然。

(二)定位的优势与劣势

电视作为一种媒体,本身是中性的,但电视的内容却有着相当强的民族历史文化限定。因此,选择什么样的内容,承载什么样的功能,是省级卫视需要仔细斟酌的问题。要成功地实现自己的定位,就必须把握电视传媒的一般特质,把握普通观众的审美需求,同时充分考虑卫视所处的独特地域文化因素。换句话说,省级卫视确定自身定位既需要考虑电视传媒的普遍规律,也需要考虑中国电视的一般规律,更需要考虑地方省级卫视的特殊规律,只有将三个方面有机地融合在一起,普遍的优势和特殊的优势才有可能充分发挥出来。因此,定位的第一步是“找位”。用格言来描述,就是不断地“认识你自己”,在理性分析媒介环境和竞争格局的前提下,巧妙地挖掘自身资源和特色,并据此制定合适的发展战略,打造自己的旗帜。

说到优势问题,仅就省级卫视定位这一命题而言,差异化、个性化、特色化的道路无疑是一种必然的选择,而目前省级卫视的定位大体有两种情形:一种是依然保持传统的“大而全”“小而全”的综合定位;另一种就是所谓的差异化、个性化、特色化的定位。差异化、个性化、特色化目前大体上又有三种类型:一种是按照题材来划分,如浙江卫视的“财富”定位,实际上主要聚焦于财富题材;广西卫视的“女性”定位,主要聚焦于女性题材;海南卫视改造的旅游卫视,主要聚焦于旅游题材。第二种类型按主题来确立,如山东卫视确定了“情义天下”的主题,江苏卫视塑造了“情感”特色的主题,湖北卫视明确了“公益”特色主题。第三种更多地倾向于按照节目内容的类型来确立,如湖南卫视主打“娱乐类”,安徽卫视主打“电视剧类”。四川卫视则选择了“中国故事”的定位,“中国故事”既指涉题材,又指涉主题,也相对构成了一种节目类型,与上述三种类型的定位互有交集。

四川卫视“白天讲述虚拟故事，即播放电视剧，甚至大胆采用10集连播的方式，晚上则通过各种形式，讲述真实的人生故事”，结果改版后的收视率明显上升，效果明显。在此基础上，四川卫视大刀阔斧地强化“故事”特色，整合各类栏目，最终确立了“中国故事”的频道定位。应该说，四川卫视的频道定位有其典型性，那么，四川卫视是如何从自身的优势因素来考虑这一定位的呢？

第一，“中国故事”的定位符合电视传媒的特质——故事性，这是电视传媒内容不可或缺的、具有普遍意义的特质，不论是新闻、专题、文艺还是电视剧，这些传媒内容都具有故事性的内涵和特征。第二，这一定位符合了电视观众普遍的审美需求。对大多数电视观众而言，看电视某种意义上也可以说是在看故事，以“中国故事”来吸引观众，满足观众对自己熟悉的、喜闻乐见的故事的视听需要，也是此定位成功的一个相当重要的基础。第三，强调“中国故事”的定位符合中国传统历史文化积淀在现代电视中延伸的需要。将传统历史文化的内容有机地转化为现代电视的内容，这是一个非常重要也非常符合实际的选择，而“中国故事”恰恰可以完成这一使命，因为它既符合电视传媒的一般特质，符合普通观众的审美需求，又能容纳中国传统的历史文化内容。第四，四川卫视选择“中国故事”，也充分考虑了四川卫视所处的独特地域文化因素。四川素有摆龙门阵、听评书、讲故事的文化传统。

当然，所有的优势都是相对的，我们也必须看到，一种定位的选择或确立更多地来自媒体的自我树立和自我认知，这种主观意愿究竟能否转化为电视观众普遍的客观认同，转化为市场、社会的普遍认同，还存在相当多的难题和矛盾，几乎所有的省级卫视至少都面临着以下几个问题。

其一，从“省”的字眼来看，省级卫视意味着区域性的、狭窄的行政区划分和宣传管理，作为隶属于政府部门的一个行政事业单位或意识形态宣传部门，省级卫视首先必须服务于地方经济、文化，完成分内的宣传任务。但是，从“卫视”的意义上来看，省级卫视又有全国性覆盖的可能和欲望，面对全国观众，它必须学会在全国市场上拼杀，扩大市场份额，否则就有可能被别人蚕食。显然，地方政府宣传任务的内容生产与全国电视受众的需求之间未必一致，二者之间必然产生矛盾。

其二，省级卫视改变“大而全”“小而全”的综合定位，寻求特色与个性，实际上走的是一条准专业化的道路。开路电视的大众化覆盖方式决定了其营利模式、经营模式、管理模式，包括内容生产模式，即追求最“大”、最“多”，而媒介选择差异化、特色化的生存道路，将不可避免地流失部分观众，存在失去大众化市场份额的危险。中国9亿之多的电视观众经历多年的电视文化熏陶，虽然已经有了初步的层次之分，但在这种分层尚不稳定，清晰可见的分类受众市场远未形成，而媒介营利模式又没有改变的情况下，特色化定位有可能使省级卫视作茧自缚，掉入自套枷锁的陷阱。

其三，省级卫视定位的主观设定和来自市场与观众的自觉认同之间存在着必然的矛盾。媒介特色定位的主观愿望是不是符合实际，是不是与观众的客观需求相契合，需要市场和实践去检验。在特色定位有可能实现的前提下，要获得观众的最终认同，还必须有相应的条件保障，如管理体制、区域经济环境、人才队伍、制作能力、市场开发能力等，如果这些条件不能落实或者执行力不够，那么省级卫视的定位最终只能是一厢情愿。

其四，短期的媒介行动和长期的可持续发展之间如何协调。打出特色频道大旗，提出特色频道概念，进行炒作和推销，作为一种短期的营销策略，有可能吸引观众的关注，收到一时之效。对省级卫视而言，坚守"特色"，打一年硬仗、急仗也许不是问题，但是电视产业作为一个知识、人才密集型产业，如何培育媒介的核心竞争力，保证媒介的可持续发展，是全国省级卫视都必须予以通盘考虑的难题。

(三)找准位、定好位、做到位

众多省级卫视的成功经验表明，只有定位准确，才能找到正确的发展方向和道路。准确定位的前提是，对自身的情况和外部的生存环境有着清醒的认识，"定位"不能脱离对外部生存大环境的考量。

1.找位

"认识你自己"是古代雅典的一句著名格言，哲学家苏格拉底经常引用这句格言教育年轻人。耐人寻味的是，年轻的中国电视在经历了迅猛的发展之后，也开始面临"找准位"这样的难题。要找位，就要冷静地分析媒介环境，理性地挖掘自身资源。在电视荧屏呈现"千人一面"的尴尬局面之时，省级卫视必须重新认识"自己"，并据此制定自身的发展战略。

2.定位

如果说"找位"是审察环境的话，那么"定位"则是扬己所长、制定适当策略的过程。

经过周密的市场调研和分析，广西卫视定位为女性特色频道。这个定位与广西卫视"立足本省，放眼全国"的整体战略相吻合。广西有着丰富的民歌资源，历史上有刘三姐等知名的少数民族女性的形象，广西卫视自己也有丰富的女性节目资源，因此，从人文积淀和节目积累来看，广西卫视以"女性"为特色首先就有了"内容"上的保障。从外部环境来看，"女性"频道的定位一方面使广西卫视走出了同质化的泥沼，同时"女性”又是一个宽泛的定位,其内容可以涵盖各个领域。从受众构成来看,目前女性收视群体略大于男性群体,抓住了女性、抓住了美丽,就意味着同时抓住了女性和男性的注意力。

广东地处东南沿海,是全国经济比较发达的地区之一,民众的经济意识比较浓厚,财富类节目的需求较大。因此,广东卫视的“财富”特色定位在题材和内容上便有了受众基础,广东卫视集中力量,以“财富”为定位进行了充分的探索,使其在全国电视节目的部分领域中取得了压倒性优势。

3.到位

“定位”绝不是“概念炒作”,更不能变成一场盛大的媒体公关活动或宣传作秀。一流的战略更需要一流的执行力,战略执行是否到位是定位最终能否转化为经济效益和社会效益的关键,定位一经确定就必须执行到底。所以,省级卫视的决策层和管理层是否有足够的意志和决心贯彻既定的定位战略,是成功与否的关键所在。另外,执行者的能力也是一个不可忽视的因素。拥有一支能打硬仗、高素质的节目制作队伍,定位战略才会化为经得起检验的优秀节目。要确保定位战略的成功,省级卫视在执行过程中必须注意以下可能出现的问题。

第一,大众化与特色化之间的矛盾,这个矛盾对省级卫视而言是普遍存在的。就卫视频道这种大众化覆盖的传播方式而言,它的营利模式、经营模式、管理模式,包括内容生产模式都是追求最“大”、最“多”,这是无可争议的,没有一定的规模和对市场份额的最大化占有,就不会产生经济效益和社会效益。但是,在激烈的市场竞争中,省级卫视又必须为观众提供差异化和特色化的节目,以节目的不可替代性来保持自己在竞争中的优势。不过,单纯地走差异化、特色化的生存道路,又会不可避免地失掉大众化的市场份额,从而使自己面临观众流失的危险。因此,省级卫视的特色定位只能是打“特色牌”、走大众化路线,部分省级卫视的成功已经证明了这一点。

第二,发挥自身优势,挖掘自身资源与定位战略的结合问题。对迅速成长的省级卫视来说,有所不为才能有所为。在中国电视快速发展的同时,受各种因素的制约,节目制作能力、创新能力相对不足,这已成为省级卫视在全国市场进一步发展的制约因素之一。因此,如何发掘特色资源,发挥特色优势,培养一批符合定位战略的原创性品牌栏目,以有效地凸显定位的理念至关重要。品牌栏目的建成来之不易,一旦建成就是电视台的稀缺资源,也是观众识别和选择频道、节目的标记。品牌栏目具有高知名度、高收看频次和高欣赏指数的特点,对省级卫视而言,如果有了几个特色鲜明、全国知名的品牌栏目,其竞争力、美誉度、观众满意度等指标都会有较大的提升。因此,检验频道“定位”是否“到位”的标准就是“内容为王”，即是否打造出了一批符合定位战略的、有强大竞争力的原创性品牌栏目。

第三，要进行系统的品牌企划、传播推广以及市场开发，将包括电视剧、新闻等在内的整体内容生产、节目编排、制造收视事件以及形象包装纳入频道整体定位战略的执行之中，形成共振效应，共同打造频道品牌。这需要频道内部各个相关部门的协调和配合，故而也是考验执行能力的一个重要环节。各个部门要在市场开发方面配合默契，协调到位，将节目、活动和广告三者融为一体，形成合力。如果没有一个意志坚定的决策层，或者各部门配合不密切，那么再高明的定位战略到了执行这一环节都会或多或少地打折扣，难以取得好的效益。只有广告部门、大型活动策划部门和节目编排部门密切合作，才能保证定位策略得以有效执行。

综上所述，频道定位不可能一劳永逸，而是一种长期行为，是一个系统工程。它不仅需要智慧和勇气，而且需要始终如一、脚踏实地地贯彻和执行。仅注重栏目改版、推介，缺乏长久的眼光和整体的掌控能力，频道定位很难取得预期的效果。频道定位的最终目标是“品牌”，而品牌的培育注定是一个长期的过程，从品牌建设到形成品牌效应再到形成竞争优势，正是一个不断检验媒体执行能力的过程。省级卫视在完成“定位”工作之后要做到真正的“到位”绝非易事，除了管理机制的建构以及相关其他外围条件的保证之外，仅就内容生产而言，至少有四个工程是必须启动的。

第一，素材整理工程。也许每个省级卫视在其历史发展进程中都留下了不少有价值的甚至独家的宝贵素材，既包括电视剧、纪录片和专题节目类影像素材，也包括相关的图书、音像类素材。这些素材的重新梳理与整合，对于未来重新定位的省级卫视来说是相当重要、不可或缺的一个基础。在未来省级卫视的内容生产之战中，谁能拥有独家、丰富的素材积累，谁就有可能占据先机、占据主动。

第二，人才工程。特色定位能否到位，关键取决于是否有一批打造特色的人才，除了各个层级要有优秀的管理者之外，出色的制作人、主持人、记者等，都是至关重要的决定性因素。没有受观众喜爱、被市场认同的优秀人才的支撑，定位恐怕只是一句空话。

第三，重点节目、栏目工程。省级卫视作为一个相当特殊的频道，拉动这一频道的关键不在于24小时不间断地播出，而取决于具有原创意义的拳头产品。因此，集中优势兵力，重点投入，甚至设立特区，采取特殊政策和措施，打造一两个真正体现频道定位特色的节目、栏目，不仅是必要的而且是必需的。

第四，营销推广工程。对于竞争条件如此激烈的省级卫视而言，“酒香不怕巷子深”的时代已经过去，围绕特色定位、重点节目栏目和核心人才，有针对性地设计、策划相关的媒介活动,乃至制造有影响的媒介事件,将自身有限的资源尽可能地放大、延伸,进而有效地进行营销和推广,使其超越地域的局限,引发更为广泛的关注,占据尽可能大的市场,这也是省级卫视定位过程中相当重要的一个工程。

(四)省级卫视定位的几点思考

省级卫视要达到长远的理想目标,还应在以下几个方面予以关注。

1.价值观问题

以什么姿态和怎样的核心价值观来引领自己的发展方向,是省级卫视在市场化语境中必须正视的问题。中国电视在建构和谐社会、弘扬民族文化、塑造中国国家形象、满足人民群众不断增长的精神文化需求方面肩负着重大责任,省级卫视作为中国电视非常重要的一支生力军,不管怎么定位,这个宏大的目标不能移位或缺席。因此,在确立和选择自己的特色定位之时,第一位的工作恰恰是对核心价值观的认定。如果没有核心价值观,或者偏离了自己的核心价值,不论节目做得再怎么花哨,其权威性、公信力和影响力迟早都会下滑。

2.执行力问题

从目前的省级卫视自身来说,做概念并不困难,难的是如何把定位的概念转化为内容的现实。"定位"是前提,"到位"是根本,"定位"最终能否"到位",关键取决于媒体管理者、从业者的执行力。

3.审美观问题

近年来,围绕着电视媒体低俗化的问题,业界、学界和社会各界争议颇多,其中关于媒体可能"唯利是图"的担忧的确是存在的。省级卫视在定位的过程中如何采取有效的措施,建构统一、稳定的审美观,将来自生活原生态的信息和素材经过艺术的加工和提升,使之富于诗意而脱离原始的粗糙和粗鄙,给广大观众留下更多的情感与想象空间,是决定内容是否具有可持续性增长潜力的重要基础和保障。

4.哲学观问题

电视的一切都离不开鲜活的社会生活实践,离不开悠远的历史文化传统,离不开理想与现实的交融,也离不开本土和国际的汇合。在种种对峙与冲突中学会辩证地、历史地、中肯地协调各种矛盾、冲突、对立和问题,化腐朽为神奇,化危机为转机,对于今天的省级卫视定位来说是一种新的考验。当下的竞争格局决定着省级卫视面临着相当具体、相当微观但又相当长远、相当宏观的若干难题,要解决这些难题,需要哲学思辨的钥匙,用智慧改变现状,进而改变世界。

总的来看，省级卫视处于发展的关键阶段，需要进一步梳理和凝练其核心价值观，在这里，笔者有几句话想与省级卫视的从业者们共勉。第一，态度决定一切，从媒体的领导班子到每一位工作人员，都要明确媒体的核心价值观。第二，细节影响成败，很多时候节目内容的品质水准和质量在细微之处见真章。省级卫视要想取得成功，就必须重视细节，强调执行力。第三，努力提升能力。媒体要建立自己的审美标准，不仅要满足观众的收视需求，而且要对其予以提升和引领；第四，智慧改变世界，电视媒体是知识和劳动密集型产业，这要求省级卫视的从业者不仅要用智慧改变自身，还要通过传播智慧和知识改变世界，担起媒体的社会责任。

第三章

融合传播:技术赋能下的迭代升级

第一节　综艺的创新之道

随着传播媒介和社会语境的变化,综艺节目逐渐由电视媒体转向网络媒体,人机互动频繁地冲击人与人的交流已成为一种现实。在传统媒体的话语生产中,与家国情怀相对应的宏大叙事正遭遇挑战。综艺节目的社会责任感和播出平台对社会问题的关注不该因“娱乐至死”而消亡。对此,我们将在这一节讨论综艺节目在“交流”模式、内涵呈现、视角选择、语态表达、时代关系等方面,为引领市场潮流所作出的坚守和探索。

一、对话与撒播

“对话”和“撒播”是人类思想形成并发挥历史影响力的两种基本的交流观念。美国传播学者彼得斯在《对空言说:传播的观念史》中详细对比、分析了苏格拉底的“对话”观和耶稣式“撒播”观念,他指出:“对话具有明确的受众,形式上也是互惠的,撒播则对受众漠不关心,形式上是单向的。”[①]谈话节目从传统电视访谈节目如《艺术人生》《鲁豫有约》《金星秀》的火爆,到如今网络语言类节目如《奇葩说》《吐槽大会》的热播,语言类节目的承载媒体从电视转向网络,“交流”模式和内涵也随着传播媒介和社会语境的不同而发生转变,即从“对话”到“撒播”。彼得斯为“撒播”辩护,他认为开放式的

---

① 彼得斯.对空言说:传播的观念史[M].邓建国,译.上海:上海译文出版社,2017:53.

撒播(dissemination)能够辐射出许多益处。“对话”以传者为中心,“撒播”更加侧重于受众,以受者为中心。“撒播”的特征与互联网时代的去中心化不谋而合,都迎合了大众的娱乐需求。语言类节目在网络化的洪流中被新技术冲刷,“对话”的交流模式逐渐被“撒播”取代。

(一)节目主体从对话的二元结构到多元融合

彼得斯描述了苏格拉底极为重视的交流模式,即“在亲密的对话情境中,说话人事先就选好接受者,并会小心、仔细让后者听个明白”[①]。这是一种传受双方都“对等、互惠的交流模式”,传统电视语言类节目呈现了这一特征。主持人和嘉宾所形成的二元结构是节目的唯一核心,一切都围绕着这个二元结构展开。节目现场被布置成一种亲切、温馨的对话场景,以便形成并促进主持人和嘉宾的话语和情感互动。主持人力求与被访谈对象平等交流,以使节目更加深入人心,达到感染大众的目的;被访谈的嘉宾仔细听取主持人的问题,组织语言回应并表达自己,以实现与主持人的互动。经典栏目《快乐大本营》以“快乐家族”为标签,《金星秀》的主持人金星以敢讲能言为标志。当观众回忆传统电视谈话节目时,似乎只能记得这些节目的主持人,而忘却了节目的嘉宾和具体内容。

网络谈话节目打破了主持人和嘉宾形成的二元结构。除了主持人、主嘉宾、评委之外,还设有普通嘉宾、观众,甚至连编剧、导演、灯光等工作人员都可以参与节目,所有参与者和环节都有可能成为节目的一部分。《奇葩说》中,马东作为主持人,蔡康永等人作为辩论导师,各种辩论选手、支持正反方的现场观众形成了一个节目主体多元的节目场域。此外,后期的编辑通过“字幕”的方式还能实现另一种在场和参与。节目已不再以主持人和嘉宾两人为重心,每一个节目主体都可以自由地表达自己。与这种节目形成对比的是腾讯的访谈节目《十三邀》。该节目虽然是网络谈话节目,但仍然秉持着“对话”的形式。节目以许知远的视角为主,带有知识分子的精英主义色彩,力图实现与嘉宾的理性对话。在第二季第九期许知远采访《吐槽大会》策划人李诞时指出:“戏谑是反谈话的。”他期待的是苏格拉底所倡导的理性、对等、互惠的对话,但从现实效果看,这种期待在网络化、碎片化、娱乐化的时代成为主流的可能性不大。

节目主体从二元结构向多元融合转变的背后包含着深刻的动因。首先,互联网时代电视谈话节目中的单向对话模式已经不能满足受众的审美需求,多个节目主体在节目中的互动和观点的碰撞更能激起受众的观看兴趣。其次,谈话节目不以“实现心灵

---

① 彼得斯.对空言说:传播的观念史[M].邓建国,译.上海:上海译文出版社,2017:77.

间的真正结合"为目标,而是在商业利益的驱动下,更重视表达的需求能不能得到满足,表达的内容不能和大众产生共鸣。

(二)话语内容从聊天式对话转向个性化修辞

亚里士多德在《修辞学》中认为,修辞的艺术在于对不同类型的集体受众说话,而不是对不同类型的受众个体说话。在现代生活中,集体的概念逐渐消退,社会的个体化趋势明显,个体的利益、经验、兴趣变得越来越重要。谈话节目在这样的社会语境下,其表达的内容也与以往传统电视谈话类节目的聊天式对话不同,它不仅关注某一个人的经历和日常琐事,而且更多地在乎各种态度和观点的表达,文本内容去中心化、情绪性以及表演的仪式性特征明显。

1.情绪性:从谨慎修辞到渲染型修辞

传统电视谈话节目在节目交流的语言使用上力求平缓、直白,主持人须让被访谈对象和观众都有舒服的体验,而网络谈话节目的主体在表达内容时常常伴随着强烈的情绪性(emotionality),节目中的角色都非常情绪化。苏格拉底认为:"盲目的撒播是不好的,只有亲密对话或将内容和听众完美匹配起来的谨慎修辞才是好的。"[①]但网络谈话节目并不注重谨慎的修辞,而是倾向于预设的具有情绪化的修辞。如《奇葩说》的选手范湉湉在辩论时不停地呐喊,甚至嘶吼和咆哮,出现了"不要压抑自己的天性"等话语,语言风格独树一帜。

2.仪式性:"表演的意愿"大于"交流的意愿"

网络谈话节目是一场仪式性的表演,节目主体并不需要与他人进行密切的互动,每个主体在节目现场都是一个独立的场域。本雅明认为,在前工业社会时期,艺术家所扮演的是说故事者的角色,对过去和现在予以整合,借助说故事的形式传递经验。但是,现代艺术的接受者所面对的是艺术家个人化的世界以及大众传播给予我们个体需要的漠视,现代艺术不能向接受者传达任何实际的效用。[②] 本雅明所指的"实际效用"是指艺术在审美层次上的作用,而如今的网络谈话节目并不以审美和教育为导向。正如彼得斯认为的那样,"撒播"的信息需要受众自己解读,网络谈话节目作为"撒播"的一种形式,通过仪式性的表演表达并传播自己,甚至连所谓的观点,也不是节目主体自己的看法和态度,而是一种表演。

---

① 彼得斯.对空言说:传播的观念史[M].邓建国,译.上海:上海译文出版社,2017:67.

② 本雅明.机械复制时代的艺术作品[M].王才勇,译.北京:中国城市出版社,2002:169.

(三)叙事方式的碎片化和通俗化

1.碎片化:被割裂的叙事

“中世纪,经院哲学家强调辩证法,使逻辑的发展极一时之盛。文艺复兴时期,修辞和语法又杀了个回马枪。到了 17 世纪,笛卡尔强调逻辑,世界实际上被转写成一套数学方程式。”①如今的世界被网络技术所笼罩,人们在微博、微信等社交媒体的影响下,生活方式和思考方式逐渐碎片化。在快速消费的时代,网络谈话节目需要从一开始便进入高潮,受众没有耐心和时间等着故事娓娓道来。正如波兹曼所说:“在照片的世界里,没有开始,没有中间,也没有结束,就像电报一样。世界被割裂了,存在的只是现在,而不是任何一个故事的一部分。图片把文字驱赶到背景里,有时干脆就把它驱逐出境。”②网络谈话节目在设置叙事时需迎合碎片化传播的趋向,一期节目可以被切割成十几个短视频,每一个短视频都要有自己的主题,整合在一起则又形成一个完整的视频。

2.通俗化:消解主流叙事

通俗化的表达通过消解主流叙事模式,更容易吸引受众。但节目并不真的在乎受众能得到什么,它只在乎有没有受众。网络谈话节目正如埃及的电视剧一样,“在刻意的层次上,连续剧在故事情节中传播被地方和国家政治意识形态转过调的道德讯息,进而为社会和政治论辩定调,但同时它们用更微妙的方式使叙事、情感和主体性的独特结构通俗化”③。比如《吐槽大会》的池子在吐槽郎朗时就用含蓄的语言讽刺了“红黄蓝”事件。他称:“郎朗上学老跑回家练琴,为什么呢?因为学校老师老用针扎他,还不如回家练琴。”这种叙事修辞的背后实则蕴含了批判性,将以往简单化、程式化、难言的看法和观点消解在看似平淡、娱乐化的叙事之中,揭示了社会生活的复杂性。只不过有的受众因此培养了批判精神,而有的受众从中得到的是娱乐。

(四)对“弹幕”及网络谈话节目“撒播”趋向的反思

弹幕作为一种交流方式,是实现消解隐秘的体制性文化的共谋与参与。网络时代的“撒播”并不是完全的单向度“撒播”,而是通过网络技术渠道,即弹幕实现了互动。受众在观看节目的同时发布弹幕表达自己看法,这时的弹幕并不是对某一个人发布,

---

① 马尔尚.麦克卢汉传:媒介及信使[M].何道宽,译.北京:中国人民大学出版社,2003:63.

② 波兹曼.娱乐至死[M].章艳,译.桂林:广西师范大学出版社,2004:98-99.

③ 金斯伯格,卢赫德,拉金.媒体世界:人类学的新领域[M].丁惠民,译.北京:商务印书馆,2015:147.

而是所有人都可以观看,节目组也会观看并解析这些弹幕,甚至使其成为之后节目的内容之一。如《吐槽大会》受众对主持人张绍刚发的吐槽弹幕就不止一次成为节目内容的一部分。

弹幕的广泛应用使网络谈话节目脱离了传播者一方的单向“撒播”,而使其成为节目与受众之间的双向“撒播”。不仅如此,它还实现了除节目主体交流之外的受众交流,成为青年人流行的交流方式,塑造了新的观看习惯。在弹幕的影响下,公开的双向“撒播”更能增强互通性,传者和受众同时形成传播轨迹并相互影响。

网络谈话节目的“撒播”化趋势之所以值得反思,在于网络改变的不仅仅是人们的观看方式,而且带来了思考和生活方式的一种变革。印刷术的发明导致人们倚重知识视像化,网络谈话节目的“撒播”化趋势会导致一切都被包装成娱乐,信息被娱乐包裹、观点被戏谑解构,“语言”不再是关键词,“交流”不再是目的,“节目”成为核心,“娱乐”成为所有话语的一种超意识形态。

彼得斯认为,人类的交流永远都会有鸿沟,意义不会完整地呈现和在场。未来的关注点也许并不是“交流”能不能成为可能,而是“交流”与网络技术的关系呈现根本性交换。现实生活中,人与机器之间的交流变得越来越多、越来越频繁,人们每天使用手机观看视频的时间可能大于和家人、朋友交流的时间。当人与技术的互动成为主要的交流方式时,人与人之间的交流会不会逐渐被与技术的交流所代替?当技术互动凌驾于人类的交流之上时,人们被吸引的并不是访谈节目带来的审美属性,而是人类在利用技术时享受到的由“交流”带来的快感。基于此,网络谈话节目在新技术演进过程中触及的是“网络时代如何交流”的本质问题,“撒播”、共享意识、如何促进人类协调行动,无疑是需要不断深入思考的命题。

二、宏大与微小

作为与现实同频共振的主流媒体,电视一直是传播中国精神、凝聚中国力量、弘扬主流价值的重要载体,“家国情怀”无疑是诸多电视节目的显著特征。在很长一段时间里,观众会自然将“家国情怀”与“宏大叙事”关联在一起。从某种程度上说,“宏大叙事”是主流媒体话语方式留给观众的刻板印象。然而,曾经令公众备受鼓舞和感动的“大叙述”,也日益陷入传播力、引导力、影响力下降的窘境。在媒介融合的背景下,视听内容生产在表达层面的核心命题就是如何在消解“宏大叙事”的同时依然能焕发“家国情怀”的“光韵”[①]。换一种通俗的说法，这种摆脱旧有话语方式的努力就是上传下达着力追求的“接地气”。近年来，一些较为成功的主流电视节目，如《国家宝藏》《见字如面》《朗读者》《中国诗词大会》等无不实践着这一创作理念与动向。

（一）宏大叙事的消解与个体日常的凸显

最早对“宏大叙事”展开论述的是利奥塔，作为研究后现代话语极具代表性的人物，他从历史演变、全球意义、审美变化等角度诠释了现代传统的“宏大叙事”。利奥塔认为，现代传统是一种历史的、连贯的、统一的、主体的、普遍的状态，这是建构宏大叙事的基本概念。随着后现代的到来，作为现代合法化的宏大叙事的消失成为其最明显的特征：知识在语言上变得更具多样性（证明的多样性），语言变得更具游戏性（对话的契约性）。[②] 简言之，后现代是一种瞬间、碎片、多元、个体、特殊的状态，它消解了宏大叙事，使一切都变得充满不确定性。利奥塔正是站在一种“宏大叙事”的理论视域成功地对“宏大叙事”予以了批判，进而得到人们的呼应。

不妨让我们一起简单探寻一下“宏大叙事”之所以消解的原因。当西方资产阶级提出自启蒙运动以来就不断重复的“民主、平等、自由”等美好却空洞的口号型字眼时，人们之所以流露出不屑，是因为这些概念只有真正触及每一个个体时，人们才能看清并感知、认识到它们的价值。例如，新中国成立以来的一系列著名影视作品，如《甲午风云》《英雄儿女》《地道战》《狼牙山五壮士》等，它们在当时甚至之后很长一段时间内，都以“宏大叙事”的艺术样态裹挟着强烈的政治意图进行传播，在集体主义盛行的年代被公众接受，这一点不难理解。然而，随着全球化、现代性大量释放“自我”的概念，市场和资本像放大镜一样将个人意识无限扩大，整体意识被稀释、解构，曾经坚固、永恒的观念都受到了前所未有的冲击。这些昔日的经典影视作品，如果简单地挪移到当下的传播语境中，必然会受到观众的排斥。换言之，强调“主题性、目的性、连贯性和统一性”的宏大叙事作为一种“完整的叙事”[③]，只不过是一种完满的设想，自然带有一定的神话色彩，在碎片化、日常化的现实面前必然遭到质疑。

在当今生活中，人们对曾经执着的恒定不再那么确信，开始主动发现并追寻转瞬即逝的美好。“宏大叙事”在大众语境下不自觉地被抵制，大多因为其主观诉求的“伟光正”，被人们理解为“假大空”，人们开始更多地关注“日常叙事”中真实的个体经验。

---

① 光韵，拉丁语 Aura 的译文，是德国哲学家本雅明在《机械复制时代的艺术》中提出的核心概念，其初始意涵是指传统艺术的独一无二性，强调其膜拜价值，此处指“家国情怀”需要以新的话语方式重新激发活力。

② 张法.利奥塔的后现代思想[J].四川外国语大学学报，2002(3).

③ 张文雄.“四个全面”：承载中国梦的宏大叙事[J].求是，2015(18).

所谓“日常叙事”,是指对个体生活经验进行想象性表达的一种叙事状态。日常叙事是“一种更加个性化的叙事,平民生活日常生存的常态突出……它也许没有国家大事式的气势,但关心国家大事的共性所遗漏的个体的小小悲欢,国家大事历史选择的排他性所遗漏的人生的巨大空间,日常叙事悉数纳入自己的视野”①。从话语主体来看,日常叙事的主体偏重于社会个体;在文本呈现方面,它更倾向于以简单平实、生动形象的故事化表达,使传达的内容更具象、更平实。此外,以多元化叙事视角完成立体覆盖,对日常生活既赞颂也反思也是日常叙事的重要特点之一。

改革开放40多年来,与西方知识思想界所构建的理性主义神话不同的是,中国的主流媒体传播的“宏大叙事”与“家国情怀”大多以构建政治意识形态为主要任务。以国家、民族、改革、建设等为核心的观念,反复维系着具有整体性、同一性、共生性的意识形态体系。正是在这样的政治性规约下,主流电视节目中渲染的“家国情怀”,往往与宏观视野下的政治抉择、历史变迁连为一体。然而,随着以“个体”为主体的社会变革的加快,现代人不再确信永恒的存在,他们更乐意相信现实的瞬间——当下即永恒,某种程度上这意味着“宏大叙事”的消解。对每个观众而言,了解历史发生了什么往往不如了解当下正在发生什么更具吸引力和说服力。不难理解,国家、历史本来就是由一个个跳跃的个体、片段构成,而每一个个体一定是有自身理性与认知的。抛开个体并清除个人的历史阐述,而将国家、民族等放置于叙事中心,这样的“宏大叙事”呈现出来的景观一定是非人本化、残缺不全的。观众难免对这样的电视节目持怀疑态度,“家国情怀”由此也无法实现其诉求。因此,将视角贴近现实中的个体,努力为观众呈现现实生活的瞬间,透过他们真实的所感所想,让“家国情怀”的传递获得温度,成为主流媒体视听节目生产的必然选择。

一个较为典型的案例是语言竞技类节目《我是演说家》。节目的主体是“我”,演说的是“个体经验”,个体的视角使平凡人为时代发声获得了“见证”和“亲历”的力量,从而使个体叙述的时代故事具有张力与信服力。演说者有故宫钟表修复师、蓝天救援队队长、120接线员、反传销志愿者、无国界医生……来自不同行业的普通人讲述着自己的故事,《传销洗脑有多疯狂》《我卖的不只是煎饼,还有温暖》《90后女大学生震撼发声》等话题,无一不是时代的侧影与切片,各类社会人群和热点问题共同演绎出立体、多面的时代众生相。

值得强调的是,片面地将“宏大叙事”与“日常叙事”对立起来是有违后现代追寻多元并存的初衷的。一直致力于公共性意愿和对理性有着执着“偏爱”的哈贝马斯认为:

---

① 郑波光.20世纪中国小说叙事之流变[J].厦门大学学报,2003(4).

“理解行为承担着一种协调行为机制的作用。交往行为网络依赖的是生活世界的资源，但同时又构成了具体生活方式的再生产中介。”①这里，哈贝马斯实则强调的是理解与包容的重要性——人们在共有的“生活世界”中得以交往，而基于理解行为的交往促进了人们的再生产。也就是说，“宏大叙事”虽然正在被消解，但它并未消失，也不会消失；虽然它与“日常叙事”存在着相悖的一面，但是后现代语境下追寻的多元竞存、色彩斑斓是可以促使二者并行不悖的。因此，电视节目更应该思考的是如何在彰显大众文化宣扬的“个性”“自我”的同时，让人们更深刻地体悟到“宏大叙事”，在尊重和凸显个体经验的过程中，以新的话语策略表达“家国情怀”。

（二）“家国情怀”的建构策略：故事、仪式、刺点

“家国情怀”植根于中国优秀传统文化，是主体对共同体的一种认同，其基本内涵包括家国同构、共同体意识和仁爱之情等，既涵盖了传统伦理中的修身养德、忠孝节义，也包含着民族精神、乡土观念、爱国主义等元素。十八大以来，习近平总书记分别在不同场合对家风、家教作了系列重要论述，这些论述正是“家国情怀”的重要指涉。当前，主流媒体弘扬“家国情怀”的时代价值就在于有利于“凝聚社会核心价值共识，把个人理想与国家民族发展的前途和命运相结合，不断汲取实现中华民族伟大复兴中国梦的价值养分和精神力量”②。

1.故事：把好态度与温度两个落点

“讲故事”一直是视听节目的常用手法。与单纯追求“有意思”的娱乐节目不同，表达“家国情怀”的主流节目着眼于“有意义”。在传统“宏大叙事”框架的笼罩下，此类节目大多采用史料堆砌、现实采访与背景音乐、主持人串讲等方式，让观众感觉越来越空洞、抽象、有距离，刻板枯燥，充满说教意味。其实，“家国情怀”中的“家国”，传递的是一种态度——对命运共同体的态度认同；“情怀”则是一种温度，通过巧妙的结构安排，将观众带入一个个具体的叙事当中，快速地联结观众的情感，产生共鸣——情感化的表达。因此，“有意义”的故事只有落脚在“态度”和“温度”两个点上，才能被当下观众所接受。

《国家宝藏》融合了演播室综艺、纪录片、戏剧等多种艺术形态，用真人演绎历史故事的形式讲述国宝传奇的“前世今生”，使“活起来”的国宝展现出自身承载的历史记

---

① 哈贝马斯.现代性的哲学话语[M].曹卫东，译.南京：译林出版社，2008：325.

② 龚锦涛.习近平“家国情怀”理念的哲学阐释[J].中共成都市委党校学报，2018(5).

忆、人文精神和大国气象。[①] 显然,“国宝们”不过是一件件冰冷的古老器物,但节目主创者以有“温度”的方式激活了其背后的文化与历史。“故事”人人会讲,各有巧妙不同,《国家宝藏》被赞誉的“烟火气”就是抛却了宏大叙事式、就历史讲历史的模式,让冰冷的历史器物获得现实的温度,观众的兴趣被激发出来,“家国情怀”随之油然而生。

值得注意的是,“故事性”与“娱乐性”的平衡始终是此类节目的关键所在。在泛娱乐化、“娱乐至死”的时代,波兹曼的警醒之言依然值得深思。娱乐与趣味元素融入节目是不可少的,它可使节目充满活力、增强吸引力,但若一味沉溺于娱乐性,缺少核心价值观的支撑,节目的整体价值必然走向低俗,很快便如快销品般被人遗忘与抛弃,也就无从体现“家国情怀”了。因此,视听节目不能为讲故事而讲故事,它的落点只有有态度、有温度,才能有品质、可持续。

2.仪式:拓展交流互动的文化空间

关于“仪式”的概念,法国社会学家涂尔干曾通过对祭祀仪式的分析,阐述社会与个体的关系:“社会不仅成就个体,还依赖并内在于个体。一方面,社会超越于个体意识,但另一方面,它只有在构成它的个体意识中,并通过个体意识才能存在。”[②]也就是说,社会的本质表现为从个体心中唤起各种观念和情感,最直观的表现便是“仪式感”的塑造。“仪式”之所以能发挥如此强大的效应,是因为“神话虽然不存在了,可是仪式的圣洁性还在”[③]。

美国传播学者詹姆斯·W. 凯瑞认为,传播并非指信息在空间内的扩散,而是指在时间上对一个社会的维系;它不是指分享信息的行为,而是共享信仰的表征;它强调的是观众被内容所营造的认同感所吸引,节目成为一场情感与信仰的盛宴。[④] 也就是说,传播被认为是一种意识,受众因传播内容整体营造的文化氛围而聚合,彼此借由信息共享获得身份认同和文化认同。在当前的视听节目中,一批文化节目在仪式营造上引领风潮并取得了成功。例如,《朗读者》的主体内容是最直白的文字,但单单靠念字节目是难以取得好的效果的。《朗读者》的策划者发挥了视听语言的优势,在舞台设置、灯光色彩、镜头运动等方面围绕“仪式”进行精巧设计,从而使最终呈现的节目文本的内部空间得以拓展,让“朗读”成为现场嘉宾与观众、荧屏内外文化交流与情感碰撞的纽带,创造了全新的交流体验。“仪式”的营造尤其重视细节的经营,“仪式”是各种影像语言的有机组合。例如,《朗读者》中文字出现的方式都经过缜密的设计,当嘉宾

---

① 汤浩.《国家宝藏》首创“纪录式综艺语态”[J].电视研究,2018(1).

② 孙帅.神圣社会下的现代人:论涂尔干思想中个体与社会的关系[J].社会学研究,2008(4).

③ 佩尔尼奥拉.仪式思维[M].吕捷,译.北京:商务印书馆,2006:70.

④ 陈力丹.传播是信息的传递,还是一种仪式?[J].国际新闻界,2008(8).

在舞台上朗读时，其说出的每一个字，都会在背景的书页上通过动画效果体现出来，让每一个字都显得富有情感。这种动画设计增强了阅读的仪式美，让听觉与视觉在这种仪式美中完美融合。

就当下的视听节目而言，“仪式感”的塑造除了对视听语言的充分运用之外，更在于将仪式的中心转化为一种内化于个体内心的强大感召力量。中国的传统仪式承袭自儒家的“礼”文化，而礼仪又依托于伦理、道德、政治、宗教等意识形态，所以中国人的“仪式感”通过各种社会规范以达到体现人们表达内心情感欲望的目的。最典型的例子莫过于《见字如面》。节目组选择的书信，时间上从古到今，内容上涉及爱国主义、亲情、爱情、友情、独立精神等不同的层面。“书信”承载的是对各种情感、意义、记忆的集体建构，“将原本属于私人的具有隐秘性的信件转变为公共空间对集体记忆的缅怀与反思，从而形成了一种仪式化的狂欢”[①]。尤其值得肯定的是，《见字如面》虽邀请了明星来演绎书信内容，但焦点并不在明星身上，节目以书信为本体，由嘉宾解读、观众参与来共同完成对“书信情怀”背后的仪式感塑造。这种对叙述本体——书信的准确把握，让叙述的焦点得以聚集，“家国情怀”的诉求自然做到了不着痕迹、水到渠成。

3.刺点：以个体经验激发震颤效应

法国文学家罗兰·巴特在《明室》一书中提出“刺点”的概念，意指将摄影照片展示给观看者欣赏的过程中，照片中真正刺入人心、激发人们回忆的东西。简言之，“刺点”就是作品中能刺激观看者展开深层思考后引发无限回味的部分。“刺点”是巴特对视觉图像做的一种符号学分析和阐释，这一概念后扩展到文学、文化领域。最有代表性的“刺点”体裁便是诗歌。诗歌追求不可解，即不像散文或小说那样直接体验，这也同俄国形式主义提出的“陌生化”概念不谋而合。这种“不可解”透过表层深入探寻内在的精神向度，让接受者在介入时引发震颤的体验。在当前的视听节目中，创作者应有针对性地寻找、设计“刺点”，激发观众的情感参与甚至思维介入，从而引发无限追忆与联想，这对“家国情怀”的阐释与深化是很有益的。

近几年，各种诗词类文化节目如一股清流，占据了相当部分荧屏。现象级节目《中国诗词大会》之所以备受关注，是因为除了紧张的赛程带给观众的新鲜感外，其中穿插的主持人因诗词而触发的人生感悟、学者和嘉宾对古诗词的深度解读，无不在刺激和放大着观众内心深处对诗意人生的向往。此外，“刺点”还体现在个体与个体生命体验的交融上。在第三季的《中国诗词大会》上，最引人关注的便是百行团里各种有故事的普通人了。刑警夏鸿鹏曾因胃癌切除了整个胃，当他念出自己在舞台上的第一句诗

---

① 田雅文.传播仪式观视野下的文化类综艺节目研究：以《见字如面》为例[J].新闻世界，2018(8).

"种桃道士归何处,前度刘郎今又来"时,观众立刻产生了强烈的共鸣。主持人在对话中也安排了"刺点",如说到"但愿人长久,千里共婵娟"这句诗时,面对"长久"指的是"亲情长久"还是"寿命长久"时,夏鸿鹏想了很久最终选择了"寿命长久",这种有了刻骨铭心的体验之后对人生的理解,为诗歌的解读又多了一层释义,而亲历者笑对人生的达观,也刻印在每个观众心中。

"刺点"的出现,从表面看像是偶然为之,但其实质在于对观众的把握,在于对个体经验的尊重、挖掘与呈现,最终在沟通和交流中碰撞出火花。"家国情怀"的表达还要求"刺点"的出现强化内容的深度,挖掘那些早已流淌在个体心灵、血液之中的民族思想与情感,在平淡之中闪烁人性的光芒,电光火石之间震颤观众心灵,以获得良好的传播效果。

(三)语态变化与底层关怀须有"度"

主流媒体淡化宏大叙事的努力,还体现在语态变化与题材选择的层面上。视听节目的语态变化,与媒介传播的变革密不可分。从最初的"播放型传播"到"双向去中心化的交流"①,信息传播从单向度向多向度变化的背后,是信息生产者与接受者之间互动关系的变化。就电视节目而言,语态表达从最早的"播音腔"和"朗诵腔"(《子午书简》),到后来的"故事腔"(《百家讲坛》),再到融合娱乐、选秀、社交、访谈、故事等多种语态,主流媒体的语态已难以用单一语态来概括。语态的变迁是媒介调整姿态的侧面反映,更是主流媒体与受众关系的风向标,如何更好地实现与公众的平等交流是主流媒体语态变迁的内在动力。其中,最典型的现象是以开放的姿态吸纳网络词语、概念及其表达方式。种种迹象表明,在"家国情怀"的诉求上,传统主流媒体竭力证明它与新媒体并无二致。

麦克卢汉认为,新旧两种媒介的碰撞会产生"杂交能量","两种媒介杂交或交会的时刻,是发现真相和给人启示的时刻,由此而产生新的媒介形式"②。支撑这种杂糅与融合最重要的元素,便是话语形态的融合。新媒体语态的主体是由网民创造并大肆流行的网络语言,"创造性、简约性、诙谐性、粗俗性"是其鲜明的特点。③ 互联网时代,每一位用户都有属于自己的"麦克风",网络语态形成的根源在于它起到了传播大众思想和感情的中介作用。主流电视节目最重要的也是面向大众,主动吸收有趣、恰当的新媒体语态,并将其融入内容生产之中,这不仅是一种时尚,更表明了一种态度与立场。

---

① 波斯特.第二媒介时代[M].范静哗,译.南京:南京大学出版社,2001:3-22.

② 麦克卢汉.理解媒介:论人的延伸[M].何道宽,译.南京:译林出版社,2011:81-82.

③ 王献福.论网络语言的构成、特点及规范[J].前沿,2008(7).

可以看到，时下很多主流媒体的电视节目，在节目名称的设计上，都充分体现了网络语态的简洁、直白、秒懂、口语化等特点，例如《上新了，故宫》《开讲啦》《是真的吗》《回家吃饭》等。有人曾对当下众多电视节目的命名做了专门的梳理和规律总结，发现了一些规律：电视节目与影视剧“撞名”、用数字增加记忆点、“我们＋”系列、使用感叹词或虚词……所有这些都是为了给观众塑造口语化、逼真、轻松的印象，这也恰恰与网络语态带给人们的代入感和共鸣感不谋而合。另外，作为视听节目“第二解说”的字幕，也开始向网络语态转变。在节目中增加潜台词式的字幕最早始于真人秀节目，通过文字描述、表情符号、标点符号等，字幕挪用了网络语态的沟通模式，即节目中的个体真正成为主角，满足了他们放大自我、表现自我的内心诉求。这种潜台词的叙事方式将节目中人物的心理外化，不经意间透露人物的思想感情，既减少了说教的枯燥意味，又增强了与观众的交流。值得注意的是，在以“家国情怀”为核心的价值观引领下，主流媒体对于网络语言的使用需要把握好尺度，不宜过于戏谑、调侃，因为主流媒体绝不能因为“迎合”而失去“引领”作用。

从题材偏好来说，关注底层和平民是近年来不少节目的一个特点。主流媒体建构的荧屏景观，虽然未必是客观、中立的“生存之境”，但“家国情怀”的表达却与现实有着密切的对应关系，这也正是近年来媒体强调“走基层”“接地气”的重要原因。在观众眼里，现实世界既满地鲜花，又不乏一地鸡毛。后现代主义相较于现代主义的最大进步在于允许差异，那种认为后现代主义视域下世界是破碎的观点，这本身是对它的一个误解。在允许差异的前提下，为他者、为弱小的力量争取生存空间，是自启蒙运动宣传人文精神以来人类往前迈出的又一大步。雅克·德里达曾说：“对他者的尊重是唯一的伦理律令。”[①]让社会中的不同阶层、团体发声，以更平等和尊重的心态面对世界，给予大多数“底层”更多关注和观照，这或许是主流媒体在新传播语境中对“宏大叙事”的新解读。例如，《生门》将镜头探入病房，聚焦平凡家庭，集结了生与死的挣扎、舍与得的纠结、老与少的代沟。再如，记录普通中国人真实生活状态的《生活万岁》，发出了对生命沉静而又热烈的呼喊，唱响了平凡中国人热爱生活、尊重生命尊严、坚守人格独立的伟大颂歌。

然而，主流媒体从平民、底层维度展开的家国叙事，也面临着消费苦难的伦理考验，这要求主流媒体必须时刻把握好媒体责任与文化消费之间的平衡。《等着我》作为一档颇有影响力的寻亲类公益节目，“关注底层”和“接地气”是它的特色和标签。在节目呈现方式上，它主要将焦点聚于亲人失散多年的痛苦，突出“家庭破碎”带给个体的

---

① DERRIDA J. Writing and difference[M]. London: Routledge & Kegan Paul, 1978: 95-96.

不幸,以唤起观众普遍的同情心,着力渲染中国人对“家”与“团聚”的重视,节目立意本身很好。在当事者讲述的过程中,人物、情节与感情都是真实的,这是让很多观众为之动容的原因之一。但是,节目在找寻亲人的结果公布之前,刻意铺陈“千辛万苦”,让求助的当事者向所有人重新讲述伤痛故事,乃至最后站在舞台尽头,伴随煽情的音乐等待“门后的结果”,难免有让当事人成为“媒体消费”对象的嫌疑。从这个角度看,《等着我》也成了一场具有浓厚娱乐色彩的“情感秀”。主流媒体的底层关怀,在内容题材上转向个体真实没有错,但更重要的应该是真正关心、关怀个体的命运本身,通过深度挖掘平凡中的不易、不凡,才能以个体折射“家国情怀”,让观众在精神与信念上产生共情,促使个体价值与社会责任真正统一起来。

整体观之,宏大叙事因其连贯性、统一性、体系性的逐步消解而遭受冷遇,但这并不意味着主流媒体要彻底放弃它,而应考虑如何调整新的话语建构方式。原本与之对应的“家国情怀”更不会因此而消失,因为它溶于每个人的血液里、刻在每个人的基因中,正是个体的差异性决定了共识凝聚的必要性。一直以来,主流视听节目都在不断探寻“家国情怀”表达的新方式。摆脱“宏大叙事”的旧有模式固然是一条路径,但“矫枉”切忌“过正”。就像“家国情怀”中,“家”是个体,“国”是整体一样,二者并非完全对立,而是交融一体并构成了我们真实存在的世界。历史阐释、时代关注、个体表达三者之间并非截然分离,新传播环境中的视听节目真正要做的,是从内容呈现、视角选择到语态表达上都以“人”为本,唯有这样,才能将“家国情怀”表达得更生动完满、深入人心,创造出新的、更具价值的影像文本。

三、时代与个体

影视文本因贴近“当下”,往往具有鲜明的时代特性。尽管不同类型的文本在满足人类精神文化需求的方式上存在差异,但文本类型与主题表达之间并不必然存在泾渭分明的界限。以近年来备受追捧的“真人秀”为例,“纪实性、冲突性、游戏性”是其鲜明的特点,它提供给受众的更多是消遣与娱乐。那么,“真人秀”有没有可能突破模式窠臼,以新的形态、话语、风格发挥大众文化共有的反映时代、观照生活的功能呢?换句话说,“真人秀”在追求热度之外,有没有可能做到“有温度”“有态度”呢?江苏卫视推出的《三个院子》对此提交了一份答卷。

《三个院子》是一档提倡“共享生活”概念的观察体验真人秀节目,以轻松平淡的风格、真实自然的表达,赢得了受众的广泛关注。《三个院子》选取了三个真实存在、不同地域、各具特色的民宿作为场景。每个院子除了入住的明星之外,还不断迎来短期入住的普通游客。明星和素人,在同一个屋檐下养花种草,做饭洗碗,分享小院生活,交流生活故事。从节目的内容设置上看,《三个院子》彻底摒弃了传统综艺节目极具冲突的戏剧化表现方式,把重心放在了展示生活本真面貌,通过各种细节来凸显生活本身的人际交往上来,这不啻为一种"冒险"。对真人秀节目而言,塑造人物角色、安排矛盾冲突、制定规则场景是营造戏剧冲突、保证节目成功的常用手法,甚至一些真人秀节目按"剧本"操作也早已是公开的秘密。

《三个院子》节目不卖"人设"也不设置矛盾,没有经营规则的限定,无疑是对既往真人秀固定模式的一次颠覆与创新。节目尽可能淡化甚至抹去了"秀"的痕迹,放大了"真"与"人",以纪实手法呈现"人"在生活中的真实状态,这也印证了节目的理念:"院子里,有生活。"从这个意义上看,《三个院子》更像是纪录片,忠实记录同时悄无声息地发问,安静地等待生活本身给予答案。明星和素人在充满烟火气的小院产生交集,这一点使得《三个院子》超越了一般综艺节目的"娱乐"表层,获得了连接更广阔的时代和社会的空间,也赋予了受众更多细读的可能。

(一)院子:逃离都市和"诗与远方"的时尚载体

随着中国城市化进程的加速,越来越多的人搬往城市。现代人穿梭在钢筋水泥之中,每天重复着快节奏、刻板而枯燥的生活。"生活不止眼前的苟且,还有诗和远方"这句话之所以能引起共鸣并广泛传播,是因为它是高速运转时代的群体宣言。在城市化的过程中,不少人背井离乡,远赴城市打拼,对乡村的回望成为后工业时代的一种集体情绪。"现代性的逻辑让生活日益标准化、理性化,而人作为一种文化的存在,不堪忍受无根的生活。对现代性的反叛和逃离,开始了对故乡的亲近与回归,导致我们患上了不能自拔的'怀乡病'。"①

正是这样的时代语境,让乡村旅游、民宿大院成为现代都市人旅游休闲的一种时尚。显然,一大批以民宿为题材的节目涌现,如《向往的生活》《亲爱的客栈》《青春旅社》等,显然并非巧合。在这里,"院子"被附着了关于"远方"的另一种文化与生活想象。就像《舌尖上的中国》通过美食唤醒受众对家乡和童年的记忆一样,《三个院子》不过是从居住空间的角度,说出了都市人暂时逃离城市的隐秘的心理诉求。

从文明溯源的角度看,我们似乎更能为中国人的"院子"情结找到依据。中国人走出农耕文明的时日并不久远,对于土地的依赖扎根在血脉中。"采菊东篱下,悠然见南

---

① 陈晖.怀乡病与知识分子的村庄想象[EB/OL].(2016-03-03)[2018-08-09].http://cul.sohu.com/20160303/n439271246.shtml.

山”的田园生活一直是中国人挥之不去的向往。曾经意味着艰辛劳作的乡间田野,在摆脱了物质依赖的今天获得了新的文化内涵。于是,暂时逃离都市的喧嚣、嘈杂、雾霾,获得片刻的宁静、自在,“心远地自偏”,时刻催生着都市人“说走就走”、让乌托邦变成现实的冲动。

可见,“院子”代表着“诗意与远方”的时尚生活方式,是当代人兴趣盎然的一首都市牧歌。每个小院,都是一个封闭而独立的世界,“躲进小楼成一统”,小院成了阻断都市现实、安享静谧的临时港湾。文化上虚幻的思乡与现实的逼仄,驱赶着都市人暂时告别被压力包裹的现实,走向田野,呼吸清新的空气、青草的芬芳。

正是对社会公众心理的精准把握,《三个院子》分别精心挑选了北京、浙江、广西的三个各具地域特色的院落,胡同、海边和山间也许正是都市人想要短暂逃离时最向往的三种生活场景吧。

(二)生活:用“慢”疗愈“集体焦虑”

《三个院子》倡导的“共享生活”理念,类似于一场社会实验。节目制作严格恪守“无剧本、不干预”的真实原则,通过观察、记录院子里发生的一切,让人物自我表现,故事自然生长。

来到院子的明星,首要问题是解决一日三餐,故事线也由此展开。他们自行安排生活,大到小院准则,小到柴米油盐。入住者属于接受主人邀请的游客,和明星共享生活公共空间,同时也要遵守院子的规矩,承担照顾院子的责任。

三个小院虽地点不同,但都有一个共同的特点:慢。正如木心在《从前慢》中所写:“从前的日色变得慢,车,马,邮件都慢。”这样的语句之所以会击中无数现代人的心灵痛点,正是因为他们对于“快节奏”的紧张、忙碌有着切身体会。

中国多年的社会变革,改变了人们的际遇与生活方式,与此同时也驱动着每一个个体、每一个群体渴求更为迅疾的改变与提升。“梦想”“奋斗”“未来”是这个时代最响亮的词语。工作侵蚀生活,物质僭越精神,现代人不断超越他人或害怕被他人超越的精神负荷,已慢慢演化成一种四处蔓延的“集体焦虑”,这是波及全社会的时代症候。显然,处于快车道的社会发展需要一个释放压力的窗口,每个人都需要找到一个寄托。城市里很难给予的,乡村或者小院恰恰能提供。

小院里发生的一切,都是生活的鸡毛蒜皮、家长里短,它是一种平淡的、审美的、诗意的栖居。在《三个院子》里,明星们褪去光环,最大限度地展现自己在生活中本来的样子。素人们也获得了更多的存在感,彼此平等的视角贯穿始终。他们带来各种各样奇妙的故事,共同分享百态人生,在共享中品味生活的意义。

在院子里，一切回到生活本身，放飞自我，回归自然，回到生活本身，归顺自己的内心。节目呈现了“生活原来可以如此纯粹与简单，对生活保有的初心和热爱如此难能可贵，眼前的琐碎竟然是如此温暖动人”的场景。尴尬、搞笑的生活片段，温暖、舒心的细节瞬间等都深深感染着观众，这显然不是刻意营造的矛盾冲突能起到的效果。“还原”院落生活，给人以无距离的逼真感、亲近感，这种传播方式很容易引发代入感和“移情效果”，可以满足人们更广泛、更真实地感受生活的愿望。观众欣赏院子里的“世外桃源”，实际上获得的是一种直接与生活相关的强烈生命体验。

“慢下来，去生活”，《三个院子》给了现代人一种善意的提醒与示范，它也启发了受众去思考生活的意义与方式，如何权衡工作与生活的天秤。当然，《三个院子》展现的生活方式，或许并不是人人都能享有的，但院子里自然流淌的一切是生活本该有的模样，这对于缓解都市人的“集体焦虑”，疗愈现代人斑驳而撕扯的精神与灵魂来说不无裨益。昆德拉在《生活在别处》中描述了“理想与现实”的悖论，《三个院子》则通过镜头启迪我们：生活不在别处，就在此地与当下。

（三）情感：星素互动与“群体性孤独”

人与自身相处、人与人交集的情感状态，是《三个院子》表现的核心，可分为两条线：主线是三组明星的母子之情、夫妻之爱、朋友之谊。林更新和好友朱桢的“真心院子”是友情的象征；陈小春和应采儿代表着二人世界的爱情；大张伟和妈妈有一整段相处时光，在胡同大院里传递亲情。辅线则是各个院子里不断更迭入住的素人与明星之间的情感互动。节目组通过旁观式记录与呈现，满足了受众对不同情感的需求，阐释着当代社会亲密关系的多种方式。与之相对应，每个院子既有相对封闭的隐私空间，又开放了厨房、客厅和庭院等适合社会交往的场景。三个主题迥异的院子，私密与公共空间的两重设置，使节目能聚焦于人与人之间的关联。两条情感线彼此无缝连接，前者是熟人强关系模式，后者则是更具开放性的陌生人弱关系模式。

节目的这一创意折射了当今时代另一个普遍性的社会问题。社会急剧转型的中国，尽管人与人之间的信息联系加强了，但心理距离却似乎日渐变远。在物质基本满足的时代，个体意识和主体性增强，群体关系受到前所未有的挑战。社交的网络化、虚拟化更加剧了这一趋势。每个人都可能成为“一座孤岛”，这并非危言耸听，而是每天发生在生活中的真实事件。以强关系的家庭为例，雪莉·特克尔用“群体性孤独”描述了现代人被新技术改变的社交状态：“家人在一起，不是交心，而是各自看电脑和手机；

朋友聚会，不是叙旧，而是拼命刷新微博、微信。”[①]《三个院子》的主线针对的就是重建家庭亲密关系。而面对流动性空前的陌生人社会，学会“共享”已经是现代人的一种基本素养，星素互动则是对这种弱关系的呈现与思考。

《三个院子》对不同社会关系的表达，既有个体生活的放大，也有群居的缩影。在明星既定关系的基础上，不断加入受邀前来的素人“一起过日子”，为人的个体性、社会性以及情感关系变化提供了渠道。素人又自带亲子、朋友、陌生人等多样化的关系，让这场社会观察的维度更加丰富与多样。

尤其值得强调的是，无论是明星还是素人，他们都是来院子里“过日子”的，所有交往的直接动机并非工作中的功利性利益交换，而是本真的情感需求。彼此关系的变化完全过滤了都市人惯常的职场竞争、钩心斗角，让每一段相处成为人与人之间纯朴的情感互动。建立群体关系，加强情感沟通，战胜“群体性孤独”，也是节目的目标之一。

显然易见，《三个院子》不追求“爆款”，而是平心静气地观照生活、体察社会，在扣准时代症候之际，充分尊重生活并让故事自然发展，这无疑是模式创新背后的深度思考。《三个院子》不是简单地鼓励受众去下乡、旅游，它是富有温度与态度、有着浓厚人文关怀和严肃思考的新综艺形态。“庭院深深深几许？”《三个院子》未必是治愈现代人精神、情感的良方，但它让公众感受到了生生不息的生命涌动，传递出了积极、健康生活的理想状态，给人一种积极向上、抚慰人心的力量。《三个院子》显示出了综艺节目的社会责任感和播出平台对社会问题的关注。

第二节　纪录片的迭代之策

新时代以来，中国纪录片市场取得了蓬勃发展。借助于网络媒介的传播，大量国产网红纪录片诞生，院线纪录片也受到广泛关注，纪录片越来越从小众独享转入公众视野。本节将从新传播格局下的实践逻辑出发，对当下融媒体时代纪录片侧重“日常叙事”呈现出的诗意生活、底层记忆与伤痕修复进行深入探索，并对纪录片导演张以庆的作品进行个案分析，探讨纪录片非有机叙事的魅力。

一、网红纪录片的现实依据

近年来，大量国产网红纪录片的诞生与发展，使纪录片从小众独享转入公众视野。

① 特克尔.群体性孤独[M].周逵，刘菁荆，译.杭州：浙江人民出版社，2014:28.

继《如果国宝会说话》大热之后,《创新中国》用"大开脑洞"的方式再次撩拨起年轻受众的心,《水果传》最先登陆B站,用"万花筒"般的影像风格掀起热潮。时下,大量采用超清技术、微距、高速摄影等特殊方式精耕细作,与国际接轨的国产网红纪录片陆续登上各类媒体平台。"网红"一词早在2016年就成为网络流行词,一些纪录片因其网络评价极高、传播范围广泛、深受网民追捧等特点而被冠以"网红纪录片"的称号。"新媒体与传统媒体加快融合,为纪录片带来了新机遇。"[①]2016年,央视纪录频道播出的纪录片《我在故宫修文物》,因其在社交媒体与弹幕视频网站的火爆传播,而被称为网红纪录片的"鼻祖";2017年,可谓中国纪录片飞速发展的一年,有学者认为:"中国纪录片已迈入公众时代。"[②]纪录片不再只是一道小众独享的"文化美食",大量国产网红纪录片在媒介融合背景之下陆续诞生并迅速发展。

第41次《中国互联网络发展状况统计报告》显示,截至2017年12月,我国网民规模达7.72亿,手机网民规模达7.53亿,网络视频用户规模达5.79亿,占网民总体的75.0%,手机网络视频用户规模达5.49亿,占手机网民的72.9%。[③] 在逐渐占有用户规模和使用率之后,网络节目内容全面进入精品化时代,移动化趋势也日益显著,这对纪录片产业的发展来说是极大的利好。2017年,中国共有44部纪录电影产出,比2016年增长37.5%,[④]其中的《寻找手艺》《航拍中国》《重返·狼群》《二十二》《零零后》《本草中华》《生门》等国产纪录片在题材内涵、叙事特征、传播形态等方面都具有各自的特点和个性,因为广受欢迎而被烙上了"网红"的印记。这些纪录片的走红绝非偶然,其时代特征主要表现在以下几个方面:

(一)内容打造:紧跟社会文化热潮,实现民族精神的隐性传播

社会文化是人们的生存现状和活动的表征,是一个不断优化的过程。纪录片的产生得益于机械复制时代艺术的发展,正如贝拉·巴拉兹在《电影美学》中所说:"可见的思想变成了可理解的思想,视觉的文化变成了概念的文化。"[⑤]纪录片便具有这样穿越时空的魅力。此外,在全国深入学习宣传贯彻党的十九大精神的热潮中,"文化自信"凝聚了新时代的精神力量。"文化自信"背后涉及建构民族身份的问题,而民族身份的构建过程包含了集体归属感的形成。"'集体归属感'引发共同的利益、人与人之间的

① 何苏六,徐锦.媒体融合背景下纪录片的新图景[J].中国广播电视学刊,2017(3).
② 何苏六.中国纪录片迈入"公众时代"[N].团结报,2018-02-10(5).
③ http://www.cac.gov.cn/2018-01/31/c_1122346138.htm.
④ 何苏六.中国纪录片迈入"公众时代"[N].团结报,2018-02-10(5).
⑤ 巴拉兹.电影美学[M].何力,译.北京:中国电影出版社,1979:25.

相互尊重,以及超越契约约束关系的类似于家庭亲属般的一种更为亲密的关系。”[①]当国产纪录片的发展被提升至国家文化发展的战略高度层面时,许多纪录片紧跟社会文化热潮,隐蔽地将意识形态贯穿在作品之中,那些让受众的“集体归属感”显得真实自然的作品,就更易成为“网红”。

表 3-1　网红纪录片信息一览(不完全统计)[②]

片名	上映/首播时间	题材	豆瓣评分	评价人数
《我在故宫修文物》	2016/1/7	人文/历史	9.3	64,906
《人间世》	2016/6/11	人文/社会	9.6	17,591
《了不起的匠人》(第一季)	2016/6/21	人物/生活	8.4	1,303
《寻找手艺》	2017/1/14	人文/社会	8.9	3,885
《航拍中国》	2017/1/28	主旋律	9.3	14,975
《了不起的匠人》(第二季)	2017/4/18	人物/生活	8.5	590
《重返·狼群》	2017/6/16	人文/自然	8.2	1,394
《二十二》	2017/8/14	人物/历史	8.8	94,104
《零零后》	2017/8/20	人物/社会	8.2	1,927
《本草中华》	2017/9/3	人文/自然	8.8	2,081
《辉煌中国》	2017/9/19	主旋律	8.4	2,979
《了不起的村落》	2017/11/14	人文/社会	8.7	1,349
《生门》	2017/12/21	人文/社会	9.4	4,105
《极地》	2017/12/24	人文/自然	9.5	6,012
《如果国宝会说话》	2018/1/1	人文/历史	9.5	4,938
《水果传》	2018/1/6	人文/自然	8.8	6,032

首先,聚焦悠久的传统文化载体,透过历史思考现实。国产纪录片很早就将镜头对准了中国优秀传统文化,但近年来的网红纪录片逐渐摆脱了以往类似作品中浅层物象的“能指”与表意功能的“所指”相互割裂的情形,开始探讨传统文化与现实对话的可能性。中国现代哲学家张岱年认为:“中国优秀传统文化中的主要核心是关于人的自觉的思想。”[③]纪录片通过纪实化、写意化的影像符号描摹出中国优秀传统文化,触发受众对民族精神的思考与“自我觉醒”,隐性地传播中国优秀传统文化精神,更易产生

① 尼科尔斯.纪录片导论[M].2版.陈犀禾,刘宇清,译.北京:中国电影出版社,2016:217.

② 数据来源于豆瓣网2018年3月3日实时数据的统计分析。

③ 张岱年.文化传统与民族精神[J].学术月刊,1986(12).

共鸣。例如,《本草中国》通过聚焦传统中医药题材,借助生动、活泼的表达方式,在传统文化视域下完成了对当下的审视;再如,《如果国宝会说话》采取古今相通、对话、呼应的制作理念,展示了现代人对古人的解读与致敬。

其次,通过精耕细作的"工匠之心",重新建构当代价值。随着传统文化的消逝,"工匠精神"成为时下越来越受关注的话题之一。在当代语境之下,"狭义的工匠精神是指凝结在工匠身上,广义的'工匠精神'是指凝结在所有人身上所具有的,制作或工作中追求精益求精的态度与品质"[①]。时下火热的纪录片如《寻找手艺》《了不起的匠人》《百年巨匠》等,通过表现匠人们创新、负责、"尚巧"、"求精"、自强、奉献、钻研等弥足珍贵的精神,治愈着现代人浮躁的内心。另外,工匠精神还是工业制造的灵魂,类似《超级工程》这种纪录片的走红,传播了主流意识形态,体现着国家话语框架中的时代品格。可以说,"温暖怀旧"与"彰显实力"是当下表达工匠精神类型纪录片的两大方向,"工匠精神"也在不同的语境中不断被纪录片的创作者们重新塑造。此外,网红纪录片一定是令受众感动不已的作品,这在创作层面上亦是工匠精神的表现。

(二)传播方式:在受众年轻化的基调上,顺应时下网络语态

网红纪录片的产生,极大地依托于互联网的传播。调查数据显示,2017年的纪录片在网络视频用户的偏好中占30%,位居第五,比2016年上升三位。[②] 中国网民中有73.1%的人年龄集中在10—40岁,这就为纪录片在网络上的传播受众定下了年轻化的基调。因而,在形式和内容上顺应网络语态的纪录片,更适合年轻人的口味,也就更易于在互联网上传播。

首先是注重弹幕、表情包等网络符号的使用,达到交互传播的效果。网络时代,信息的传播呈现交互和循环的态势,带着强烈后现代情绪的弹幕、表情包等网络技术的出现和使用,为年轻人进行去中心化、另类化的表达提供了便利,年轻人可以通过符号互动完成网络信息的再创造,实现文化的再循环。目前,《我在故宫修文物》在B站上的播放量超过了300万次,正是因为这里聚集的受众大多为90后和00后,他们在观影的同时通过发送弹幕来戏谑、解构甚至颠覆影片,交流观看体验与心得;深谙此道的还有《如果国宝会说话》,该片不仅在官方解说上大量使用网络语言接地气儿地"卖萌",还在此基础上制作出一系列表情包方便网络传播,还有"六千年,仿佛刹那间,村落成了国,符号成了诗,呼唤成了歌"这样的金句频出,可谓圈粉无数。

---

① 肖群忠,刘永春.工匠精神及其当代价值[J].湖南社会科学,2015(6).

② 牛梦笛.国产纪录片的黄金时代正在到来[N].光明日报,2018-02-06(9).

其次是把握网络碎片化传播的特点，以微纪录片的形式降低受众接受门槛。媒介“碎片化”其实是消费者“碎片化”在媒介消费领域的体现。“伴随着‘权威’的坍塌与受众自我意识的崛起，用一个节目或一个出版物获得大量受众已经不再可能，它需要各种视听形态来吸引比以往更狭窄和更准确的受众，媒体组合的重要性尤为显著。”[①]基于网络传播碎片化的特点，纪录片作品如何积极地顺应潮流发展，使用碎片化的视听语言迎合受众需求是创作者们不断探索的命题。例如，《了不起的匠人》最先尝试将节目时长控制在10—20分钟，《如果国宝会说话》也是以微纪录小视频的形式达到让受众“充电五分钟，穿越八千年”的目的。纪录片牢牢把握碎片化网络传播的特点，一方面降低了年轻受众对纪录片的接受门槛，另一方面也增加了传播频次、扩大了传播范围，为其在“网红”的道路上添砖加瓦。

（三）传播渠道：文化消费升级时代，媒介融合扩大影响力

在媒介融合时代，网络早已打破了传统电视线性传播的局限，受众可以随时随地通过网络接收画面和声音，并且选择回看自己感兴趣的纪录片或跳过自己不感兴趣的内容。因此，纪录片要想拥有较大影响力就需要全心全意地拥抱互联网，不仅要在内容、渠道、平台、经营、管理等方面实现与新兴媒体的深度融合、提高效率、扩大口碑，还得不断探索新的发展模式。

一方面，网红纪录片深谙移动思维跨屏传播之道，力图实现多渠道同步推广。媒介融合发展的总体趋势是移动化、平台化、智能化，这就需要纪录片在传播渠道的选择策略上实现基于移动传播体系的精准传播，在不同平台上同时推广以达到聚合效果。在实践层面上，把握移动思维以实现跨屏传播、多屏同步是未来纪录片发展的必然趋势与出路。我们也看到，当下的网红纪录片，如《如果国宝会说话》《航拍中国》，不光利用了主流电视传统媒体工具，更是在视频网站、微博、微信上“全面开花”，这也体现了平台融合、渠道融合的深度媒介融合思想。具有优质内容的纪录片利用网络媒体覆盖面广、互动交流频繁的优点，可以在受众范围上实现几何级数的增长。

另一方面，网红纪录片主动迎合互联网竞争环境，通过众筹、开发IP等手段打造跨界作品，探索新出路。在内容产品、商业模式、体制机制等方面做出适应互联网复杂竞争环境的纪录片，往往是“第一个吃螃蟹的人”，也因此更易获得受众的关注，年轻化的网络受众也更愿意主动以“传播者”的身份对优秀的作品进行推广。例如，电影纪录片《二十二》的公映，最初来自32,099位互联网参与者的筹款，也正是因为此次众筹，

---

① 黄升民，杨雪睿.碎片化：品牌传播与大众传媒新趋势[J].现代传播，2005(6).

在正式上映之前，该影片已经赚取了一部分受众的关注与支持；再如，《了不起的匠人》，起初创作的立意并非只是做纪录片，而是立足于内容，对此还开发了书籍和展览，更尝试了通过阿里系统进行电商变现，并衍生出了《了不起的村落》《三日为期》等文化IP作品。

总之，在网络信息碎片化的时代，受众群体会可预见性地变得更加开放和多元，人们更渴望看到一些闪光的人物或事件，很多纪录片创作者因此尝试以独特的视角展示以往被遮蔽的社会经验与生命体验，提供"陌生化"的作品以吸引受众的注意力。正如比尔·尼科尔斯的观点那样："纪录片是使用一种富有表现力的、迷人的方式去进行说明的，所以它们具有非纪录片所缺乏的自由、独特且强烈的'声音'。"①

纪录片若要成为网红，在文化内涵、传播渠道、传播方式等方面迎合时代特征之前，内容为王、突破常规、规避趋同依然是赚取强大口碑和流量的根本。在此基础上，才能建立产业链条来寻求商业价值，以全球化视野走向国际。纪录片的黄金时代从2017年就已经开始了，新时代的国产网红纪录片正逐步走向文化深处的"盛夏光年"。

二、"日常叙事"的内在动能

2010年《关于加快纪录片产业发展的若干意见》颁布以来，在政策和市场的双向驱动下，国产纪录电影的数量和质量均有了显著提升。2018年，14部国产纪录电影进入院线放映。越来越多的纪录电影开始驻足、凝视普通人日常生活中不平凡的一面，日常叙事结构性呈现出繁荣的趋势。其中，《四个春天》(2019)、《生活万岁》(2018)和《二十二》(2017)三部纪录电影在市场和业界均取得了不错的成绩，它们的艺术表达虽然各具特色，但其相同之处在于都有着鲜明的日常叙事特征，即通过对现实生活中的平凡个体或被遮蔽角落进行精细化捕捉、挖掘和再现，激起观众共情并引发人们深入思考。

(一)日常叙事：话语方式与言说主体的转变

在叙事学中，一般将叙事方式分为"讲述"(telling)与"展示"(showing)两种，其主要区别有三：第一，就其与所描述对象的距离而言，"讲述"的距离比"展示"大，"展示"比"讲述"更直接；第二，就其传达的叙事信息而言，"讲述"较"展示"少，因为前者更简练而后者的描写更详尽；第三，也是最重要的一点，"讲述"有一个叙述者面对读者，作

① 尼科尔斯.纪录片导论[M].2版.陈犀禾，刘宇清，译.北京：中国电影出版社，2015：147.

为传达信息的中介存在于文本中，而“展示”中的叙述者却不介入或很少介入叙事，尽可能不留下叙述的痕迹。[①] 由此观之，相对于讲述式的“宏大叙事”而言，“日常叙事”是一种更偏向于“展示”的叙事方式，是“一种更加个性化的叙事，突出平民生活生存的常态……它也许没有国家大事式的气势，但它关心被国家大事的共性所遗漏的个体的小小悲欢，被国家大事历史选择的排他性所遗漏的人生的巨大空间，日常叙事悉数纳入自己的视野”[②]。伴随着“宏大”的消解，“日常叙事”以一种对当下个体生活经验进行想象性表达的叙事状态展开文本。从话语主体来看，日常叙事的主体偏重于社会个体；在文本呈现方面，它更倾向于采用简单平实、生动形象的故事化表达，使传达的内容更具象、更平实。此外，以多元化叙事视角完成立体覆盖，对日常生活既赞颂也反思亦是日常叙事的重要特点之一。

2017 年，纪录电影《二十二》以 300 万元的成本收获了 1.7 亿元的票房，撬开了中国纪录电影院线时代的大门。这部讲述“慰安妇”敏感话题的作品，并未像以往纪录片常用的“宏大叙事”那样着意铺陈历史背景、渲染苦难仇恨，而是重点选取了 4 位幸存者，以回望的视角展示这一特殊群体生命余晖中的生活本相。与《二十二》主要运用采访的呈现方式不同，《四个春天》和《生活万岁》则采取了“直接电影”的形态。然而，三部作品相同的是，它们都尝试通过话语方式与言说主体的转变，来呈现隐匿在被记录者、记录者与观看者各自生活中的“关系”——人与历史的关系、人与他者的关系、人与自我的关系。三部作品的投射点都聚焦在日常生活中的普通人身上，他们身处巨大又多元的时代场域，是叙事的建构者、被建构者和见证人。《二十二》从不断变化着的当下反观历史，人文关怀在影像中悄然流露；《四个春天》渲染慢生活的山野色彩，寄意于对传统家庭生活的眷恋；《生活万岁》则发起了对生活方式和生命意义的追问……凡此种种，创作者都力求在平淡的日常叙事中蕴藏积极、深刻的思考。

尤其需要强调的是，这些作品的“日常叙事”，除了对主体正面的表现以外，都不乏对主体负面情绪的展示。甚至可以说，影片中着墨不多的负面情绪，让观众更相信作品中日常的真实性，并由此为作品铺设了对话功能——观者与被记录者的对话、观者的自我对话、个体与社会的对话、人与环境的对话。人们借此发现和反思浸淫在文化中的自我、自我与外界的关系、自我应该如何选择。就像纪录电影需要自主性一样，正是在对话与反思中，个体获得自我确认的可能。

---

① 罗钢.叙事学导论[M].昆明：云南人民出版社，1994：189-190.

② 郑波光.20 世纪中国小说叙事之流变[J].厦门大学学报，2003(4).

(二)诗意生活:弥合观众的视域差异

海德格尔曾引用德国诗人荷尔德林的著名诗句“人,诗意地栖居在大地上”作为他哲学研究的起点。他从形而上的层面来描述人类存在的与众不同,企图唤醒亚里士多德在《形而上学》三分法中“制作”方面所讲到的悲、喜剧的“诗学”。与动物单纯的自然性存在方式不同,人的存在除了具有“日出而作、日落而息”的自然属性之外,还在无时无刻地“营造”着自己。这种“营造”构成了人类主体性的栖居,而“诗意地栖居”便是“自由地”对待自然且“自由地”对待自己。以一种完全“自在”的状态达成人与自然的“同在”,这是“诗意生活”的真谛。然而,随着现代科技的发展与消费主义浪潮的席卷,人们控制自然的欲望日益膨胀,其负面影响便是人们越来越“不自由”,越来越失去“自我”,与此同时,人与人之间主体性的鸿沟也越来越难以弥合。

2019 年上映的以家庭生活为载体的纪录电影《四个春天》,导演陆庆屹以其父母为主要拍摄对象,用朴素而又真切的镜头为观众呈现了黔南小镇充满诗意和生机的自然状态。导演用 4 年多的时间,以无意识的私人影像方式记录了人与人、人与自然之间发生的故事:劳作、歌唱、出游、爬山、探亲、丧葬、欢聚别离……诚然,贵州小镇的风土人情与大部分银幕前观众的生活存在着巨大的主体间差异,但是通过对诸多记忆碎片的捕捉与拼贴,呈现这个普通但并不典型的家庭所传递的爱与自由,引发人们开始审视自我当下的生活,进而去反思什么才是真正的珍贵与值得。影片中颇具玩味并反复出现的意象之一是“燕子”,燕子在中国传统文化中象征着春天的到来,既有惜春伤秋之情,又有渲染离愁之感,更有寄托相思之意。“蜂儿不解知人苦,燕儿不解说人愁”,物与人、人与情,通过对普通家庭、普通人日常生活的“诗意化”表达,《四个春天》唤起了银幕前观众的共鸣,一种普遍的归属感在观者内心中涤荡。在价值多元、碎裂的当代生活中,这种方式如诗歌般抚慰人心,无疑对观众起到了一种黏合作用。

就当下的文化场域来看,焦虑的现代人渴望逃出阐释意义的藩篱。但从另一个角度来看,人们既想保持一份独立的主体区别性,又极为担忧被边缘化、被抛弃,从而反向催生出强烈的从众心态。他们只希望在具有共性的文化语义阐释空间中,发挥一下可被社交圈层正向解读的区别性和特殊性,从而更好地凸显自身价值。① 把生活诗意化或者着力表现“诗意生活”的纪录电影,迎合了当代人特定的心理需求,构建了具有同一阐释意义的空间。

无论是前述的《四个春天》,还是《生活万岁》和《二十二》,我们都可以从作品中看

---

① 邓笑然.“中国形象”在纪录电影中实现视域融合的效度:基于阐释学的共同体精神建构[J].当代电影,2018(12).

到其“诗意”的一面。这种“诗意”可以表现为《四个春天》中一对普通老人的日常生活景象；也可以是《生活万岁》中摄影机像一弯明月般照映“沟渠”的某些角落，并为之披上一层“朦胧的外衣”；甚至在《二十二》中，导演铺陈曾经的苦难，以此烘托出的当事者达观、平淡的现状，似乎也被赋予了某种“诗意”。银幕上建构的“诗意”场景，让观众在共情的基础上实现了悲欢相通。在人们的感知被分化得更精细也更错位的当下，这类作品起到了弥合受众视域差异的作用，在某种程度上实现了联结情感、抹平身份的功能。

（三）底层记忆：寻求当代文化的最大公约数

在社会科学领域，葛兰西在《狱中札记》中最早提出“底层”一词，他主要强调了两种含义：其一，是产业无产者的代名词；其二，在以阶级划分等级的社会里，占支配地位的阶级和从属阶级之间更一般的关系。[①] 底层形象在叙事和意识形态表达上有着十分重要的表征意义，多样化、流动性的底层记忆形成了当代复杂的文化景观。在不同的话语环境中，“底层”有着不同的表述。20 世纪 90 年代，《东方时空・生活空间》开始了从普通人角度记录历史的电视实践，其广为人知的栏目语是“讲述老百姓自己的故事”。“老百姓”无疑是关于“底层”群体的一种表述。

进入 21 世纪以来，在现代化进程加快的时代背景下，中国的社会阶层结构发生了重大、显著的变化。此时的“底层”已不同于 20 世纪八九十年代以来，在传统农业社会向现代工业社会转型过程中，因生存空间不平衡，在城乡“二元对立”中，从贫困乡村走出来的进城务工群体。阶层变迁导致了社会资源的重新分配及利益格局的重构，当下的“底层视角”更应该是对被时代遮蔽的角落的关怀与反思，“反思实际上是文化自觉的尝试”[②]。这种尝试反映在纪录电影中，更多的是以一种融入其中的立场，以一种平等的视角关注平凡人的生存境遇。比如，聚焦当代工人的《我的诗篇》，书写山城重庆负重前行的棒棒军们的《最后的棒棒》，讴歌普通中国人坚守与热爱的《生活万岁》等作品。它们以纪实的方式反映普通民众的苦与乐，我们可将之看作是追求当代文化的最大公约数。从另一个角度来看，“人民”才是推动社会与历史进步的决定力量，他们历经的苦难与欢乐理应被记录下来。没有底层的历史只是断裂的篇章，这些承载着人类历史命运的底层记忆，才是揭开历史与社会隐秘的实践逻辑的关键所在。

《生活万岁》就是以 15 名普通人的故事拼贴而成的纪录电影，堪称中国版的《浮生

---

① 王庆明，陆遥．底层视角：单向度历史叙事的拆解[J]．社会科学战线，2008(6)．

② 费孝通．反思・对话・文化自觉[J]．北京大学学报（哲学社会科学版），1997(3)．

一日》，引发了各个群体对“生而为人”的思考——有时候，用力活着便是全部的信仰。单身妈妈、生病的医生、帮儿子还债的老母亲、为亡妻念情书的退伍老兵、卖唱的盲人伴侣、骑三轮车的老头、失恋的舞女……这些身份符号无一相同，但在人间百态中，观众借助影像体悟到了逆境人生中底层个体的倔强与不屈服。毋庸置疑，苦难是大部分普通人生命中的重要内容，学会直面苦难亦是每个人生命中的必修课。纪录电影对底层的书写，更多的是将生活中的苦难呈现在银幕上。无论是《生活万岁》里充满艰辛与坎坷的普通人，还是《二十二》里一边被“彰显”一边又被“遗忘”的慰安妇们，在“被消费”过后，都不得不面临着“被失语”的处境。然而，观看这些苦难的人，并非苦难经历者本人，更多是“凝视”苦难的“他者”。在电影院的场域中，聚焦底层的纪录电影在再现生命图景的同时，似乎也尝试着以“底层视角”与主流意识对话。然而，当一切回到现实，底层的命运故事似乎很快就会被遗忘，这种反讽效果多少有些令人沮丧。

不可否认，当代生活中的人们正面临着信仰缺失的严重危机，大多数人忙忙碌碌，只为物质奔波，最终还被“焦虑”所捕获和填满。怀疑论、不可知论等诸多不可名状的后现代情绪，像幽灵一般飘荡在人们的精神世界里。此时，亟须召唤和引导一种具有同构性和指向性的内涵，在当代分散四溢的多元价值圈层中建构一个精神共同体——底层记忆，把它作为建构当代文化的最大公约数，亦是促进不同圈层视域融合的关键一步。

(四)伤痕修复：意义延异的纵深思考

在日常叙事的话语模式中，纪录电影关于“伤痕”的处理表现为多重层面的修复、弥合甚至和解。然而，伤痕“修复”的意义是延异的。在德里达看来，“延异”是指文本本是无中心的，结构也是不稳定的，其表述的意义超越了时间与空间而不断变化着、游移着，在各种不同的结构中不断被解构着。[①] 从这个角度来看，《二十二》受到争议、褒贬不一也就能够理解了。

《二十二》抛弃谱写历史惯常的“宏大叙事”，采用极为细腻的个体叙述视角，用碎片化、生活化的镜头语言，试图重新描摹历史的伤痛。22 位中国内陆仅剩的“慰安妇”幸存者，除了这个标签和符号之外，她们的生活似乎与普通老人的晚景并无差别。对亲历的个体而言，采取这样一种平静的日常叙事记录方式，似乎好过带着强烈仇恨的情感宣泄，历史的“伤痛”被淡化为“隐痛”。显然，这种“陌生化”的处理方式与宏大叙事的揭露、控诉不同，更多是尝试着对历史“伤痕”进行“抹擦”和“修复”。在德里达看

---

① 德里达.延异[J].汪民安，译.外国文学，2000(1).

来，当一个文字写错了，人们把它涂抹掉，这个字与其涂抹的痕迹会一同呈现出来，这也真实地再现了书写的心理。就此来看《二十二》，它不得不面对这样的质疑：它真的做到反映历史了吗？我们在面对侵略与民族仇恨的时候，除了通过还原、归罪等叙事手段记住这段悲痛的历史之外，更重要的是"反思"和对"反思本身的反思"，这恰恰是这部作品所欠缺的。换句话说，造成"慰安妇"群体形成的原因，以及当下社会对其认知的现状究竟什么才是值得深入解读和引发观者思考的内容。因此，个体叙述的单一性，使影片对伤痕的表现延异为"抹擦"与"修复"。

《生活万岁》是关于人在困境中努力生活的故事。片中的每一个人物都面临着这样或那样的现实难题，涉及记忆、梦想，似乎人人都带着"伤"，外伤或内伤。纯现在时态的影像写作，不同人物、场景零散、细碎的片段，最终妥帖地"收纳"在一起，形成一个新的空间。而收纳这一切的正是"苦难"与"伤痛"，也是"宏大叙事"中常常忽略的场景。创作者的巧妙之处在于，影片并不追问造成"伤痛"的原因，而是用一种召唤结构将阐释权交给观众。任长箴作为导演之一，以"进窄门，走远路，见微光"诠释了创作理念，这也意味着她将修复"伤痕"的责任抛给了每个个体：顽强生长、"活下去"就有希望。[①]在这一点上，《四个春天》对于"伤痕"的处理有类似之处。在即将到来的第三个春天，姐姐去世，原本和谐、快乐的一家人不得不直面亲人离去的悲伤。年迈的父母白发人送黑发人，显然更加悲痛。于是，第三个春天，导演用大量的篇幅展示姐姐健在时的影像，以及父母对女儿的怀念场景，这在一定程度上缓和了悲伤，是一种主动、干预式的伤痕"修复"。第四个春天，两位老人在已故女儿的坟茔四周种上辣椒，防止动物来踩踏；母亲在餐桌上留着女儿的碗筷；父亲找出已落满灰尘的短笛，家里又有了音乐……伤痛转化为接受、坚强与豁达。

我们不妨换个角度去理解以苦难、伤痕为依托的纪录作品。吕新雨认为，探讨纪录片的真实性其实和探讨纪录片的历史使命是一致的，关键在于要建立观众对纪录片的信任，而信任的基础则建立在创作者不以一个权威的角度垄断对事件的阐述之上。纪录片导演面对拍摄对象，要有对真相的敬畏，更需要一种自我反省，即记录下来的应该是个人某一个视角下的真实，并不代表"绝对"的真实。因此，日常叙事中的"伤痕"应该在真实和表现两个维度上达到平衡，将意义的阐释最终交给每一位观者去完成。

总体而言，三部纪录电影承载的意义大于电影本身。它们尝试着以更加开放的姿态来面对观者，让观者通过解读影像文本来挖掘属于自身的价值。在"日常叙事"的整体语态中，作品对生活的诗意呈现、对底层记忆的打捞与调和、对伤痕的修复式处理，

---

① 张嘉.进窄门 走远路 见微光[N].北京青年报，2018-12-05(B05).

目的都是为了让人们更多地关注主体、弥合差异、产生共情，进而真正实现彼此的对话。我们可以继续追问的是，实现对话与反思的基础与核心是什么？答案是相互理解。德国哲学家伽达默尔曾说："一切理解都是语言的理解……语言有一种隐匿和隐匿自身的力量。"[①]三部作品的语言体系正是采取了日常叙事的方式，实现了与现实的"对话"，并由此激发观众去思考关于自我、自我与他人以及自我与外部世界的关系。

三、发掘非有机叙事的空间

20 世纪八九十年代新纪录运动以来，中国纪录片的创作呈现了多元化发展的局面。新纪录运动始于对旧的乌托邦的反抗，既是对传统政治意识形态的拆解，也是对整个 20 世纪 80 年代面向西方理想主义乌托邦的反省。[②] 究其根源，我们不妨把它视作以 1978 年思想解放运动为开端的"新时期"社会运动，市场经济浪潮席卷全国，时代瞬息万变，一切坚固的东西都烟消云散了。时代变幻中的艺术表达在张以庆作品中都留下了印记，无论是《舟舟的世界》《英和白》，还是《幼儿园》以及近期作品《君紫檀》，他的每一部作品都引起了纪录片业界与学界的广泛关注与讨论。

在一个多元记录的影像时代，张以庆虽将镜头对准外界，但却时刻叩问内心。其最新作品《君紫檀》对艺术全方位、多维度的探索，从另一个侧面展示了他在艺术风格上的内在连续性。简言之，在纪录理念上，他并未停止强烈的主题干预；在文本策略上，擅长以陌生化手法触发人们不同寻常的情感悸动；从接受角度来看，其作品的召唤结构与缝合机制不断满足着人们的期待视野。随着文本的解读与延伸，张以庆在看似封闭却处处敞开的影像世界里，呈现了艺术创作与阅读的种种可能。

(一)纪录理念:客观纪实与主观表达

约翰·格里尔逊关于"纪录片是对现实的创造性处理"的论述，引发了学者诸多角度的阐述与讨论，其中一个核心议题便是客观纪实与主观表达之间的矛盾，即"现实"与"创造性处理"之间的边界。"现实"与"真实"不同，在艺术作品中，无论是小说、戏剧、美术还是电影电视，它的构成方式与真正的物质存在没有直接的关系，真实只是一种建立在认同心理上的"现实"的幻觉。[③] 所以，纪录片尽管具有反映现实的优势，但它并不等同于现实，它通过现实主义的影像表现被人们平时所忽略的真实景象。其

---

① 伽达默尔.真理与方法：补充和索引[M].洪汉鼎，等译.台北：时报文化出版企业有限公司，1995：203-218.

② 吕新雨.新纪录运动的力与痛[J].读书，2006(5).

③ 雷建军，钟大年.纪录片：影像意义系统[M].北京：清华大学出版社，2015：206.

中，最关键的部分便是通过摄影对景象的捕捉与控制，来实现纪录片语境下的艺术表达。巴赞曾说："摄影与绘画不同，它的独特性在于其本质上的客观性……摄影的客观性赋予影像以任何绘画作品都无法具有的令人信服的力量。无论我们用批评精神提出多少异议，我们不得不相信被摹写的原物是确实存在的，它是确确实实被重现出来，即被再现于时空之中的。"[①]可见，建构纪录片的基础一定是客观现实，创作者们通过摄影机冷静地记录、以事实为原型、客观地展示场景，来完成一场非虚构创作。正是以客观纪实为前提，纪录片方才彰显了合法性，这是它与故事片以及其他艺术片的差异所在。

"创造性处理"更偏向于一种主观的表达。在这里，"处理"是"戏剧化"的同义词，处理或戏剧化（有时也被称作"阐释"）反映了纪录片创作者使用现实素材建构戏剧化叙事的愿望。[②] 正是为了达成"戏剧化叙事"的愿望，纪录片同样毫不忌讳地运用各种摄影技术手段。关于摄影创造性的争论从未间断，电影究竟是一种艺术还是仅仅作为一种机械的复制这一问题，在纪录片的世界里一直不断回响着。在本雅明看来："只有借助摄影，我们才能认识到无意识的视像，就如同心理分析使我们了解无意识的冲动一样。"[③]从这个角度出发，纪录片无疑是一种"创造性处理"。也就是说，以尊重客观现实为前提，纪录片创作者更应该关注的是个人主观的表达，这二者虽在表意上是对立的，但其本质上依然需要融合。

张以庆的每一部纪录片作品争议的起点几乎都源于"主观"与"客观"之辩。他本人的看法是，"那些看上去很'客观'的纪录片实际上是作者很'主观'地赋予了纪录片一种很'客观'的形式，而那些看上去很'主观'的纪录片实际上是作者很'客观'地赋予了纪录片一种很'主观'的形式"[④]。正是有着这样的创作理念，从他的作品中我们可看到客观纪实与主观表达不再只是对立地存在，而是透过纪实手段很好地展露个人的主观干预，一则带有导演本人的个性色彩，二则也更好地解读了格里尔逊的"对现实的创造性处理"的概念。

在《英和白》中，开篇镜头借助大熊猫英的倒立视角透过铁笼看向外面，与片中饲养员白透过电视机看外面的世界（电影、克林顿丑闻、"9·11"事件、新年的钟声敲响等）的镜头相呼应，这里采用了隐喻的表现手法，实现了创作者主观干预的目的，将这两种"看"内在地联系在了一起。英的"看"与白的"看"之间的不同之处显而易见，而他

① 巴赞.电影是什么？[M].崔君衍，译.北京：商务印书馆，2017：5-6.
② 温斯顿.纪录片：历史与理论[M].王迟，李莉，项冶，译.北京：中国广播影视出版社，2015：94.
③ 本雅明.迎向灵光消逝的年代：本雅明论艺术[M].许绮玲，林志明，译.桂林：广西师范大学出版社，2004：12.
④ 张以庆.记录与现实：兼谈纪录片《英和白》[J].电视研究，2001(8).

们之间的共同点若非经过这样的方式恐怕难以让人真正直观地感受到。张以庆说："我要说的不是它究竟看的是这一个还是那一个，而是说它背后的东西，人类的精神的东西。'看'这个动作只是引发思考的一个载体、一个依据，'看'的背后是现代人寂寥的主题。"[①]人们不禁思考，在当下社会中，我们每个人都身披枷锁孤立地存在着，与身在笼子里的大熊猫英又有何本质的区别呢？正如片子开头的字幕所说："1,200 万年前熊猫就存在了，是独居的动物。300 万年前产生了人类，那时人们是群居的。今天熊猫依然独居，而人们……"

(二)叙事策略：间离效果与移情作用

既然承认纪录片需要"创造性处理"，那么在表现方式上增加故事性与戏剧性，便可以在很大程度上突破纪录片这一类型本身的局限性。所以，纪录片借鉴故事片处理情节的方式似乎十分有必要，其中"陌生化"的效果就是很多艺术创作者不断追寻的。布莱希特的"间离理论"源于俄国形式主义的陌生化概念和马克思唯物史观的异化概念，借助于此，艺术作品与现实世界之间得以分割开来，艺术作品有了"自主性"。二者的相同特征是将熟悉的、众所周知的对象反映为奇特的、陌生的机制；不同之处在于，布莱希特意图让戏剧艺术与现实和历史更紧密地联系在一起，因为社会的现实生活在不断地变化着、发展着，戏剧艺术也就因此有着自己不同的反应，而后者则更偏重于文学方面，借助抽象的文字符号，意图建立一个超然于现实的独立的艺术世界。

在布莱希特看来，"间离效果"的唯一目的是展示世界的进程，以便最后能改造世界；"间离效果"是"叙事的戏剧"的一部分，这种戏剧所拥护的正是自然和现实的内容，是幽默，它反对一切拥有神秘色彩的东西——至今还被墨守成规的戏剧抱住不放的一种旧时代遗物。[②] 显然，张以庆的纪录片在很大程度上反映了现实，又透过当下的现实让人不断思考历史的影响与未来的走向，他采用的"陌生化"手段更偏向于布莱希特的"间离效果"。这种效果与移情作用相对，但张以庆借助这种"间离效果"，让人们更易产生移情体验，使人们在乐于观看的同时，心境也被渲染上了某种色彩。

从《舟舟的世界》《英和白》到《幼儿园》直至《君紫檀》，人们很难在张以庆的作品中感受到纪录片单纯的、可直接表达的美好，更多的则是难以言表的感伤。在题材的选择上，张以庆选择的往往是社会底层、弱势、边缘的群体，这些角色的指涉有悖于传统的审美意识，并且对"感伤"进行了深入浅出的彻底描绘，这是张以庆作品的一贯特点。

---

① 张梓轩，梁君健.在温暖影调中携冷静忧思行走世界：导演张以庆专访[J].南方电视学刊，2010(2).

② 布莱希特.间离效果[J].邵牧君，译.电影艺术译丛，1979(3).

《舟舟的世界》将镜头对准一个患先天愚型症(智障者)的孩子,乐团无忧无虑的生活并不是他永远的乌托邦;《英和白》讲述了世界上仅存的一只被驯化可上台表演的熊猫英和一位有着一半意大利血统的女饲养员白之间不为人知的情感故事,影片之外,英还是先走一步,从此与白天各一方;《幼儿园》则表现的是一所寄宿制幼儿园中孩子们的群像和日常,孩子们在无数的打闹与争吵中开成各种不一样的花;《君紫檀》的主人公看上去事业有成,但满屏都是时不予我英雄梦的失落与无奈。在表现方式上,张以庆同样不断地制造“间离效果”,捕捉易被人忽略的细节并与观看者的移情体验结合在一起。《舟舟的世界》利用色彩的叙事功能,舞台上演出团队明亮的灯光、色彩与舞台下昏暗角落里独自沉浸其中的舟舟,片子利用背光的场景激发观看者的内心情感;同样的色彩叙事也被用到《幼儿园》中,孩子们在黑板前被采访的片段穿插在幼儿园日常的生活影像中,泛黄、做旧的色调带给人一种记录感和历史感,孩子们受访时各种富含变化的反应,很多都超越了童真而变得过于成熟,让人不禁对“童年的消逝”作出沉甸甸的反思。

在探讨“如何把中国纪录片打造成一门世界通用语言”这一问题上,张以庆说:“纪录片因为其特有的真实性,具有认识世界的功能,人们能够通过纪录片来认识一个民族、一个国家它所处的时代和进程以及其面临的问题,同时,它在人类的发展、教育、心理等共同的层面上可以和世界获得交流的交集。”[①]所以,张以庆更多地将视野投向了那些虽平凡但不为人知的角落,借助间离效果与移情作用,以呈现者的姿态,用影像与观者对话。综观张以庆的作品,很多时候都是在“丑”的世界中发现美,在美的世界中挖掘恶。世界也许并非人们表面所看到的那样,而纪录片正是以寓言的形式批判现代人精神世界的孤独、空虚与异化,渗透出现实的底色。

(三)意义生成:召唤结构与缝合机制

从接受美学的角度来看,观众对文本的接受过程是对文本的再创造过程,也是艺术作品价值得以真正实现的过程。德国接受美学代表之一的沃尔夫冈·伊瑟尔率先提出“召唤结构”这一概念,在他看来,文学文本中存在着意义“空白”和“不确定性”,所有这些空白、空缺、否定因素组成了文学文本的否定性结构,成为激发、诱导读者进行创造性填补和想象性连接的基本驱动力。[②] 简而言之,就是通过文本产生的不确定性与空白,以召唤观者参与创造。张以庆的纪录片不光给人以客观的纪实性,即通过镜

① 张梓轩,梁君健.在温暖影调中携冷静忧思行走世界:导演张以庆专访[J].南方电视学刊,2010(2).

② 朱立元.略论文学作品的召唤结构[J].学术月刊,1988(8).

头对形象进行抓取，更让人意味深长的是其作品的主观召唤性，即作品基本的意义内容来源于导演创造的主体性，这种开放性为观众留存了很大的思考空间，使观者可按其自身的审美经验进行意义重建。

张以庆的纪录片具有强烈的批判现实功能，这在一定程度上是通过召唤结构与缝合机制体现出来的。一方面，召唤结构为纪录片文本带来了不确定性与空白，这意味着纪录片的画面不仅能被归纳成它可见的部分，而且文本还能在画框以外延伸；另一方面，电影通过常用的灯光、声音、色彩和正反打镜头等连续性剪辑手法，共同构成了缝合体系，帮助观众用自身的主体幻觉弥合诸多空间、叙事、意义的裂缝。在《英和白》中，熊猫英因为生理及情绪上的波动在笼子内变得焦躁不安，白在笼子外面陪伴着以化解和缓和它的情绪，这一幕采用了正反打特写镜头和栅栏的前景遮挡镜头，将大熊猫英做了拟人化处理，既表达了人与动物之间心心相通，同时又表达了心与心之间被阻断、被隔绝、被囚禁的孤独之感；再如，在表现英和白平淡甚至有点单调的日常生活时，经常会插入电视新闻的镜头或声音，新闻作为一个象征时间和外部世界的符号，与英和白十年如一日的生活缝合起来，不会说话的英与不愿说话的白，共同暗喻了当下主体的一种主动后退、主动拒绝的状态。

缝合机制作为一套“指导符码”，与召唤结构的“偏离效应”在一定程度上共同对影片的意义生成发挥作用。在《舟舟的世界》中，导演用大量篇幅来呈现舟舟的日常生活，即他在乐团、剧院、排练室、商场等场所中与大家打成一片，人们并没有排斥一个患有先天愚型症的孩子，反而还与之相处得非常融洽，这本身就具有超常性与反常性，同时也呼应了片头“一切生命都具有尊严”的主题，实现了人文精神的升华；在《幼儿园》中，彩色的纪实影像不断记录着幼儿园里的孩子们吃饭、上课、打闹、睡觉等各种充满童稚和天真的动作、表情，而中间穿插着的泛黄的采访影像不断地向这些孩子们提出成人世界里思考的问题，这种“偏离”让观者看后难免产生悲凉之感；《君紫檀》中戏曲唱段、西洋音乐的肆意表现，看似与纪实段落“偏离”，却因其“突兀”而将公众的情绪与思绪引向了探究主题、意涵的维度。

（四）另一种可能：反叛“情节”，超越有机叙事

在张以庆的整体作品序列中，可以看到他意图从平凡、简单的题材中表现形式美，给人以强烈的情感冲击力，新现实主义的创作风格构成了他一贯的艺术主调。在这样的主调之外，又插入了浪漫主义充满诗意的元素（如画外音乐、字幕的使用），各种影像元素碎片在片中散漫地游荡，打破了以往以时间为主线的有机叙事，呈现出一种去戏剧化的模式。看似漫不经心堆砌的各种元素碎片，使得沉寂在片中更深、更广的时间

得到了延伸，为镜头或解说词在较长的寂静和空白中扩展提供了可能，实现了对“情节”的反叛，这种艺术探索在《君紫檀》里达到了高峰。个性鲜明的人物，加上各种元素的杂糅，随着多样而复杂的情绪、意义巧妙组合，让观众不断地产生惊诧的心理感受。

法国后现代哲学家吉尔·德勒兹提出了“无器官身体”这一概念，对传统的生命观念进行了拷问，从更为本质的“宇宙视角”重新审视生命的内涵、过程与意义。我们不妨以一种更为宏观的大生命观来读解张以庆和他的作品，理解生命与艺术，即在被拍摄的“主体”与“他者”之间存在着连续性和无限性，它们互相确认着自己的存在。

纪录片需要叙事，叙事是时间的艺术。法国哲学家亨利·柏格森认为，过去、现在和未来是一个不可拆分的整体，时间就是一道永不停息的绵延之流。德勒兹进而认为，这种视过去、现在、未来为一体的非线性时间观才是宇宙时间生生不息的原貌。从这个理论视角看纪录片的叙事可以有两方面的发现：一方面，对非有机故事内容的表达注定要通过一种新的、有别于传统的叙述话语加以呈现；另一方面，新的叙述形式也会自然而然地表达着全新的故事世界。概而言之，二者是一个相互交叠、不分你我的“褶皱”，在一种共生关系中共同造就了非有机叙事的艺术魅力。[①] 在张以庆的纪录片中，现实的每一个场景似乎都是独立的碎片，碎片之间既有联系又可以毫不相干，但都静置在沉寂的时间内，时间成为多元维度的综合与轮回。

正如《舟舟的世界》最后的字幕所言，“每个人都构成别人世界的一部分”，或许在张以庆看来，无论是先天愚型症患者舟舟，还是与大熊猫英相依为命的饲养员白，抑或是那些终将长大成人的孩子们，还有做着家具却活在霸王英雄梦中的工匠顾永琦，人与物在时空中的交流、互动本就是一体的，人们应该超越固有成见，以更宽广和开放的心态释放生命最为纯粹的力量。就像庄子在《齐物论》中提出的那样：“天地一指也，万物一马也”，只有破除顽固的主体性观念，或许我们才能回到世界本源的生成状态当中，凸显生命非有机的一面。

如果把观看张以庆的作品看作一场途经一座陌生城市的旅行的话，那么最贴切的体验莫过于卡尔维诺在《看不见的城市》中所说：“每到一个新城市，旅行者就会发现一段自己未曾经历的过去：已经不复存在的故我和不再拥有的事物的陌生感，在你所陌生的不属于你的异地等待着你。”[②]在他的作品中，顽强的主观意识使作品具有相当强的艺术张力，很多事物看上去很美，但因每个人的体验不同，往往又充斥着无奈和寂寞。他在平凡之中发现了陌生的角落，让观者感受到了真实，但这种真实又让人无路

① 李坤.从有机叙事到非有机叙事：吉尔·德勒兹美学视域下艺术叙事新探[J].海南大学学报，2015(3).

② 卡尔维诺.看不见的城市[M].张密，译.南京：译林出版社，2012：26-27.

可退，只能眼睁睁地看着世界变得越来越陌生。而在找寻自我与这个世界的边界的过程中，人类显得自大又迷茫。或许，只有跳出物质与精神的旋涡，以更纯粹和开放的态度超越人类中心主义的狭隘偏见，才能达到一种更为和谐与融洽的状态。

第三节 网络“剧”变的逻辑

网络剧是一种新型网络文化景观，在日趋复杂的传播环境下，以年轻受众为主体接受对象的网络剧的价值指向尤其受到关注。经过近年来的爆发式增长，网络剧业已成为更加符合网民收视习惯的节目形态。本节将探讨网络剧的题材、文本与价值，并从人物形象塑造这一微观视角切入，分析三种不同类型网络剧人物形象构建的不同范式和路径，从而总结互联网时代受众的价值判断、审美旨趣及精神诉求，进而从性别视角探寻网络影视空间中两性人物形象的转变，以剖析复杂多元的网络文化所受到的影响。

一、题材、文本与价值

当前的网络自制剧无疑是资本追逐的热点，抢占优质 IP 资源并投拍网络剧成为视听产业的一股风潮。对于受众而言，网络剧不仅是娱乐休闲的新方式，而且还提供了意见表达和社会认同的空间。从视听业界生态的角度看，网络剧不同程度地改写了传统电视剧题材选择、故事风格、叙事策略及商业模式。腾讯网调查显示，“网站自制电视剧 2015 年的点击量比 2014 年整体上涨了 61.8%，有 5 部自制剧跻身‘10 亿俱乐部’，网生剧的‘大剧时代’已经来临”[①]。作为一种新的文化形态，网络自制剧的迅猛发展已经成为网络文化景观中值得关注的现象。本文就网络自制剧的本体展开研究，着重关注其题材选择、文本特点、话语策略等方面呈现出的迥异于传统电视剧的特点，进而探讨其背后隐含的价值观念的变化。

（一）平台差异：网络剧原生内容的题材偏好

从传统线性、单向传播的电视媒体，到去中心化、碎片化、个性化、互动化的网络平

---

① 2015 腾讯娱乐白皮书［EB/OL］.（2015-12-22）［2018-06-21］. http://ent.qq.com/zt2015/guiquan/2015bpsindex.htm.

台，媒介渠道的变化对传播内容的影响是革命性的。波兹曼提出的媒介变迁理论建立在“媒介即隐喻”的论断基础之上，即媒体能够以一种隐蔽却强大的暗示力量来“定义现实世界”。他强调，媒体的形式极为重要，因为特定的形式会偏好某种特殊的内容，最终会塑造整个文化的特征。在当前网络自制剧的类型中，“戏仿剧”和“玄幻剧”占据了很大的比重，这一现象可以较为充分地说明传播平台对题材施加的影响。

所谓“戏仿剧”，主要是指运用轻喜剧的方式与游戏风格，解构传统经典角色，将内容的“改写”和社会热点相结合，消解权威和崇高感，使受众游弋于压抑与解放、经典与世俗的对立之间，从而享受由巨大的心理反差带来的刺激和快感，较典型的戏仿剧有《屌丝男士》系列及《万万没想到》系列。需指出的是，“戏仿”并不等同于“恶搞”。从字面上看，“戏仿”的确很容易被理解为“戏谑地模仿”，认为“戏”就是戏弄，因此“戏仿”很容易被误解为“以下作的方式亵渎了经典”[①]。一些国外研究者也持类似的观点，如普赖斯(J・Price)认为，“戏仿者就是通过模仿他人的想法，同时改变其用词以达到荒谬效果的人。一个真正的戏仿者并不真正有任何创造，但他努力的结果却通常是欢笑，并以此来娱乐大家”[②]。实际上，从取材的角度看，“戏仿”虽然是前文本一定程度的延续、借鉴(往往采用曲解、嘲讽或颠覆的方式)，但由于这一切是在新的语境中阐发的，其产生的对比与差异性获得了新质，即产生了新的文本。

从形态上看，这类网络剧凸显了题材的“当下性”，与网络作为“公共空间”的属性相吻合，是人物选择上的“借古说今”。以《万万没想到》为例，由于该剧巧妙地将刘备、甄嬛、悟空等人物形象与当下的求职、高考、娱乐节目等热门话题融合起来，使节目具有了很强的时效性，前文本中的经典角色在新的时代语境中与当下的观众发生了关联。传统角色和人物性格在网络中被重构，严肃、理性、强逻辑性的文本转变成风趣幽默、结构短小、快节奏的“段落”。显然，这种从审美维度呈现的喜剧式反叛姿态，“作为一种艺术形式彰显了其与传统艺术规范的决裂”[③]。正是因为“戏仿剧”具有新文本的特性，它才能在带给人们轻松和愉悦的同时，塑造出新的人物形象，再经过网络受众的持续式互动传播，形成具有IP价值的网络原生形象，从而为后续IP的开发积聚资源。

从2015年开始，网络剧中“悬幻”题材的比重大幅上升。所谓“悬幻剧”，主要指涉的是不以特定历史、时代为背景的、完全脱离现实的剧作类型，大多融合灵异、黑帮、玄幻、盗墓、犯罪、穿越等元素，代表作有《灵魂摆渡》《无心法师》《盗墓笔记》《暗黑者》《他来了，请闭眼》等。此类新形态的剧种缘何在电视屏幕上较少呈现，却在网络剧中备受

---

①② 陈后亮.后现代视野下的戏仿研究:兼谈琳达・哈琴的后现代戏仿观[J].武汉科技大学学报,2010(4).

③ 刘桂茹.“戏仿”与形式的意识形态[J].商丘师范学院学报,2012(7).

青睐？除了政策监管层面的元素以外，传播平台的不同依然是主要原因。网络环境与电视媒体对“现实、时代、生活”的贴近不同，它自诞生以来就是一个“虚拟环境”，它与以现实环境为基础、经媒体建构的“拟态环境”[①]完全不同，即几乎完全摆脱了对现实的再现或表现，更多呈现的是符号性和象征性。网络剧营造的“这个世界”是对传统电视剧中“现实世界”的反向运动。因此，网络自制剧对“悬幻”题材的运用，刻意虚构出或阴暗诡异或迷幻美妙的奇异世界，引导观众（尤其是年轻受众）浸染其间，不仅满足了人们窥视和猎奇的欲望，还借此迎合了当代人暂时“逃避”现实、“转换心绪”的需求，因为“光明的世界里所缺乏的正是黑暗世界里所拥有的”。在这类剧中，“没有对人生意义的追问，也没有对命运的思考，只有游戏的狂欢精神……平淡、呆板的生活需要用惊奇的探险去调和，繁重的工作压力需要用非功利性的游戏精神去消解”[②]。

可见，网络剧的题材偏好受到了“网络”传播特质对“剧”的内容所产生的决定性影响，从而改变了其整体面貌和风格。

（二）文本分析：形态与结构的双重嬗变

当网络成为一个虚拟社会时，网络时代的叙事方式相应地发生了改变，在网络空间传播的视频剧的文本也呈现出新的特点。互联网的内容体系从诞生之日起就具备了“超文本”属性，对此，相关研究者明晰地将其定义为“一种以‘非线性’为特征的‘数据系统’，所谓非线性指的是非顺序地访问信息的方法”[③]。与之对应，网络的“非线性”具体体现在自制剧中，使自制剧规模、形态不一，适于随时访问，这也导致其文本存在内在的碎片化、拼贴、结构模糊等特征。从文本的意义层面考察，网络剧具有后现代的表征，正如罗斯诺所认为的，后现代的整体是“一种关于观念或意识的自由流动的、由碎片构成的、互不相干的大杂烩似的拼凑物”，它“否认整体性、条理性和对称性”。[④]网络剧的文本无论是外在形态还是意义内层都符合上述特点。

1.形态的“系列化”与“碎片化”

网络自制剧的每期节目虽看似独立成篇，但实际上其是由多个短小、独立的片段组合而成的，缺乏传统电视剧的完整故事、情节及人物。这种多个片段的“拼贴”与“杂糅”，主要受网络传播的“碎片化”与接受的个体化特性驱动，即针对个人移动终端的接

---

① “拟态环境”，李普曼于20世纪20年代在其所著的《公众舆论》一书中提出，主要强调媒体搭建的“世界”不是对客观现实“镜子式”的反映，而是产生了一定偏移的“拟态”现实。但不管怎样，李普曼提出的“拟态环境”仍然是对现实世界的反映。

② 舒威铃.“惊悚悬疑”背后的现代心理追求：探析网络小说《鬼吹灯》的内在意蕴[J].现代语文，2008(4).

③ 黄鸣奋.超文本诗学[M].厦门：厦门大学出版社，2002：13-14.

④ 罗斯诺.后现代主义与社会科学[M].张国清，译.上海：上海译文出版社，1998：4.

受设计的。尽管网络自制剧并不面向UGC(user generated content,用户原创内容)开放,但其内容资源和创意均来自用户,如今所占比例仍然较大且受欢迎程度高,加上制作成本低,所以网络自制剧有一定市场。正如有学者指出的那样,“所谓‘互联网气质’,主要是一种大量依赖网络笑话、段子的喜剧性娱乐,在网剧方面则表现为‘段子剧’和‘情景剧’”①。堆积笑料式的网络短剧,因同质化作品的增多而导致其传播力和影响力正逐渐减弱。随着网络自制剧向专业生产方向的演进,其生产模式逐渐成熟,并在2009年进入高速发展期,文本的系列化、碎片化仍然是其具有的鲜明特征。系列化,保持了主题的连贯和题材的一致性,满足了不同用户的精准传播;碎片化,迎合了用户随机选择、随时观看的需求。

2.结构的开放性与模糊性

大多网络自制剧的脚本为优质的网络原生小说,而网络原生小说本身的超文本性和互文性使得每个人都可以不断修改和再创作,在走向罗兰·巴特所谓的“作者已死”的同时,读者登场并发声,网络脚本成为创作主体不再鲜明的“集体创作”。从接受的角度看,随着“弹幕”的兴起,每个受众面对相同的网络自制剧内容,基于自身的文化立场给出了新的文本阐释。此时,文本的意义被拆解,语言与思想、现实之间的关联被中断,“传统叙事话语的中心指涉性和意义的确定性终于被网络叙事的边缘互文性和不确定性所取代,网络作品的链接文本也就在这个叙事模式的巨大变革中调整了自己的语言向度,也改写了文学叙事的本原性成规”②。

网络的文本结构是松散、多元的,顺序表现更加隐晦,甚至常常出现前后不一致的叙事。在“图片把文字赶到背景里,有时干脆就把它驱逐出境”③的由视听主导的影像时代,网络自制剧文本去结构中心化的叙事方式改写了“能指”与“所指”的原有约定,使意义始终处于漂浮与滑动之中。网络自制剧打破了传统电视剧按照“起因—经过—结果”的结构方式,往往采用多向性叙事,故事的展开相互交错,同时融入互联网即时性、互动性的特点。如《屌丝男士》第三季中,大鹏不断变换角色呈现多个故事,每一个故事由多个独立成章的情节、片段构成,前后跳跃性很大。这种“一人多角”的结构方式是许多网络自制剧的惯常手法;如《万万没想到》中的王大锤,作为当下社会中一个普通的小市民,他塑造的人物是社会中其他人的形象的不断再现。文本结构的去中心化使人物“身份”无须围绕着一个连贯的“自我”前后统一。“身

① 唐宏峰.网剧生态观察:概念、历程与类型分析[J].中国文艺评论,2016(2).

② 欧阳友权.网络叙事的指涉方式[J].文艺理论研究,2004(3).

③ 波兹曼.娱乐至死[M].章艳,译.桂林:广西师范大学出版社,2004:99.

份”因故事需要而变换，自我的“去中心”不过是为了构造一个令人欣慰的故事或关于我们自身的“自我叙述”①。

此外，网络自制剧文本的开放性也可从近年来的广告植入方式来予以考察。网络自制剧相比于一般的电视剧而言，其“入口价值”和“消费引导价值”更大，市场潜力被越来越多的商家所青睐。除了原有的贴片方式以外，网络自制剧中的广告往往采用融合叙事文本的方式，将广告自然地加入特定的故事情节中，将其内容化、具体化，网络自制剧不再是广告的载体，相反广告成为网络自制剧结构的内在元素。以乐视自制剧《太子妃升职记》为例，剧中举办的“金戈杯”诗歌大赛，既可以视为广告商白云山的内容植入，又实实在在地构成了剧情实体。这种介入网络自制剧文本结构的“深度植入”并非孤例，更多的“定制”式网络自制剧如今已难以分辨“剧”与广告之间的界限。

（三）价值体认：文化认同的思与忧

在马歇尔·麦克卢汉看来，媒介在对人的组合与行动的尺度和形态方面发挥着“塑造”“控制”的作用。② 早年的《百家讲坛》便是电视媒体利用自身的视听优势实现了对传统经典文化阐释的成功尝试，而当下网络自制剧的快速发展则是技术支撑与资本驱动的结果。无论是传统电视剧还是网络自制剧，其深层含义无不指向特定的文化观念与价值体系，“坎贝尔与梅伊将此种故事称为‘神话’，马克思称为‘意识形态’，弗洛伊德称之为‘幻想’”③。与传统电视媒体的老龄化相比，网络（剧）受众的年轻化是客观现实。对年轻观众的价值认知有着重要影响的网络剧，其价值指向无疑值得探讨。

1.个体凸显与社会认同的对峙

传统电视剧大多承载着“家国同构”的文化理念，故事与人物植根于特定时代、地域、行业和社会土壤中，个体与家庭、国家共同构成多维相连的命运体，这是传统电视剧叙事的核心，表现为“以一个或数个家庭为核心，借助一个或数个家庭在一定时间跨度内的悲欢离合、命运变迁来折射社会时代特征，展现特定历史时期人物的心路历程”④。与之不同的是，网络自制剧模糊、抹去了主体背后宏大的“家国性”，淡化了“集体性”的意识和观念，重点突出“个体”的主体地位。不论是对个体还是特定群体的建构，都以其中某个人物个体为中心。与“高大全”的“宏观叙事”和传统电视剧“英雄情

---

① 巴克.文化研究：理论与实践[M].孔敏，译.北京：北京大学出版社，2013：214.

② 麦克卢汉.理解媒介：论人的延伸[M].何道宽，译.北京：商务印书馆，2000：34.

③ 波兹曼.通往未来的过去：与十八世纪接轨的一座新桥[M].吴韵仪，译.台北：台湾商务印刷馆，2000：113.

④ 杜莹杰，周振海.中国电视剧的家国同构性[J].艺术百家，2013(3).

结”相比,网络自制剧从小人物和微观视角切入有一定的积极意义,但过度简单化地剥离人物的“社会”特性,一味“解构”而不强调其建设性也必然会带来负面效应。2013年,搜狐自制剧《屌丝男士》塑造了大鹏这一角色,似乎担当了特定群体的“代言人”,然而这种自嘲式的“身份建构”在某种程度上也造成了“群体割裂”。例如,《睡在我上铺的兄弟》呈现出的青春群像,《泡芙小姐》再现的孤独城市人的群像,这些自制网络剧尽管反映了特定群体的生存状态或集体情绪,但简单标签化的“身份指认”,再混杂穿越、科幻、动漫等元素并进行剪拼重组,使网络自制剧在意义维度上缺乏深度,再加上网络自制剧大多采用“视频网站＋微信＋微博”的多平台矩阵化传播模式,特定类型的网络自制剧在社交媒体的作用下进一步强化了特定群体的结构化和圈层化,这对于广泛层面的价值认同与社会共识的搭建无疑形成了一种阻滞。

2.“亚文化”蔓延的思考

所谓“亚文化”,在英国伯明翰学派费斯克等人看来,它是“在更广泛的文化内种种富有意味而别具一格的协商。他们同身处于社会与历史大结构中的某些社会群体所遭际的特殊地位、暧昧状态与具体矛盾相应”[①]。简言之,从“亚文化”的历史发展轨迹看,它是社会一部分人为了打破主导文化意识形态控制而建立的,因此相对统治阶级的主流文化、主导文化而言,本身带有阶级对立、文化对抗的色彩,这一点尤其体现在突出的社会矛盾中。

以“吐槽”为例,作为网络环境下的一种含有调侃或恶搞意味的话语表达方式,网络自制剧的传播与接受常常演绎为后现代符码场景中狂欢、娱乐、宣泄、释放的文化场域,其中既不乏不良审美取向的问题,也存在一定程度地对既有价值、秩序的挑战。2015年年末乐视上线的网络自制剧《太子妃升职记》,便僭越了传统性别和等级秩序的制约。女主角在穿越时空的同时也改变了性别,从剧情到服饰都显得诡异、雷人。此外,国产同性题材网络剧《上瘾》从上线伊始便引发了争议,被国家相关主管部门责令下架。

就某一种文化和价值观而言,网络媒体在利用和传播网络自制剧及其背后的文化、价值观等的过程中具有不可忽视的阐释和引导能力。在网络监管体制和网络自治均不完善的情况下,如何消除亚文化对主流文化的不良影响,做到亚文化与主流价值观的平衡,无疑是今后视听内容生产中必须重视的问题。

综上所述,在视听文化占据支配地位的当下,网络自制剧的发展有必然性,其题材选择、文本变化自成一套技术逻辑,但其更大程度上还是受制于市场规则与受众需求,

---

① 胡疆锋.伯明翰学派青年亚文化理论研究[M].北京:中国社会科学出版社,2012:20.

所以应将网络自制剧的发展趋向置于整体视听产业的格局中进行定位、认知与考量，只有这样才能获得持续、健康的良性发展。

二、类型、人物与形象

作为一种新兴的网络视听内容形态，网络自制剧跳出了传统电视剧的既定框架模式，在类型题材、主题定位、人物塑造与叙事手法等方面形成了独特的发展路径。人物形象塑造是网络自制剧获得成功的前提和保障，也体现着网络自制剧的价值诉求和核心理念，甚至承载着时代的记忆。综观如今火爆的网络自制剧市场，经典角色不断涌现，段子喜剧《万万没想到》里的王大锤、悬疑剧《余罪》中的同名主角余罪、青春校园剧《匆匆那年》的主角方茴和陈寻，不同类型的网络自制剧在人物形象塑造过程中强调的重点和选择构建的路径都大同小异。网络自制剧人物形象的构建不仅继承了传统电视剧的方法和叙事手段，更因互联网的开放性、多元性和题材的差异性而产生了有别于传统电视剧构建角色的范式和偏向。

（一）段子剧：以平民视角呈现狂欢式自嘲

段子剧是以“段子”为叙事单元，以夸张、变形、讽刺为叙事手法，以呈现笑点为叙事目标的网络剧。[①] 2012 年，搜狐视频在网络平台播出了原创周播剧《屌丝男士》，第一季即创下了 4.2 亿次的总播放量，覆盖网民人群 6,000 万人。2013 年，优酷出品的自制网络剧《万万没想到》上线不到 100 天就创下了 2.6 亿次的点击量。类似的段子喜剧如《极品女士》《如果没有》《小明和他的伙伴们》《名侦探狄仁杰》《学姐知道》《太那个了吧》《嘻哈四重奏》等都有过亿点击量的成绩，段子剧已成为各大视频网站的重点发展项目。

这些原创段子喜剧类的网络剧之所以能得到网友的喜爱与追捧，与其在人物塑造的过程中所体现的平民关怀，以及其呈现的带有狂欢和娱乐性的视觉文化消费模式有着密切的关系。

1.温暖的平民视角——段子剧的人物身份设置

喜剧最早可以追溯到古希腊文明时期，在希腊原文中，“喜剧”有“狂欢游行之歌”的解释。在传统的影视作品中，“小人物”形象的塑造更多地表现为言语上粗俗简单、行为上放荡不羁、行事上不拘小节，如周星驰多部无厘头电影中的人物角色，其整体上可以用怪诞来概括。

---

① 董潇潇.“段子剧”：视听时代网络草根文化的新形式[J].现代视听，2016(4).

相对于以往传统影视剧的角色塑造,网络段子喜剧在角色的选取上更是将平民立场坚持得颇为彻底。《屌丝男士》《极品女士》《万万没想到》等剧的角色人物选用了清洁工、小职员、厨师、餐厅服务员、洗脚工、穷学生、囧爸爸等普通青年或没落、迷茫的中产阶级,剧情也紧紧围绕着小人物生活中的小事,在琐碎中拾取各种各样的喜剧元素,从平凡的生活中提炼出人生的滋味。《万万没想到》中的王大锤"升职加薪,当上总经理,出任 CEO,迎娶白富美,走上人生巅峰"的崇高理想,《屌丝男士》中大鹏的形象无疑都是对大众意识的强烈观照。

当传统的权威与英雄化叙事被打破,底层的平常人成为话语的核心,受众将自身在固化的社会框架中因压抑所产生的种种情绪,以一种属于他们自身阶层和审美情趣的更洒脱、更狂放的方式彻底宣泄出来。人们在观影的过程中找到了一种平等、平衡,即无论是乞丐还是贵族,只要通过努力就都有追求自己梦想的权利与可能。这种通过自我设障来降低自身成功的期望,以此缓解越来越大的社会压力;充满"屌丝情怀"的人物身份设定,拉近了网络自制剧与绝大多数网络受众的心理距离。

2.狂欢式自嘲——段子剧的人物语言与行为

网络原创段子喜剧在人物的塑造上特别注意以夸张的表演动作、荒诞的情节设计为网络受众搭建一个能够自由表达和宣泄情感的"狂欢的舞台"。《屌丝男士》中宋小宝出演的食客在汤里发现了一根头发,面对服务员的漠然和嘲讽,食客又从汤里扯出一缕头发,这缕头发长度惊人,逼着食客站在凳子上"挽毛线"。网络段子喜剧善于通过人物语言与动作的反差营造出喜剧氛围,以夸张的形体表现与荒诞的情节设计,在彻底的自嘲中再现社会的典型事件、典型形象,表达社会情绪和价值观念。

这种狂欢式的自嘲外显为对叙事传统的解构,但其内因是人们在快节奏的竞争环境下对精神解压有着迫切的需求。通过玩笑、戏谑的方式,从现实主义的角度对社会进行合理的批判,这样的人物塑造模式为社会负荷过重的年轻人打开了一个暂时逃离现实的空间,为他们提供了自我安慰的泄压途径,成就了一种无厘头的娱乐精神,"它所代表的是那些正在成长的新生代的趣味"[①]。但这种新趣味绝不能演变成恶趣味。细致梳理段子剧情节,不难发现主角大多在调侃自己、自我矮化,在自轻自贱中达到娱乐自我和大众的双重"笑果"。只是这种自嘲与网络相遇后,其自嘲的意味被网络平台解构了,大众的笑声消解了意义,段子剧最后沦为嬉戏逗乐、博人眼球的工具。

① 仲呈祥,陈友军.中国电视剧历史教程[M].北京:中国传媒大学出版社,2010:196.

(二)悬疑剧:以叛逆个性映射受众心理期待

在传统电视剧市场,古装、爱情、喜剧、家庭类的电视剧较受欢迎,悬疑惊悚剧的热播现象相对较少,因为电视剧的受众以中老年群体为主。对于网络自制剧而言,年轻受众对于悬疑惊悚剧十分青睐,受众目标群体明确且黏性高,紧张、刺激的情节也较容易吸引观众,再加上网络环境限制少,相对自由,这些都为悬疑惊悚剧提供了很大的发展空间与受众市场。近年来,多部网络悬疑剧都收获了超高人气,如优酷制作的《天才J》,爱奇艺打造的《心理罪》和《盗墓笔记》,搜狐视频推出的《执念师》《他来了,请闭眼》,腾讯视频的《暗黑者》系列等。网络悬疑剧越发成为一种成熟的影视剧类型,其内容早已不是传统悬疑剧里简单地展现血腥和暴力,而是更为高级地依靠故事、角色和变幻莫测的表现手法来营造心理期待。其中,人物塑造的独特方式和技巧在提升点击率和赢得网络受众方面起到了关键作用。

1.叛逆与边缘——悬疑剧的人物个性设计

网络悬疑剧在人物个性设计方面,从青年亚文化出发,融入了对叛逆性和边缘性更加包容的个性元素。如《暗黑者》中罗飞对案件侦破的“痴”、个人外化标示的“仙”、为人处世的“魔性”,梁音暗黑萝莉的冷艳浓妆、对哥特式死亡的迷恋,曾日华与体制的格格不入等都没有影响其在体制内的生存,这些人物的行为呈现方式都异于传统影视作品中对英雄人物的塑造,其价值观念与人生态度超脱于主流之外,背后映射的是“在所处的霸权危机时代,对主导阶级进行的挑战和反抗”,是“霸权的主导文化和次属的父权文化之间的对话”①。

在年轻人自我意识觉醒并开始与主流发生对抗时,叛逆成了一种本能,颠覆则是一种态度。他们自己寻找甚至创造出符合自身需要并适合自身发展的行为方式与意识观念,并在这个过程中表现出对社会主流文化与价值观的叛逆和颠覆。与青年亚文化处于主导文化的边缘位置相似,网络悬疑剧所呈现的文化本身并不承担传播主流文化责任,而是偏离于传统主流文化。年轻人对边缘的认同与他们对叛逆的热衷一样,网络悬疑剧中的人物性格刻画是自由精神的外在体现和时代变革中寻找归属感的内在需要,种种因素相加,逐渐演化成一种具有浪漫主义色彩的、对独立性的狂热追求。

2.奇特与悬迷——悬疑剧的人物语境营造

网络悬疑剧因其自身题材的特殊性,和其他网络自制剧在题材上有着先天性差

---

① 胡疆锋.伯明翰学派青年亚文化理论研究[M].北京:中国社会科学出版社,2012:165.

异。和传统的悬疑剧相比,网络悬疑剧的人物语境在悬念跌宕的故事情节中显得格外奇特和玄幻,其将紧张的剧情与人物丰富的性格相结合,在富有想象力的故事情节的不断推进中,加强了悬与疑的深度。“悬念是一种情绪,这一情绪是由两种不同的情绪合成的,或者说这种情绪具有两个要素——紧张和疑问,这两种情绪要素合二为一的情绪便是我们所说的悬念。”[①]网络悬疑剧对悬念的制造并不是单一线性的,而是全方位的。

《暗黑者》中的罗飞聪慧,却经常陷入因自身人格分裂而引起的心理障碍之中;梁音暗黑萝莉的时尚潮装与她法医的身份极不相符,“活人就是矫情”的口头禅让角色变得灵异而冷峻,与尸体的交流于她来说更像是完成一次艺术创作;尹剑虽然帅气,但因为怯懦的性格一度被同行讥笑为“警界耻辱”,细腻的个性让他成为一名痕迹学专家。《暗黑者》在人物语境的营造上正是顺应了网络原住民对自身所属文化的认同,把青年人自身文化基因中的奇异多元性巧妙地融合到悬疑剧的创作中,从而把青年人对创造力的渴望与驱动社会变革的热情转化为对剧中人物最大化的接受与认可。

(三)校园剧:以现实寓言表达理想化诉求

一部单集制作投入超过100万元的青春校园剧《匆匆那年》一经播出就引起了网民的热议,2014年年底,《匆匆那年》的网络点击量超过了10亿次。随后,各大主流视频网站累计推出数十部制作精良的校园网络剧,其中最受欢迎的包括芒果TV的《女生日记之做决定事务所》、爱奇艺的《校花的贴身高手》、乐视的《睡在我上铺的兄弟》和《我的老师是传奇》、优酷的《麻辣隔壁》等。校园类型的网络自制剧不同于段子喜剧和悬疑剧,这种类型的网络自制剧在人物塑造方面赋予了更多的理想主义色彩和寓言性内涵。

1.校园剧人物的理想化设置

校园剧人物的理想化设置首先表现在人物生活环境的理想化上。校园纯粹的环境与学生纯真的心灵,和现实生存环境与人们的普遍心态形成了较大落差,而这种落差在观众心里呈现的是理想与现实之间的拉锯。马莎·罗伯特也认为理想与现实之间的张力是现代叙事作品的核心。[②] 观众在看到剧中年轻、漂亮的主人公们嬉笑打闹、纯真开心的同时,也会引发对现实社会的种种惆怅,从而唤起自身对青年时代的美好回忆。这种持续的心理对照,使观众对剧中人物和人物演绎的故事产生了共情,在

① 张智华.电视剧悬念的设置[J].中国电视,2010(6).

② 马丁.当代叙事学[M].伍晓明,译.北京:北京大学出版社,2006.

观影行为结束后获得心理满足。因此，在校园青春网络剧中塑造充满理想主义色彩的人物是提升观众观影兴趣的重要手段。

网络校园青春剧除了追求一般校园剧中高颜值、高身份、高地位的人物形象设置之外，还突出了人物异于常人的特质，并进行性格的对立化处理。这种人物设置并不是一味地神化主角，建构生活中不会存在的人物形象，而是让人物角色更鲜活，给人们提供体会另一种生活的可能。在理想化设置的同时观照现实，有利于最大化地满足受众的精神诉求。

2.校园剧人物语言与行为寓言性的内涵

本雅明曾提出，现代文艺作品中都隐藏着一种对现代社会寓言式的表述，“现代社会所采用寓言的表达方式，不仅是因为真正的艺术在这个时代，是唯一可能的表达形式，而且因为寓言是以小资产阶级为代表的城市大众，是在现代社会中体验的唯一可能的形式”①；美国的弗·杰姆逊也提出了现代文艺作品都具备“寓言精神”，即“寓言式的重写，可以打开许多解释的层次，它实质上是一种对主题的重写……总的说来，在我们的批评价值和美学价值中，我感觉到一种回到寓言的趋势”②。《女生日记之做决定事务所》的故事文本中隐藏着强烈的寓言化色彩，并在人物语言和行为的塑造上体现得较为明确。剧中的四位人物，龚德湘的语言与行为更加服从于自身的欲望，江小夏和何晓冬一个感性一个理性，但都能够有意识地控制自身的动物本能，而黄金枝则能从精神层面对事物进行冷静、客观评判之后再决定自己的行为。四种不同的性格特质和精神层次，决定了他们面对问题时思考的角度和深度，也决定了人物面对抉择时所产生的不同的语言与行为。而这些也正好对应了普通人在遇到问题时出现的三种思考维度：精神分析学家弗洛伊德对人类本我、自我、超我的分析——“本我”，完全潜意识，代表欲望，受意识遏抑；“自我”，大部分有意识，负责处理现实世界的事情；“超我”，部分有意识，是良知或内在的道德判断。所以，《女生日记之做决定事务所》的每一集故事都是对人类意识的剖析，四个人物的总和组成了一个现实世界中的人类。这样的人物设定将人们对于事物看法所存在的差异作为制造戏剧冲突的主要动因，在四个人物身上观众都能找到自己的影子，故事被他们之间天然存在的矛盾推向结局，观众也随之寻找到属于自己的答案。

可见，无论是段子喜剧、悬疑剧还是青春校园剧，通过对人物主体形象的建构引发受众共鸣，其背后一定在某种程度上彰显了互联网时代受众的价值判断、审美旨趣及

---

① 冯宪光.西方马克思主义美学研究[M].重庆：重庆出版社，1997：299.

② 詹明信.晚期资本主义的文化逻辑[M].陈清侨，等译.北京：生活·读书·新知三联书店，1997：332-336.

精神诉求。网络自制剧作为还在发展中的视听内容形态，显然需要我们以更平和和更开放的心态去认识和研究它。只有把握住了网络自制剧经典角色构建的路径和内在逻辑，才能更好地完善网络自制剧市场，提升网络自制剧的整体制作和传播水平。

三、性别的颠覆与想象

网络自制剧塑造的人物形象相对于传统影视剧作品而言，呈现出了更多基于互联网特征而产生的转变。作为一种网络文化消费符号，网络自制剧建构的两性关系是对现实生活中性别关系的拟态化呈现，映射了当下人们的自我认知，成为现实生活中人们性别认知的表征。由技术发展而带来的影视人物形象的转变，揭示了其背后隐藏的性别权力关系运作方式。分析网络自制剧人物性别制权的张力和转换，成为了解和掌握网络文化的一种重要理解方式。

（一）女性形象：权力焦虑下的性别突围

影视剧中的女性形象是基于现实社会中女性对于自身形象的建构，能够反映现代女性的生存状态和社会意识。在传统影视作品中，男性将自己定义为主体，女性成为附属的“他者”。正如波伏娃在《第二性》中所提到的：“定义和区分女人的参照物是男人，而定义和区分男人的参照物却不是女人。她是附属的人，是同主要者相对立的次要者。他是主体、是绝对，而她是他者。”[①]然而，在热播的以女性为主体的网络自制剧中，无论是主题内容还是人物呈现方式，都试图突破传统性别文化中不合理内核的束缚，给予女性角色更多的话语权和主动权，倾向于关注女性的情感和自我价值实现。网络自制剧中以女性为主体的作品受到 90 后女性的欢迎，例如乐视的《女人帮・妞儿》、优酷的《泡芙小姐》和《学姐知道》，以及搜狐视频出品的《极品女士》等。

网络自制剧中女性气质中性化，是一个值得关注的现象。社会学奠基人之一的杜尔凯姆认为，女性是自然的产物，她们只是生儿育女，更多地属于自然因素的生理有机体，在社会和文化生活中并不扮演重要的角色，也不需要进行社会的整合。[②] 女性气质是父权社会文化创造的反映女性身份和地位的话语，不同时代的社会文化背景导致不同文化语境的女性气质各不相同。

在中国影视作品中，反映女性气质最典型的代表之一就是电视剧《渴望》中的“刘

① 波伏娃.第二性Ⅱ[M].陶铁柱，译.北京：中国书籍出版社，1998：11.

② 高宣扬.当代社会理论：上[M].北京：中国人民大学出版社，2005：24.

慧芳”，这一角色温婉贤惠且谨小慎微。与传统影视剧不同，网络自制剧中女性形象的气质显得更加中性化，最典型的外显即“女汉子”形象增多并且逐渐得到大众认可。“女汉子”的出现带有一定的女权主义色彩，是一种对男女平权的呼唤。“女汉子”彰显了女性从依附、顺从男性走向独立主体的趋势，是传统女性气质的一种突围。例如，芒果 TV 的网络自制剧《女生日记之做决定事务所》中的“黄金枝”，她是事务所中绝对的领导者，她的坚韧不拔与冷静客观成为事务所屡克难关的关键。以“黄金枝”为代表的“新”女性角色身上的果敢与坚毅等雄性特征，其实是男权社会中女性对自身从属地位的一种反叛，她们在服饰风格、言谈举止、择友婚恋、职业选择、待人接物、精神生活等方面都呈现出类似男性气质的特征，同时这也表明女性对男性主体地位的一种向往和归属认同。“女汉子”这一新的女性形象符号的产生是女性自身人格气质发展内在需求的外在反映，透视出当代青年女性对自我的角色认同，同时也折射出独立自主的时代价值观。

“女汉子”形象符号的出现，其背后是性别隐喻中的权力焦虑。性别隐喻是指将对性别有成见、偏见或歧视性的意识形态编码于隐喻中。莱考夫和约翰逊认为，如果新隐喻进入我们赖以活动的概念系统，它将改变由这个系统所产生的概念系统、知觉、活动。许多文化变革起因于新隐喻概念的引入和旧隐喻概念的消亡。① 网络自制剧中的性别隐喻从服装、发型、语言、符号等方面，呈现出多样化的形式特征。同时，这些性别隐喻在不同的剧情语境下表达的内容各不相同，尚未构成统一、系统化的概念及话语系统。在此过程中，女性角色的建构自然呈现出某种程度的权力焦虑倾向。技术赋能的网络空间为网络自制剧中女性权力话语的表达提供了新天地，女性角色甚至拥有了凌驾于男性角色之上的机会。例如，乐视的网络自制剧 *XGirl* 中三姐妹利用特异功能帮助男主角侦破离奇案件，韩国电视剧《你是谁》中女主角昏迷六年醒来后能看到鬼，《看见味道的少女》中女主角的眼睛能看见气味，这些角色的共性都是有较强的生存能力和较强的自我意识。

然而，不得不指出的是，网络自制剧中的女性角色“其个性追求常常表现出以男性为观众的作秀欲望，女性的主体意识也因此表现为自我选择的表演之物”②。2017 年腾讯独播的《双世宠妃》均集播放量过亿，虽然女主角自信、果敢，却一直为获得男主角的宠爱而斡旋于宫斗之中。由此可见，性别话语关系从表面上看建构了女性的主体地位，却又常常陷于自相矛盾的境地。相关调查显示，网络自制剧的受众大部分为 90 后

① 莱考夫，约翰逊.我们赖以生存的隐喻[M].何文忠，译.杭州：浙江大学出版社，2015：134.

② 王金礼.女性意识缺席是女性期刊的致命伤[J].编辑之友，2003(6).

女生,因此网络自制剧希望通过性别隐喻迅速赋予女性角色独立、自由的性别话语,占领主要受众阵地。但由于整个社会及网络空间并未完全准备好概念系统,受众在解码过程中难免产生偏差,将剧中的女性人物形象带入现实生活,而现实中的女性受众并不具有剧中人物的能力和性格,其权力话语依然笼罩在男权话语的阴霾之下,这种对传统形象的"颠覆",更像是网络中的"想象",现实与虚拟之间的巨大落差难以真正消解潜在的权力焦虑。

(二)男性形象:消费文化下的解构与重塑

随着社会发展、科技兴盛与文明进步,传统男权主义在社会主流思想中的地位正在被撼动。消费文化无处不在的今天,男性和女性一样逐渐成为大众消费对象。在网络自制剧市场中,众多以男性视角进行叙事的网络自制剧,如《屌丝男士》《嘻哈四重奏》《万万没想到》等颇受青睐。这些网络自制剧对男性人物的塑造,颠覆了充满力量感、崇高感、使命感的传统男性特质,以小鲜肉的细腻、老男孩的玩虐、男闺蜜的体贴、中性男的奔放等人物形象来迎合消费主义时代下受众的需要。

传统影视作品中的英雄式男性形象,在网络自制剧中被反向建构或被不同程度地消解。美国学者 R.W.康奈尔对现代西方世界性别秩序中的男性气质模式进行了分析,并将其主要划分为四种类型,即支配型气质、从属型气质、共谋型气质、边缘型气质。[①] 在传统影视作品中,各式各样的硬汉和英雄是观众追捧的偶像,他们拥有超常的体能和智力,坚韧不拔并且凛然正气,属于典型的支配型男性气质,如演员高仓健、史泰龙、施瓦辛格、李小龙等塑造的一系列经典形象。然而,在互联网世界里,这些"大男人"似乎逐渐遭受冷遇,取而代之的是一个个细腻真实、柔情浪漫甚至时常"犯点贱"的"小男人",从属型气质、共谋型气质、边缘型气质的男性开始入侵主流舞台。

在传统农业文明和工业文明中,占社会生产力主导地位的男性以力量和体能为中心,男性形象无论是外形还是内在都必须是阳刚而坚韧的,而进入信息时代的今天,脑力对社会生产起到了更多的甚至是决定性的作用,人们的工作与生活方式发生了根本性的变化,审美的方向也随之而变。在性别平等的旗帜下,昔日的"英雄"和"硬汉"被贴上了"大男子主义"的标签,而身型柔弱、心灵敏感的"花美男"和"小鲜肉"被认为不仅没有攻击性,而且更了解女性,更懂得尊重女性,甚至具有某种"治愈"功能,因此似乎越来越受欢迎。这种颠覆性的转变与女性主义对原本占据统治地位的男权主义的冲击不无关系。

---

① 康奈尔.男性气质[M].柳莉,等译.北京:社会科学文献出版社,2003.

与此同时,男性人物塑造在网络上的另一种走向则是解构。在互联网特有的文化场域里,观众心目中传统意义上的男性形象,在美与丑、雅与俗、高贵与平庸、智慧与愚蠢、文明与野蛮等对立统一体彻底拆解之后被重构,呈现出诸多"反常"的特征。在万合天宜与优酷联合出品的《神探狄仁杰》中,狄仁杰不再是德高望重、威风八面的三朝元老,而变成了一个经常犯错、自以为是的乡村后生;在《屌丝男士》父与子系列中,父亲不再表现得威严、慈爱,而是给睡不着的儿子讲起了鬼故事,以致自己害怕得蜷缩在角落里,反而需要云淡风轻的儿子给予他安慰。在《万万没想到》之《西游记》系列中,孙悟空一副流氓地痞的做派,唐三藏则变得婆婆妈妈、犹豫不决、爱慕虚荣甚至愚蠢贪婪;《神雕侠侣》系列中的杨过天资平平却时常想入非非,而小龙女则干脆使用男演员反串。在此类男性角色身上,我们都能发现强烈的反权威、反理性的后现代主义文化特征,这种人物塑造的模式始终呈现出"怀疑"和"否定"的后现代主义文化气质,并通过模糊化、异端化、变形化、散漫化的手段对传统模式进行了解构。

在消费主义的驱动下,男性影像的叙事话语权也遭到一定程度的削弱。"男性"不仅不再那么严肃和神圣不可侵犯,而且时常翻转为女性对"男色"的消费、赏玩。网络自制剧中的男性角色成为女性能够自由评判、进行比较和讨论的对象,女性站在了"看"的主体性地位上,而男性则沦为"被看"的客体。"小鲜肉""暖男""老干部""禁欲系"等人设受到了追捧,如《微微一笑很倾城》中的男主角杨洋,《择天记》中的鹿晗使一众少女为之倾心,折射出消费社会环境下大众审美观的转变,男色消费实际上迎合了部分女性的审美需求。基于网络自制剧的商品属性,其对男性角色的塑造模式主要迎合了女性消费者的视角。对女性消费习惯的认同乃至尊重,使得屏幕中的男性角色变得越来越理解女性并更懂得尊重女性。"男色消费既是整个女性群体对男性形象的审美乌托邦,又是个体对未来生活乐趣的期望与情感乌托邦,因而它既被赋予女性群体政治抵抗的意义,又被赋予女性群体个体化的生活政治的意义。"[①]当然,这并不意味着女权真正意义上的回归或者父权秩序的被打破,只不过是在商业文化操纵下男权和女权的双重沦陷。消费社会里网络自制剧中的"男神"角色多是按照市场需求打造出来的,女性喜欢的男性角色不过是被"生产"出来的。在进行"男色消费"的时候,女性的社会地位和男性的社会地位貌似发生了变化,在现实生活中其实并非如此。实际上,不管是男性还是女性,都成了商业文化下的"被消费者"。

(三)是颠覆,还是一场性别想象的狂欢?

对网络自制剧中的男女形象"颠覆"的理解,显然需要从多个维度加以分析。从文

---

① 罗晓东,詹志勇.暖男与禁欲系:性别话语的时代隐喻和操演意义[J].天府新论,2017(3).

化语境的层面看,后现代主义与生俱来的反叛性决定了以互联网为载体的网络文化天然地具有“颠覆传统”的基因,即文化层面反权威、反理性的特征。从审美特性上看,弗雷德里克·杰姆逊在《后现代主义与文化理论》中提出的四个消失,更充分地体现在了网络自制剧的文本之中,即“主体的消失、深度的消失、历史感的消失和距离的消失”①。

一方面,网络自制剧中男女人物的形象普遍遭到了颠覆,在颠覆的维度上是平等的。互联网的精神是开放化、多元化、互动化,在这种精神文化的推动下,不同年龄、不同性格、不同身份地位的受众呈现的审美趋向各不相同,并且不再拘泥于传统审美特征,各自通过互联网大胆地表达自己的审美旨趣。网络自制剧在塑造女性人物时推翻了原有的“秩序”,神经大条的女神、充满街头智慧的清纯女、无坚不摧的女汉子和心理问题多多的青春少女等取代了原本纤弱温婉、优雅高贵、童真浪漫等关于女性形象的传统刻画。从某种程度上说,这与男性形象的“软化”、多样化是同步而行的。这虽然与性别权力联系不大,但也在更深层次上反映了受众审美取向的庞杂化、动态化。

另一方面,网络自制剧中形象的转变,虽然在一定程度上改变了传统的性别认知体系,但就此而上升到话语权力层面也存在着夸大判断的危险。在消费主义盛行的当下,无论女性形象如何转变、男性消费如何风行,性别都不过是以一种别样的方式成为消费的符号。作为一种商业性的文化符号,女性的性感即使呈现的外在形态不同,但依然是传统影视作品和网络共通的吸引男性观众的重要视觉元素。例如,搜狐自制网络剧《屌丝男士》中,柳岩所扮演的角色多被用来调节气氛,其主要方式仍然是强化女性的性特征,将其放大成为受众宣泄欲望与性想法的出口。这充分说明,在后现代思潮兴起、消费主义并蓄的时代中,网络自制剧在一定程度上描摹了女性自我意识觉醒的景观,表达了走出附属于男性的诉求,但综观整个市场,女性在根本上仍然处在男权文化的话语边缘,女性角色背后仍潜藏着男权色彩。从这个角度看,所谓的男色消费也不过是视觉与情感符号商品化的一种表征,与深层的社会权力体系并不具有内在的统一性。

追根溯源,两性关系原本就不是天然对立的,随着社会的发展,性别关系必然也会发生相应的调整与变化。毋庸置疑,网络自制剧中男女形象的“颠覆”是显在的,已经成为视听符号世界里的事实;关于性别权力关系的“想象”,也并非纯粹的“妄想”,它既有着现实社会的支撑,又对应着群体观念的变迁。但从更本质的视角看,网络自制剧人物形象不断地突破常规,呈现出千姿百态的奇异景观,更像是在市场驱动下关于“性

---

① 杰姆逊.后现代主义与文化理论:弗·杰姆逊教授讲演录[M].唐小兵,译.西安:陕西师范大学出版社,1986:22.

别想象”的一场狂欢。乐视独播的网络自制剧《太子妃升职记》中，女主角张芃芃作为双性同体的人物形象，消弭了性别的二元对立，就是一个有力的例证。再如，《逆袭》《上瘾》《刺客列传》等同性类题材的网络自制剧作品受到不同程度的追捧，更说明性别差异与对立在网络自制剧中不过是一种“景观”。

综上，网络自制剧中塑造的人物形象所带来的性别想象与狂欢，作为一种心理补充机制大多只能停留在“剧文化”中，难以付诸现实，也难以改变社会法则。在现有的社会实践中，既有的性别关系与结构难以颠覆，无论是男性还是女性，都只能摆脱性别跨越的乌托邦，继续思考通向未来的两性融合发展之路。

第四章

制播新态：视听传媒业的局变与重构

随着媒介融合的深化，中国网络视听节目整体呈现出稳健的发展态势。整体而言，网络自制节目的内容与技术、资本的关联日趋密切，媒介融合在多个维度日渐加深。技术驱动、平台优势及资本注入使各类网络自制节目呈现出良好的发展势头。网络新闻节目形态和语态创新取得了新突破；网络综艺节目全面赶超电视综艺且势头强劲；网络自制剧打破网台壁垒，迈上了内涵式发展轨道；新媒体纪录片以三屏联动的传播方式不断拓展发展空间；网络大电影质量显著提升；网络短视频从泛娱乐化转向垂直化发展。

在行业竞争加剧的背景下，政策监管、平台自律、内容深耕、运营创新为网络自制节目的未来创造了新的空间。短视频作为一种具有交互性、社交属性的传播媒介，体现了当下大众文化的特质，身兼文化与反文化的双重属性。从文化批判的视角出发，我们不妨将语境、场域、情境分析与历史时刻设为深入研讨短视频文化的四重坐标，由此探讨短视频文化在大众日常表达、权利行使、情绪消费、个人主义表述方面存在的困境和印痕。

第一节　2015 年中国视听内容发展整体观察

2015 年，“互联网＋电视”对传统电视媒体内容生产的影响越加显著。在新媒体技术的支持下，纪录片、电视剧、综艺节目与互联网的融合发展成为这一年媒介内容生产最大的亮点。在政策和资本的双重驱动下，对节目内容和传播形态的创新也成为这一年的现实选择。虽然媒介市场在其发展过程中还存在不少问题，但随着传媒资本的逐步开放，视听艺术的跨文化传播影响力仍然在逐渐增强，整个视听产业依旧保持了迅猛发展的态势。

一、融合:“互联网+”触发视听业新常态

(一)纪录片发展迅速,网络化生存成为行业发展新趋向

首先,纪录片与互联网融合方式呈现多样化、加速化的特点。近年来,纪录片一直在不断探寻与互联网融合的方式与深度。2008 年 7 月,第一个专注于纪录片传播的垂直类网站“良友纪录”网开启了中国纪录片的新媒体化道路。2009 年 8 月,搜狐视频开设全国首家专业的网络纪录片频道。2012 年 11 月,爱奇艺纪录片 App 成功上线,中国纪录片从此进入了移动互联网化发展的新阶段。伴随着新媒体化和移动互联网化的发展趋势,2015 年社交媒体和纪录片开始联姻。通过社交媒体,如微博、微信、微视等进行品牌宣传以提升影响力,可以有效地促进纪录片的社会化营销。通过垂直型网站、门户网站、移动 App、社交媒体,纪录片在网络融合方式上逐渐完善,从而有效地拓宽了纪录片的播映途径和市场渠道。2015 年是中国人民抗日战争暨世界反法西斯战争胜利 70 周年,从 9 月 16 日起,抗战题材纪录片《大后方》登录腾讯视频,每天 3 集连播,两天之内新增点击量突破 1,000 万次,网络总播放量突破 5,600 万次,单集最高播放量为 85 万次,单条最高播放量为 732 万次,有 2 万条网友跟帖评论。[①]“2015 年,纪录片 49.4 亿的点击量占全网节目视频点击量的 1.02%,占比仍然相对较低,但综合来看,高投入、大制作、高品质的作品受到网民的追捧。”[②]

其次,纪录片的网络传播彻底颠覆了传统线性播出方式。互联网媒体不再简单地将传统媒体制作的纪录片搬到互联网上播放,而是利用网络的去中心化、非线性、多媒体化等特征,给予受众更多的感官体验和互动选择。

再次,商业视频网站开始作为生产主体全方位进入纪录片的制播环节。从选题、策划、大纲、剧本、拍摄到后期的制作与播出,视频网站逐渐介入纪录片的整个生态链。其实早在 2011 年,搜狐就开了网络自制纪录片的先河,推出自制纪录片栏目《搜狐大视野》。从此,拍摄纪录片的专利不再专属于传统媒体和相关机构。作为视频网站的代表,优酷近年来先后推出的自制纪录片《侣行》《遇见你》《季录》,都赢得了较好的用户口碑和观看体验。

---

① 2015 综艺年度纪录片《大后方》:还原抗战中国 致敬四万万民众[EB/OL].(2015-12-27)[2017-04-23]. http://toutiao.com/item/6232817354363896322/.

② 何苏六,等.公众时代中国纪录片的“新常态”:CORC 前沿发布之 2015 年度纪录片产业数据发布[J].传媒,2016(2).

最后，纪录片的融资方式开始从以体制内的政策支持为主向众筹转变。众筹不仅可以为作品筹集资金，而且还可以对作品进行宣传预热，以形成黏度用户。这种方式亦可以对用户进行数据调研，从而把握有效的用户群体，更好地开发和利用纪录片的商业价值。获得第十八届上海国际电影节金爵奖最佳纪录片的《我的诗篇》，就是采用边拍摄边筹资的模式，通过互联网实现了内容生产、网络点播、宣传营销、资本众筹，最终成为年度话题级纪录电影。

显而易见，互联网思维已经在改造传统纪录片工作者，“用互联网的手段进行融资、创作、传播、宣传，是 2015 年新媒体纪录片的最大亮点”[①]。

（二）电视剧的政策红利显现，台网联动催生新的核心竞争力

2015 年，“一剧两星”政策正式实施，在一线卫视被迫加大投入购买优质剧目，卫视竞争的马太效应愈演愈烈的同时，视频网站迎来了重要的发展时机。由于传统播映渠道收窄，多数电视剧无法在卫视平台播放，从传统卫视渠道转移至网络平台就成为影视行业的必然选择。2015 年，网络自制剧持续升温，前 9 个月网络自制剧的数量相当于 2014 年“自制剧元年”的总和。据统计，2015 年投资在 2,000 万元以上的网络自制剧有近 20 部，其中，包括《盗墓笔记》《心理罪》《暗黑者 2》在内的 5 部“超级网络自制剧”，投资成本高达 5,000 万元乃至上亿元。[②]

网络媒体开启原生 IP 反哺传统视听媒体之旅。长期以来，网络自制剧一直处于“地下”发展状态，不能通过电视台走进观众视野，各大视频网站也只能和电视台合作播出电视台播放过的电视剧，网络自制剧和各大视频网站一直处于被动地位。2015 年，搜狐视频热门 IP 网剧《他来了，请闭眼》成功反向输出到东方卫视，开了网络自制剧反向输出一线卫视的先例；爱奇艺的《蜀山战纪之剑侠传奇》也在 2016 年寒假档登陆安徽卫视。互联网原生 IP 反哺传统电视媒体，是网络自制剧走向高质量剧的重要一步。这种质量“洗地”的趋势跨越了传统的网络版权视频和台网联播模式，直接使互联网原生 IP 的发展跨入 3.0 时代。[③]

多屏共播的模式不断转型升级。从最初的电视剧由电视台全部播完之后才登陆网络，到后来网络视频延迟电视台几小时后播出，再到视频网站与电视台同步播出，

---

① 何苏六，等.公众时代中国纪录片的“新常态”：CORC 前沿发布之 2015 年度纪录片产业数据发布[J].传媒，2016(2).

② 荀超.网剧火　电视人纷纷加盟[N].华西都市报，2015-12-03(A10).

③ 网络剧“洗地”三大模式：改编电影、反向输出和番外篇[EB/OL].(2015-09-18)[2019-10-12].http://www.tmtpost.com/1439049.html.

2015年终于出现视频网站抢先电视台播出的情况。总体而言，电视剧的播放模式在不断更新。例如，爱奇艺采用"先网后台"的模式独播《蜀山战纪之剑侠传奇》，腾讯视频采用"会员付费看全集＋免费用户跟播"的方式播出《华胥引》。

（三）综艺节目跨屏互动广泛应用，网络自制综艺节目争夺市场份额

综艺节目的影游互动成为新常态。江苏卫视的《一站到底》、河南卫视的《汉字英雄》和《成语英雄》等节目开发了在手机、平板电脑等移动终端上使用的同名游戏程序，湖南卫视《爸爸去哪儿》、深圳卫视《极速前进》、东方卫视《花样爷爷》、江苏卫视《最强大脑》在播出之后都推出了同名手机游戏。湖南卫视的《我是歌手》除了进行微博、微信和客户端的开发之外，还与万达影城达成战略合作关系，在总决赛阶段将电视节目搬到电影院进行同步直播，真正实现了多屏合一的全媒体整合传播效果。此外，《汉字听写大会》和《中国谜语大会》的双屏互动竞赛答题，《中国正在听》原版节目的直播互动都展现了综艺节目的跨界融合，综艺节目跨屏互动已然成为一种新常态。

综艺节目与电商合作开展新探索。东方卫视《女神的新衣》是一次与电商产业融合的深度试水，它第一次将娱乐、时尚、电商、移动App进行了深度的跨界融合。《女神的新衣》打通了电视与电商的直接联系，将电商的产品变成综艺节目的一个部分，节目中所采用的这种T2O(TV to online)的模式是一种即播即买、价值即时转换的模式。这种模式保证了节目的收视率，颠覆了传统品牌植入的营销方式，同时也为参与节目录制的电商企业带来了经济利益，更给优秀的设计师提供了展示的机会，在内容和模式上都为用户带来了新的体验。

2015年，视频网站通过高产量、多元化的自制综艺节目塑造了独具特色的品牌，它们迅速地抢占了用户并夺得一定的市场份额。据统计，全网自制综艺节目总播放量累计高达63.06亿次，在新增的26档自制综艺节目中有15档自制综艺节目位列前20名。其中，爱奇艺囊括了9部自制综艺节目，累计播放量高达34.02亿次，市场份额排名第一；腾讯视频凭借6档自制内容紧随其后。这些自制综艺节目的内容包括明星真人秀、音乐选拔和偶像养成等多方面题材。[①]

---

① 解读2015年度全网自制综艺：看视频网站如何抢占用户[EB/OL].(2016-01-02)[2018-07-23].http://www.digitaling.com/articles/21520.html.

二、转型:政策与市场双重压力下的策略调整

(一)内容制作普遍精致化,高投入、大制作、高品质成为主流

综观2015年的视听产业,不管是国产电视剧还是纪录片,都走上了高投入、高品质的"大制作"道路。不论是受众还是制作方,在对人物的高颜值、画面的精美、场景的宏伟、细节的精致、音乐的独特等方面的诉求都在日益提升。比如电视剧方面,古装传奇剧《琅琊榜》的制作成本在1.1亿元左右,《武媚娘传奇》据称花费了3亿元,《芈月传》投资近3亿元,《大秧歌》2.08亿元。

2015年,纪录片投资超过20亿元,平均每分钟投资额为1,800元。伴随着《舌尖上的中国》的蝴蝶效应,纪录片的投入也在加大。纪录电影《喜马拉雅天梯》投资了2,000万元,《跟着贝尔去冒险》以户外探险真人秀的纪实方式,由野外生存第一人贝尔·格里尔斯携手蒋昌建和六位明星演绎荒野求生的真实故事,除去节目制作本身的投入,明星参演费就是一笔不菲的投入。视听产业的投入成本陡然上升,原因主要在以下几个方面:

从政策因素上来看,"一剧两星"使电视剧的购买竞争更加激烈,电视台对电视剧的质量和播放影响力等方面的要求越来越高,这倒逼电视剧制作不得不加大投入,力求更加精致。古装传奇剧《琅琊榜》由于邀请众多当红演员加入,组建了经验丰富的制作团队,再加上昂贵的古装置景,其总体制作成本在1.1亿元左右。在出售给电视台时,单集售价大约为600万元左右,所以54集的《琅琊榜》仅单轮版权收入就有3亿元,再加上网络版权和海外版权,收益已经远远超过成本。

从渠道补偿上看,播出渠道的多样化为大制作、高投入提供了可能,视频网站单集购剧费用超过了传统电视媒体。在购买优质剧目时,如果该剧在电视台播放时的收视率超过了1%,网络单平台点击量超过15亿次,那么其单集价格可以达到300万元到350万元人民币之间,这已经超过了卫视240万元到300万元的价码。网络购剧对于制作方收回成本来说至关重要,已经成为权重极高的制作成本补偿方式。

从商业运作角度看,部分植入广告的渗入,使得广告费成为投入资本来源的重要一环,这种广告投入有时甚至会使一部电视剧成为定制剧。此外,受众年轻化的趋势也推动了大制作视听产品的出现。年轻人相对而言更具有消费能力,拥有广泛的年轻受众意味着能吸引更多注重商业价值和潜力的广告商,从而在广告收入上获得补偿。

（二）受众年轻化，俘获新生观众将成未来视听产业竞争的关键

2015年，传统家庭伦理剧、战争片在荧屏上遇冷，大量深受年轻人喜爱的电视剧逐渐霸占荧屏。众多热播剧目均由有着大量年轻粉丝的网络热门小说改编，故事内容和情节也都偏向年轻人的胃口。古装仙侠剧《花千骨》以古装概念包装了一个“霸道总裁爱上女孩”的故事，而《伪装者》则是把偶像的概念引入了传统的抗日剧中。

受众年轻化趋势的出现，受网络观剧新模式和营利目的的双重驱动。随着网络普遍提速，以及手机、平板电脑等移动硬件设备技术水平的提升，网络观剧越发成为人们日常的行为习惯，这使年轻观众的数量和比重开始急剧上升。“故事表现方式的变革不仅受视听产品的娱乐属性驱动，而且反映出当下观众审美旨趣以及收看观念的改变，也充分说明观众群体发生了革命性的改变：原先将电视剧观众定位在中老年、家庭妇女的理念被颠覆，多屏互动时代的观众需要重新界定与发现。”①2015年播出的《大秧歌》就存在先天性弱点，尽管收视率不低，但内容和主题却不符合年轻观众的审美取向，与其他高收视剧目相比，其收视率仍然较低，在话题热度以及对受众的吸引力方面要逊色很多。放眼2016年，“从卫视储备的剧目来看，其中就包括《幻城》《诛仙》《微微一笑很倾城》等多部网络奇幻剧作。这些带着网络基质的热门元素，正在用一种狂欢式的传播力度占领电视剧高地。可以预见，当新一代IP崛起之后，观众的年龄层大大降低，网民的趣味将起主导作用”②。

（三）类型多样化，纯网自制节目异军突起广受关注

“网剧爆发”，是2015年电视剧给观众最深的印象。其中，古装玄幻仙侠剧《花千骨》、IP网络剧《盗墓笔记》、网络自制剧《无心法师》《他来了，请闭眼》《盗墓笔记》《心理罪》《暗黑者2》等都受到相当程度的关注。

纯网自制综艺节目更是不断被业界提及与认可。有研究者认为，纯网自制节目之所以备受关注，是因为“其本质是互联网基因的，同时又是新生产力基础上的上层建筑的产物，结合了中国特殊发展阶段的人文背景，兼具娱乐、教化与商业三重价值”③。2015年共有215档综艺节目上档，若按平均季播长度13集来算，观众需要每天看7集，才能在一年内看完所有节目。其中，以腾讯新推出的《拜托了，冰箱》（引进韩国同名节目）、《你正常吗》、《尖叫吧，路人》和优酷《我是谁》为代表，它们展现出了纯网综艺

---

①② 胡智锋，顾亚奇.俘获年轻观众或将成就未来发展：2015年电视剧行业变化解析[N].中国新闻出版广电报，2016-01-12(004).

③ 毕啸南，赵海蕴.纯网综艺：基于互联生态的“去TV化”运作[J].南方电视学刊，2015(5).

节目创意多元、话题新锐、表达自由等特点。不少纯网综艺节目已有了稳定的观众源和上亿的点击率,尤其是《奇葩说》和《你正常吗》被许多网民视为勇于创新与表达个性的标杆与典范。

网络纪录片"轻叙事"风格更加明显。所谓"轻叙事",是指"在题材上偏爱日常生活或者野史轶闻的断面,在表现形式上崇尚去繁从简,同时在内涵表达上全力挣脱现实和历史的负重,并不致力于探求现象背后恒常的真理与规律;在审美意趣上排斥严肃端庄,尤其钟爱幽默与调侃"①。纪录片不再是慢悠悠地描述和抒情,而是故事密集,节奏明快,悬念、冲突、时空跳跃以及交叉叙事手法频频出现。优酷制作的《侣行》和《遇见你》均以轻叙事、快节奏的镜头语言,唤起了更多年轻观众对纪录片的热爱。生活、脱口秀、情感类等现实题材纪录片深受网民欢迎,而这也为未来纪录片的创作提供了一条新路径。

(四)竞争白热化,综艺节目促成传统电视媒体差异化的竞争新态势

2015年各大电视台共推出超过200档综艺节目,节目类型打破歌唱比赛一统天下的局面,增加了更多以年轻观众为核心受众的新节目形式,节目形态更加多元化。其中,挑战类、体验类节目依然是主流,游戏类节目进行了多元探索,偶像养成类节目开始初步尝试,歌唱类节目出现新变,厨艺类节目小而美,喜剧类节目大浪淘沙。在节目形态多元发展的同时,卫视竞争加剧也导致了竞争格局的变化。

首先,拥有传统现象级综艺IP的一线卫视依然表现强势,湖南卫视、浙江卫视以及东方卫视成为新"三国",跻身卫视的第一阵营。北京卫视、江苏卫视等其他一线卫视呈追赶之势,构成第二阵营。浙江卫视的《中国好声音》《奔跑吧兄弟》以及湖南卫视的《爸爸去哪儿》《我是歌手》,在2015年依旧保持着高收视和好口碑。而缺乏具有品牌影响力综艺节目的一线卫视,在2015年也推出了多档新节目以吸引观众,如江苏卫视的《蒙面歌王》、北京卫视的《歌手是谁》等,但这些新的综艺节目往往难以达到预期的影响力。

其次,二三线卫视开始创办新的综艺节目,成为寻求发展机会和上升空间的第三阵营。从央视—索福瑞媒介研究有限公司(CSM)公布的全年省级卫视综艺收视排名来看,收视率排名前30的综艺节目悉数被浙江、湖南、东方、江苏和北京五大卫视所占据。现象级综艺节目巨大的吸金效应,使其成为2015年各卫视的标准配置,过去一些以地方新闻和电视剧为核心的二三线卫视在2015年都开始推出综艺节目。四川卫视

---

① 梁振华."轻叙事":当代中国文艺的美学新征候[J].创作与评论,2014(18).

《咱们穿越吧》的收视率虽然仅为现象级综艺的几分之一，但却打破了四川卫视的收视纪录、网络播出纪录，并帮助四川卫视第一次实现了单季度招商总额1亿元的目标。《咱们穿越吧》《冲上云霄》《士兵突击》等综艺节目虽然给了二三线卫视新的起点，但却很难使二三线卫视进入竞争的主战场。与资源优势突出的一线卫视相比，寻求差异化发展仍是二三线卫视的主要任务。

三、重构：变革与创新中面临的多重挑战

（一）同质化和版权问题凸显，行业理性亟须加强

同质化现象依旧是2015年视听内容生产领域一个难以摆脱的问题，主要表现在节目内容同质化和参与嘉宾成员同质化这两个方面。首先，节目类型原创程度低，明星真人秀、挑战类、体验类节目等大量同质化的节目相继推出。明星体验类的有《花样姐姐》和《花儿与少年2》，亲子类的有《爸爸回来了2》《爸爸去哪儿3》《闪亮的爸爸》，网络综艺节目《偶滴歌神啊》则PK《歌手是谁》。面对如此众多的同质化节目，观众难免陷入审美疲劳。

其次，嘉宾成员同质化现象严重。华少、李晨、岳云鹏、马苏等明星在2015年至少都参与了两档真人秀栏目，羽泉组合更是参与了《我是歌手》《奔跑吧兄弟》《旋风车手》《十二道锋味2》等多个节目。

最后，还存在场景重复化的问题，如西安大唐芙蓉园、北京古北水镇、浙江横店影视城、南京中华门城墙、重庆朝天门码头频繁出现在节目中，节目在结构设置等方面也有重复和雷同的情形。

随着国外版权节目的大量引进，强IP资源火爆开发，版权纷争成为中国电视节目市场化发展中一个常见的乱象，同一个国外版权节目会出现好几个雷同的版本。例如，韩国《无限挑战》在中国就有《极限挑战》《挑战者联盟》《真心英雄》等山寨版本，让正版《了不起的挑战》非常被动，韩国文化放送株式会社（MBC）甚至声明要将《极限挑战》告上法庭。湖南卫视的《偶像来了》因包装相似、任务剧情相似，甚至镜头取景相似而被诟病为"抄袭"韩国节目《英雄豪杰》。

当下的IP市场存在不理性的经营现象，许多作品的IP价值被投资者主观夸大，版权交易的风险也随之增大，版权纠纷开始增多。如热播电视剧《芈月传》的编剧署名权就曾产生纠纷，湖南卫视《三体》招商被指尚未拿到授权，搜狐的自制剧《匆匆那年》借势IP热火了一把，全新上线的《匆匆那年：好久不见》却与原著作者九夜茴产生了版

权纠纷。版权的混乱，在IP的巨大光芒照射下显得格外刺眼。所以，今后的视听内容生产应该合理开发IP资源，做到理性投入、分担风险、利益共享。

（二）明星资源被过度消费，亚文化对主流文化的冲击应予以重视

娱乐产业竞争的本质是注意力的竞争，而明星是获取用户注意力且聚合各种资源的最佳招牌。因此，明星在资本的推动下开始成为稀缺资源，导致明星价位虚高，这实际上是一种非理性发展的表现，它将戕害整个行业。在东方卫视的《极限挑战》中，孙红雷片酬为一天300万元，黄磊则是3,000万元打包一季；《爸爸去哪儿3》中价格最高的是刘烨和诺一父子，一天450万元；借《偶像来了》回归荧屏的林青霞一期价格为240万，而其他女明星价格都在一期120万元以下；《挑战者联盟》中范冰冰的出场费达到每分钟6万元。这些天价片酬一方面让二三线卫视望而却步，使一线卫视竞争的马太效应越发明显，另一方面也影响了资本的流动，制约了节目内容和水平的实质性提升。

在目前卫视招商与收视竞争越来越激烈的情况下，对明星资源的过度开发难以避免，但明星真人秀节目已经出现疲态，因为明星资源相对有限，而明星真人秀又是对明星资源消耗最大的节目类型。灿星制作宣传总监陆伟认为："有底气、有前瞻能力的卫视平台或制作机构，应该开始考虑两个途径，一个是所谓的素人真人秀，一个是研究偶像养成类节目，争取扩大已经快被消耗殆尽的明星圈，同时也减少明星成本。另外，由明星个人操盘或明星与文化资本捆绑操盘，争夺更大的议价能力，这可能会成为一大趋势"①。

在2015年的视听内容生产中，还有一个现象应引起注意，那就是亚文化通过电视剧进入了大众的视野，进而对主流文化形成了影响和冲击。例如，2015年《琅琊榜》热播，就是一个文化事件。对此，北京大学中文系副教授邵燕君认为："《琅琊榜》的重要意义不在于促进网络文学的主流化，而在于显示一种二次元文化进入主流文化的路径——这是一场'腐文化'向'主流文化'发起的'总攻'，背后是一场静悄悄发生的性别革命。"②类似的现象在热播剧《伪装者》《花千骨》中都有所存在。2015年年末在乐视上线的网络自制剧《太子妃升职记》，更是打破了传统叙事模式和性别等级秩序的制约。除了电视剧，央视综艺节目《不起的挑战》中，嘉宾华少和阮经天在节目中的亲密互动也被网友热议，而这种主持风向的改变正是为了吸引更多的年轻受众。随着娱乐

---

① 许青红.疲态之下明星秀依然是主流[N].京华时报，2015-12-24(T07).

② 尤梦瑜，陈蔚林.评说《琅琊榜》：悄然发生的性别革命[N].海南日报，2015-11-15(A07).

业和非娱乐业的界线变得越来越模糊，文化话语的性质也改变了。“不是一切都可以用电视表达，或者更准确地说，电视把某种事物转化成了另一种东西，原来的本质可能丢失，也可能被保留下来。”①就某一种文化和价值观而言，电视在对其利用和传播的过程中具有重新改造和阐释的能力。而在网络传播和大众传播中，亚文化是对传统文化和理性主义的一种消解。如何消除亚文化对主流文化的不良影响，在亚文化与主流价值观之间取得平衡，是今后视听内容生产必须要面对和解决的问题。

(三)“引进来”与“走出去”中的语境转换有待破解

随着传媒资本的对外开放，国内传媒互联网公司频繁收购海外资产，中国视听产业的跨文化影响力逐渐增强。光线传媒于2015年在海外大举收购IP，为影视剧储备了充沛资源。2016年，优酷土豆也在韩娱内容上发力，与韩国三大顶尖电视台——SBS株式会社、韩国放送公社(KBS)、MBC PLUS展开独家合作，获得近20档金牌韩综的独播权，继续对优质稀缺内容进行精准布局。当然，根据以往的成功经验，对于这些引进的视听内容，中国本土的制作机构应该对其进行一定的本土化改造，以实现与本土受众趣味的高度吻合。除了互联网公司通过海外收购实现战略布局之外，文化企业也将扬帆出海，频繁收购海外资产。

除了“引进来”，中国传媒影视文化产业“走出去”的步子也开始加快，有了一定的海外影响力。在东南亚地区，《盗墓笔记》《步步惊心》《甄嬛传》等网络作品受到多国“粉丝”的追捧，有的还被翻译成多国文字向多国播出，受到国内观众欢迎的电视剧《琅琊榜》也直接输出到韩国等地。《芈月传》在文化贸易出口中被广为看好，在亚洲国家及一些美洲国家电视台同步热播，成为传递中国影视文化和中华民族优秀价值观的荧屏使者。当然，无论是“引进来”还是“走出去”，都需要对视听内容进行本土化的改造，也就是完成从一种语境向另一种语境的转换。不论成功与否，这对于促进中国视听产业的发展和扩大其对外的影响力都具有决定性的作用。而对外交流的加深，也必将推动中国视听内容产业的重构和变革，并使其得到更为长足的发展，在世界范围内尤其是在亚洲产生更大的影响力。

第二节 2016年中国网络自制节目专题研究

2016年，中国网络视听节目在节目创新和媒介融合上有较新推进。在内容生态

---

① 波兹曼.娱乐至死[M].章艳，译.北京：中信出版社，2015：140.

方面，节目产出活跃，网络自制剧和品牌综艺节目已成为平台发展的核心竞争力，网络自制电影、纪录片等其他新兴网络视听文艺形态开创了快速发展的新局面。从总体上看，视听内容的价值合理性及文化性得到了较大改善和提升，节目价值链急速扩张，视听内容与技术、资本的密切关联日益常态化。此外，移动互联时代下的平台竞争达到了白热化状态，在内容、渠道、平台、经营、管理等方面呈现一体化趋势。

一、网络新闻：可视化和娱乐化"两点"着力

（一）新型主流媒体优化升级，可视化新闻成为报道利器

自2013年党的十八届三中全会提出整合新闻媒体资源、推动传统媒体和新兴媒体融合发展的意见以来，传统主流媒体的新媒体传播平台建设进程持续加速。根据2017年1月4日新华社发布的官方数据，目前《人民日报》客户端用户自主下载量达到1.54亿次，《人民日报》法人微博在人民网、新浪网、腾讯网三大平台上的粉丝总数突破8,900万，微信订阅量超过840万，海外社交平台账号粉丝量及关注订阅数超过3,370万。新华社客户端累计下载量达到1.8亿次，各微博账号粉丝总量为4,467万，微信订阅量61万，海外社交平台账号粉丝及订阅量突破2,200万。中央电视台"央视影音"客户端下载量为5.5亿次，"央视新闻"客户端下载量为4,195万、微博粉丝量4,700万、微信公众号订阅量680万，海外社交媒体账号粉丝及关注数5,335万。①

1.主流媒体客户端以公信力和优质内容增强"黏性"

各大传统媒体纷纷加快在新媒体领域布局的同时，传统主流媒体在网络社交平台和新闻客户端的建设上均完成了不同程度的改良升级，影响力显著提高。《人民日报》继2015年10月全新改版以后，其网络客户端继续升级，不仅针对重大活动赛事开设专题频道，还在原有音视频功能的基础上强势推出要闻广播和语音识别等功能，并且引入大数据分析为浏览者提供新闻智能推荐，进一步提升了用户体验。

此外，主流媒体的客户端运营还呈现出鲜明的特点。紧跟时代脉搏，针对重大新闻事件开设专题频道，实行个性化与人性化的设置，更流畅、舒适的用户体验，高新技术与传统媒体的结合越加紧密和快速，形式、语态和内容更加亲民，互动性加强。主流

① 汪晓东，曹树林，于洋.深度融合构筑媒体新版图[EB/OL].(2017-01-05)[2018-03-21].http://finance.people.com/cn/n1/2017/0105/c1004-28999439.html.

新闻客户端以优质的内容、全新的话语方式和传播形态以及强大的公信力吸引用户，显著增强了用户的使用“黏性”。

2.可视化新闻推动新闻报道方式的转变

新华社、《人民日报》、“央视新闻”等主流媒体客户端继续发挥其政治资源优势，强化政治新闻报道，将政治新闻与可视化报道相结合，从传统以文字为主的信息传播模式改变为注重以图表、视频、微电影等方式来辅助文本报道，以更加生动、直观的方式传达新闻信息，增强了新闻的视听效果和传播效果，颠覆了以往单一的报道方式，呈现出一种全新的新闻报道方式。其中，新华社在可视化新闻制作与宣传上独具特色，传播效果明显。“2016 年，新华社推出说唱动漫《四个全面》，海内外 2,000 多家网站和新媒体平台转载，累计观看量 1.1 亿人次；制作庆祝建党 95 周年微电影《红色气质》，被 3,000 多家网站和客户端转载，网上浏览量突破 2 亿人次。”①

(二)网络新闻评论节目“泛娱乐化”倾向明显

网络新闻评论节目是网络媒体针对新闻事件进行解析，发表评价性意见的视听节目，其呈现出的娱乐化倾向显著。和主流媒体客户端相比，商业新闻客户端和商业网站占据了新闻客户端市场竞争的先发优势与体制机制、技术优势。因在诉求、定位、运营模式等方面与新兴主流媒体不同，商业网站在网络新闻的宣传报道方式上选择性更多。

1.选题去政治化

传统的新闻评论节目大多针对当前重大的、严肃的政治新闻事件或具有争议性的社会问题进行解析和评论，如传统电视新闻评论节目《新闻 1＋1》《新闻今日谈》《新闻调查》等。而网络新闻评论节目的选题范围则相对弱化了严肃性和重大性，大多选择娱乐新闻作为报道主体来吸引用户。例如，由爱奇艺纯网制作的《新闻早班机》就是以明星动态、综艺热点为报道重点，追踪新鲜、劲爆的八卦话题；由腾讯网制作的新闻谈话类节目《今日啧啧啧》在新闻报道的选题上则贴近生活，话题整体较为轻松。

2.表现方式轻松化

除了选题偏娱乐新闻之外，在节目的制作和表现的过程中，网络新闻评论节目还朝着娱乐化、轻松化的方向发展。节目现场环境从传统的严肃、认真转变为活跃、轻松，主持人的主持风格更加幽默风趣，节目形式丰富多元，不仅有新闻点评，还有现场演绎、情景再现、多媒体播放等。凤凰卫视制作播出的时政脱口秀类节目《笑逐颜开》，

① 汪晓东，曹树林，于洋.深度融合构筑媒体新版图[EB/OL].(2017-01-05)[2018-03-21].http://finance.people.com/cn/n1/2017/0105/c1004-28999439.html.

追踪社会热点,主持人以现场脱口秀的形式来演绎各类资讯,谈笑风生,嬉笑怒骂。尤其是对政治新闻事件的解读和演绎,敢言敢玩,并运用崭新的多媒体手段和主持人生动、独特的解读方式,带来新闻评论节目全新的表现方式。

3.用户评论娱乐化

和传统新闻评论节目相比,网络新闻评论节目因其网络的原生特点,及时性和互动性强,能够及时接受用户对节目的反馈,并对用户的评价内容进行分析。在网民的评论中,有逻辑、有观点、有态度、有立场的评论越来越少,情绪化的抒发和较为冷漠的围观式语言逐渐增多,调侃式的语言风格也开始出现,节目权威日渐被消解。

总体来看,如果说网络新闻评论节目是传统媒体"中央厨房"的一角,那么对于网络媒体而言,它只是网站品牌经营的一个方面,并不是核心竞争的那一部分,尤其不是垂直类视频网站的中心内容。对于垂直类视频网站的网络媒体而言,深度的新闻评论节目并不能很好地适应即时性、海量性、互动性、网络性等特征,而网络综艺节目和网络自制剧却能够成为垂直类视频网站的拳头产品,为其实现平台价值。

二、网络综艺:内容、平台、技术"三轮驱动"

(一)整体概况:网络综艺大体量、快发展,角逐卫视综艺节目

CSM 50 城收视率数据显示,强势电视综艺呈现出收视下滑的趋势,《我是歌手》的首播收视率仅为 1.62%,与前一季首播相比跌幅达 41%;《非诚勿扰》的收视率下跌至 1.78%;即使是收视霸主《奔跑吧兄弟》也未能幸免收视率下滑。[①]在部分传统电视综艺收视走低的同时,网络综艺节目却在数量、质量、收视率、热度上都有所发展,进一步走向精品化、系列化、成熟化。据不完全统计,2016 年视频网站自制综艺节目共计 111 档,同比增加 15.6%,单季播放量近 20 亿次,累计播放量超过了 200 亿次,[②]广告创收超 3 亿元。无论是从数量、播放量还是从商业价值层面看,网络综艺的发展已经进入快车道,为我们带来了新的想象。网络综艺节目逐步从粗制滥造发展成为大众认可的综艺节目新形态,网络综艺终于迎来自己的黄金时代。网络综艺从传统卫视综艺中"突围"的状态变为了"包围",拥有了与电视综艺相抗衡的实力。

---

① 彭侃,陈彦妤.纯干货:盘点 2016 网络综艺的众生相[EB/OL].(2016-07-15)[2018-03-27].http://www.legendmedia.com.cn/news/2016/07/102.

② 网络综艺有多火? 三年网综数量翻 5 倍,今年累计播放量超 200 亿[EB/OL].(2016-11-05)[2019-02-11].http://weibo.com/ttarticle/p/show? id=2309614038577079094990.

(二)内容特征:"三化"催生优质节目集群

1.垂直化:题材划分日趋垂直化,脱口秀成拳头产品

与电视综艺的大众化和普适性定位不同,网络综艺的题材更加多元,题材划分越来越精细,节目针对性更强。运动健身类节目《拜拜啦肉肉》、烧脑推理类节目《明星大侦探》、少儿才艺秀《了不起的孩子》等都进入了网络综艺总播放量排行榜的前30名。[①] 主打穿衣时尚的《拜托了衣橱》、针对游戏音乐爱好者的《音游狗来LU》、读书类节目《一千零一夜》、聚焦母婴的《崔神驾到》、汽车类节目《驾驭》等定位更为小众的网络综艺也陆续登陆市场。网络综艺节目垂直化的探索,看似受限于其小众性,实则是对内容制作提出了更高的要求,有助于完善产品布局;同时还能精准到达垂直受众,满足品牌营销细分市场的需求。

从节目类型上看,脱口秀是2016年的网络综艺中占比最高的类型,46档节目在全年网络综艺中占比接近一半,以绝对优势成为数量最多的节目类型。在《奇葩说》大火之后,辩论、观点评论、明星访谈等各种与"说话"有关的节目如雨后春笋般呈现出爆发之势,如套用提案形式的《火星情报局》、边跑步边访谈的《约跑不能停》、美食与脱口秀嫁接的《拜托了冰箱》和《姐姐好饿》、模拟法庭审判的《暴走法条君》等,都大大丰富了脱口秀的表现形式。

2. 多样化:明星参与度扩大,"星素"互动形态多样

2016年,大量的明星参与成了网络综艺的一大特点,在整合各家页面数据得出的排名前50的网络综艺节目中,接近半数都有明星加盟。知名主持人利用人气对网络综艺节目进行提携也是普遍现象。例如《拜托了冰箱》的何炅、《火星情报局》的汪涵、《暴走法条君》的谢娜、《不一样的偶像》的李维嘉、《欢脱定律》的尉迟琳嘉、《了不起的孩子》中的孟非等。

此外,网络综艺节目中加入的素人元素,展现出不亚于明星光环的吸引力与话题度,"星素"互动使节目形态更加多样,融合性更强。有"明星导师+素人选手"的模式,如《奇葩说》第三季的18位"新奇葩"从近4万人中筛选而出,由导师带队进行对抗;有"星素恋爱"的尝试,如《女神的选择》中3位单身女明星各自从4位素人男性中挑选心仪对象;还有"星素对抗",如《看你往哪跑》,明星和素人都有可能成为追捕者或逃亡者;《完美假期》则抛开明星属性,大胆采用纯素人。网络综艺节目邀请素人不仅能大

---

① 网综盘点网络综艺2016年度报告:繁荣与乱象并存,直播、网感、垂直成关键词[EB/OL].(2017-07-31)[2018-06-17].http://www.retui8.com/article/1406210.html.

大节约成本,而且还能通过素人偶发性、不可预测的表现为节目打上独特烙印,增加了信息量,提高了节目的可看性。

3.内涵化:文化类节目成新宠,网络综艺节目的价值内涵有待深挖

文化类节目虽属小众,但因受众相对集中、固定,在波涛汹涌的网络节目大潮下占有自己的一席之地。在视频网站进入差异化竞争时代后,这种文化内涵丰富的节目类型也将成为平台树立自身品牌形象的上佳选择。2016 年,这类节目日渐受到越来越多网民的关注,优酷的“看理想”系列绑定各路文化名人,先后推出了 5 档文化类节目;郑智化在《智在说》中的金句在坊间流传;《晓松奇谈》虽然已经宣布停止更新,但拥趸不少,单集播放量轻松过千万次;《圆桌派》《头等舱》《十三邀》《智在说》《局部》等,聚焦许知远、郑智化和陈丹青等文化人士,致力于让谈话回归正常语境,寻求文化的发力点。

(三)平台运营:平台竞争加剧,三大视频网站领跑网络综艺市场

网络综艺是视频平台实施品牌战略和差异化战略的重要手段,是各家视频网站在多头垄断的格局下迫切提升竞争优势的需要。BAT(中国互联网公司,B 指百度,A 指阿里巴巴,T 指腾讯)旗下的三大视频网站即爱奇艺、优酷土豆、腾讯视频的市场份额占比最高,竞争也最为激烈,处于第一梯队。三家均产出了多档品相、流量表现不俗的网络综艺节目,有些甚至在口碑和影响力上直接逆袭了电视综艺节目。

爱奇艺出品的网络综艺节目在数量上居于各大视频网站之首,在脱口秀、选秀类真人秀及表演类真人秀上都下足了功夫。既有《奇葩说》(第三季)、《偶滴歌神啊》(第三季)、《爱上超模》(第三季)、《我去上学啦》(第二季)、《晓松奇谈》等已发展至“综 N 代”的品牌节目,也有《姐姐好饿》《十三亿分贝》《了不起的孩子》《大学生来了》等新节目。

腾讯视频推出了《约吧大明星》《放开我北鼻》《Hello! 女神》《饭局的诱惑》《耳边疯》等节目,几乎涵盖了互动体验、亲子、偶像养成、美食等热门元素,并从韩国引进了《拜托了冰箱》并对其进行本土化改造,形成了一档新的节目《拜托了衣橱》。

优酷土豆打造了《美女与极品》《暴走法条君》《喜剧者联盟》《火星情报局》《国民美少女》等多档节目,其中,《火星情报局》更是获得了超高人气,第一季便获得了 9 亿次的点击量,第二季仅两期点击量就破亿。

芒果 TV、乐视视频、搜狐视频分属于网络综艺市场的第二阵营。芒果 TV 凭借湖南卫视雄厚的基础和个性化运营,除了无缝链接湖南卫视的经典综艺之外,其在头

部综艺的制作中也表现不俗，差异化运营策略显著。乐视视频实施的网络综艺主要策略仍然是与综艺大咖合作，推出了《你看起来很好吃》《女神的选择》等节目，《我要上蒙面》在江苏卫视母体节目高人气的带动下成为其2016年的拳头综艺节目。搜狐视频主要选择引进国外优秀节目模式，*The Kelly Show*、《恶毒梁欢秀》和脱胎于美国模式的《对口型大作战》将美式脱口秀的犀利和偏执尽显无遗。

(四)技术创新:新技术手段助力网络综艺节目的新表达

1.大数据手段引领节目思维转型

从节目立项、话题选择、制播过程到后期宣传和效果评估，大数据思维日渐贯穿网络综艺节目的制作过程中。对用户数据进行全面分析和深度挖缺，不仅能够触发网友共鸣，而且还能够提高节目的合理性和针对性，因而成为当前网络综艺的一大特点和常用手法，是网络综艺节目发展和转型的重要思维方式。

2.新技术为表达语态注入新活力

多项新技术手段的运用，不仅创新了网络综艺的表达语态，也使其具有更强的互动性、沉浸感和科技感。爱奇艺的《爱上超模》就采用了自主研发的Video Out技术，观众在观看节目的同时，点击其中的服装便可以购买“超模同款”，一举打通综艺和电商；大型生活实验真人秀《我们15个》动用了120台360度全高清摄像机、60个麦克风以及全球最先进的内容管理系统，进行365天×24小时的不间断拍摄、直播，全景视角为用户创造出强烈的代入感；优酷土豆联手新东方教育集团打造了《洪哥梦游记》，运用24小时户外不间断全景移动摄像、VR、全程GLXSS智能眼镜无死角直播等当前最先进、最热门的拍摄及视觉体验技术，展现了未来极客的生活方式；芒果TV在其直播真人秀《完美假期》中，专门设计了一位全影像立体虚拟主持人“女神嘻芮”与现场主持人马可配合互动，增强了节目的趣味性。①

3.直播改变网络综艺格局但仍面临挑战

2016年被称为“网络直播元年”，越来越多的网络综艺节目力求加入直播元素，直播和互动成为网络综艺节目一个重要的创新表现手法。如《茜你一顿饭》可以边看边买，《饭局的诱惑》平台直播部分环节，《看你往哪儿跑》试水游戏属性和“直播＋点播”的播放模式。网络综艺节目引入“直播＋互动”，为用户提供了全新的观看和互动方式。尽管在内容和商业模式上直播提供了更多的尝试，但以直播为主要手段的网络综

① 文卫华，楚亚菲.2016年中国网络综艺节目盘点[J].中国电视，2017(3).

艺仍然面临众多挑战和难题。直播方式更考验团队精确把握和设计内容环节、对时间的控制及详细设置的能力;明星的临场表现和即时的观众互动,则考验团队对于未知情况的精准判断力,未来观众对综艺形式与直播内容的要求会越来越高,以上都是未来直播综艺发展中急需解决的问题。

三、网络自制剧:精品化和专业化成行业自觉

网络自制剧经过了前两年的野蛮增长,2016 年在高度期待下虽依然保持着稳步上升态势,但整体增速放缓;播放量和影响力屡创新高,如爱奇艺播出的《老九门》成为首部播放量超过百亿次的网络自制剧。网络自制剧整体发展趋势从粗放式数量增长转变为精品化内容自制,进入从量变走向质变的转型时期。

(一)题材拓展,IP 剧强力延续

尽管喜剧、言情剧、青春偶像剧以及都市题材剧仍在 2016 年占据主流,累计播放集数较高,但其平均点播量低于市场平均值;悬疑题材势头不减,点播量相对较高,深受观众喜爱,处于茁壮发展阶段,未来可重点开发;冒险、惊悚类题材的剧目受欢迎程度也比较高,平均点播量远高于市场均值,但市场份额较少,处于潜力市场。[①]

2016 年 IP 剧依然强有力地延续着,继续成为网络视频平台纷纷抢占的热点资源。以网络视频三巨头爱奇艺、腾讯、优酷土豆为例,2016 年,优酷土豆包揽了多部超级 IP 大剧的独家网络版权,引领行业步入新一轮的"大剧时代",特效炫酷的《秦时明月》、根据游戏改编的《云之凡》等,将网剧与其他领域联合起来;爱奇艺成立了业内首个文学版权库,挖掘优质 IP 资源,吸收了《美人为馅》《猎行者》《唐砖》《超级兵王》《剑王朝》等优质 IP 资源,围绕优质 IP,在广告服务、会员服务、衍生品销售、游戏、电商、内容营销等多个环节展开全产业链开发。

(二)制作专业化,大自制时代来临

1.加强与专业影视机构的合作

2016 年,视频巨头纷纷选择与专业的影视机构合作,它们不仅在传统电视剧领域中参与直接投资和制作,而且还与优秀的影视制作团队合作,集中优势力量形成强强

---

① 网剧行业市场现状与发展趋势分析(上)[EB/OL].(2017-04-26)[2019-02-03].http://www.sohu.com/a/137698972_115197.

联合,将头部内容作为重要的发力对象,形成网络剧反向电视台输出的新常态。乐视视频作为出品方之一,投资和参与制作了收视率和口碑反响都不错的《亲爱的翻译官》和《好先生》这类传统电视剧,同时与“剧芯文化”和“柠萌影业”等具有丰富经验的影视制作团队进行合作,效果显著。

2.投资规模升级,追平传统剧

2016 年网络自制剧总投入近 30 亿元,其中视频网站投资约为 20 亿元,网络自制剧整体投资规模再度升级。就具体作品来看,单部网络自制剧的投资不断升温。根据安信证券的产业调研,网络自制剧的价格飞涨始于 2011 年,头部网络剧的价格由 2011 年年初的 10 万元/集飞涨至 2016 年年底的 900 万元/集,[①]视频巨头打造的“头部”网络自制剧不断刷新历史纪录。搜狐视频出品的《法医秦明》,单集制作费已达到 250 万元;爱奇艺联合多家影视公司出品的《老九门》,单集投资制作费也超过了 330 万元,48 集的总集数使总投资达到 1.6 亿元,是目前总投资最高的网络自制剧,该剧在东方卫视同时播出。2016 年年底,腾讯视频播出的《鬼吹灯之精绝古城》单集制作费超过 500 万元,与一线卫视播出的传统电视剧持平。[②]

(三)全产业链开发更完善

网络自制剧在动漫、手游等产业链上的开发和视频网站付费化营利模式的形成与创新不仅为各大平台带来了更大的贡献,而且助推了整个网络剧行业的升级。

首先,影游联动成为众多网络自制剧提高影响力的必要环节。2015 年的电视剧《花千骨》其手游每月营收在亿元以上,根据网生 IP 改编的影视作品,开发相关游戏成为众多网络自制剧的标配。

其次,付费观看是网络自制剧的另一大收入来源。为了培养持久、稳定的客户源,会员的独家内容专享应运而生,会员付费方式也更加灵活多样,如爱奇艺、腾讯视频、搜狐视频等主力视频网站纷纷推出了会员抢鲜看、单部剧集收费、特定集数(如大结局)收费等多样化的付费模式。值得一提的是,乐视视频的《太子妃升职记》采用了付费观看不同结局的新模式,满足了大量受众群体的不同需求。据艺恩统计数据,截至 2016 年 12 月,中国视频有效付费用户规模已突破 7,500 万,增速为 241%,是美国市场的 9 倍。[③] 付费会员人数的大幅度增长意味着用户付费观看网络自制剧的习惯正在养成。

---

① 网剧五年跃进:价格爆了,造假多了[N].第一财经日报,2017-01-25.

② 王利丽.精品化探求中的网络自制剧创作趋向[J].当代电影,2017(3).

③ 刘翠萍,付晓岚,李敬蕊.2016 年中国视频行业付费市场研究报告[EB/OL].(2017-01-17)[2018-05-17]. http://www.max.book118.com/html/2017/0528/109942527.shtm.

网络自制剧的广告植入也更加多元化。在网络自制剧中，广告植入变为剧情的一部分，越来越多的品牌方把宣传方向与剧情结合在一起，极大地降低了用户的反感度。贴片、中插等广告形式也开始被频繁应用。此外，关于网络自制剧的大电影、话剧、音乐、打赏、周边产品及粉丝经济等多种变现方式，让网络自制剧的内容创作可以享有更多话语权，网络的全产业链开发使得内容的商业价值得到全面而充分的利用。

（四）政策监管更趋严格

为了保证良好的网络环境，国家行业监管部门对净化网络环境、提高网络创作品质高度重视，加强了对 2016 年网络自制剧出品及播出平台的管理，并且明确了网络自制剧的审查标准。在 2016 年 2 月 27 日的全国电视剧行业年会上，国家新闻出版广电总局就指出，未来网络自制剧的审查标准将与电视台一致，“电视不能播什么，网络也不行”。此外，国家新闻出版广电总局还出台一系列文件对网络自制剧加以规范，如《专网及定向传播视听节目服务管理规定》明确指出从事专网及定向传播视听节目的机构需要取得《信息网络传播视听节目许可证》，清晰和强化了播出平台责任主体的监管力度。

国家监管力度加强的同时也意味着一批处于“灰色地带”的题材作品被禁止播出。2016 年，大批网络自制剧陆续被下架，名单包括《心理罪》《暗黑者 1》《灵魂摆渡 2》《盗墓笔记》《太子妃升职记》《上瘾》《无心法师》《探灵档案》等，下架理由是这类网络自制剧涉及了明确禁止的情节。虽然名单中有不少作品，如《太子妃升职记》《上瘾》等，都有着较高的观众缘和一部分粉丝群体的狂热支持，但仍然免不了被迫下架。

四、其他网络视听内容呈现快速发展态势

（一）网络纪录片：亮点纷呈的背后仍面临结构性困境

2013 年，中国纪录片进入全媒体营销时代；2014 年，纪录片在互联网格局里逐步被边缘化；2015 年，是新媒体纪录片的突围井喷年；2016 年，网络纪录片平稳发展，亮点频现。其中，全网 7 亿网民的纪录片（包括栏目和专题）点击量为 114.2 亿次，占全网视频点击总量的 1.39%。

表 4-1 2016 年点击量最高的 10 部纪录片

序号	片 名	网络点击数(亿次)
1	地球脉动(第二季)	7.6
2	了不起的匠人	6.3
3	永远在路上	6.2
4	我们诞生在中国	3.2
5	寻味顺德	2.56
6	我在故宫修文物	2.0
7	新疆味道	1.27
8	本草中国	1.05
9	极致玩家	0.57
10	人间世	0.54

1.题材多元,文化价值凸显

历史类、美食类、旅行类纪录片仍最受欢迎,人物类纪录片的点击量占比最高,为 18.1%;其次为自然题材,达 13.8%。[①]各大视频网站逐渐选择出品高质量的纪录片来取代以往靠数量取胜的状况。在纪录片的题材选择上,有的创作者致力于打"人情牌",选择了"接地气"的题材,如优酷土豆推出的温情纪录片《遇见你》。文化类的纪录片在 2016 年表现较为抢眼,在"工匠精神"的影响下,一批关于杰出"匠人"的纪录片受到追捧。《我在故宫修文物》和《大国工匠》虽然不属于纯粹的网络自制节目,但在传统媒体上播放时效果平平,而一经网络播出,口碑和话题度显著提升,具有网络原生纪录片的部分属性。总体上来说,网络上纪录片的质量良莠不齐,有诸如《侣行》等优秀的纪录片,也存在一些小视频平台制作的粗糙、主题较低俗的纪录片。

2.跨平台推广活跃

2016 年,网络纪录片在多屏互动和跨媒体推广上有较大推进。在播放平台方面,各种各样的播放平台均有相当客观的播放量。例如,微信公众号"一条"定期推送文化领域的纪录片,"开眼"视频 App 定期推送从世界各地搜罗的优质纪录片。在传统媒体与新媒体的互动上,多平台的播出使得网络纪录片的播放量在 2016 年获得较大的

① 赵谦.中国新媒体纪录片 2016[EB/OL].(2017-12-08)[2018-04-03].http://max.book118.com/html/2017/1208/143326520.shtm.

增长。如《我在故宫修文物》在央视播放默默无闻，但在B站上却收到了超过200万次观看和近9万条弹幕，微博上有了相关话题，5家视频平台参与传播，B站还投资了电影版，让该片的持续热度超过了一年。

3.网络纪录片仍面临结构性困境

虽然网络纪录片在2016年发展平稳，但是在泛娱乐化时代，纪录片相较其他网络视听文艺形态来说，其关注度和影响力依旧较弱。网络纪录片不仅面临着传统纪录片市场原生的“结构性堵塞”，还面临着投资方不易找到合适的制播实体，产业前端及营利模式不完善，受资本逐利本性影响等问题。

(二)网络大电影：2016年成关键分水岭

网络自制微视频自2011年左右兴起后，已逐渐转型成“网络大电影”这一新的门类。“网络大电影”指时长在60分钟以上，具备完整电影容量，符合国家基本法律法规，制作水准精良，以互联网为首发平台的电影。2016年，网络大电影的数量达到了2,500部，在爱奇艺上线的1,780部中，有122部分账超过100万元，23部超过500万元，78部影片拿到了营销分账，营销分账金额超过3,000万元，是数量最多、分账最高的平台。[①] 2016年是网络大电影的分水岭，在题材选择、内容制作、院线融合、付费模式上都有不小的进步。

1.从类型扎堆到质量把控

2016年之前，大多数网络大电影都是同类型路子，道士、僵尸、古装、穿越，各种跟风蹭IP，其创新性和创造力并没有表现出来，惊悚、爱情、剧情、喜剧这4种类型的播放量占比91.2%。[②] 尽管这些电影以露骨、惊悚的内容在一定程度上吸引了部分受众，但由于其质量过低、色情粗俗，渐渐不再被观众买账。从2016年起，网络大电影开始进行内部整改，爱奇艺、搜狐视频等视频网站明令禁止低俗、宣扬封建迷信、具体展现血腥和暴力情节、传播社会负能量等价值观偏颇的电影上线，再加上有关部门的严苛监管，网络大电影质量有了明显提高。

网络大电影的精品化和专业化趋势使题材选取和内容制作的门槛越来越高。网络大电影是电影与互联网的结合体，是内容的本质和最先进的工具的关系。只有真正做好内容把控和创新，才有能力去竞争市场，才能让良币驱逐劣币。

---

① 122部网络大电影分账过百万，23部过500万，2017市场规模将达30亿[EB/OL].(2017-01-06)[2018-07-21].http://www.nxing.cn/wenyi/8301179-4.html.

② 2016年中国网络大电影行业研究报告[EB/OL].(2016-10-26)[2018-02-27].http://www.199it.com.artchives/530040.html.

2.网络大电影和院线电影的融合创新

2016年,网络大电影与院线电影的融合已经初具雏形。院线电影《黑处有什么》作为第一部院线和网络准同步上映的电影,打开了网络与院线融合的序幕,其网络分账收入远远超过院线票房。此外,网络大电影的运作模式也实现了新的突破,《老九门》为主演张艺兴量身定做了网络大电影《二月花开》,二度引爆市场。

网络大电影和院线电影在渠道上逐渐融合,小成本院线电影有了通过网络大电影发行的可能,网络大电影也具有变成院线级别的潜力。如《赚够一千万》实际上是院线电影,但其避开院线大片,选择直接以网络大电影的形式发行。按照趋势,网络与院线准同步发行,甚至优先选择网络渠道发行的影片将越来越多。网络大电影的含义正在逐步拓宽,从以网络发行为主要渠道的电影拓展为网络平台和院线同步播放的视听节目。未来,网络大电影的概念可能会消失,和线下电影完全融合。

3. 网络大电影商业模式悄然变化

乘付费会员红利和平台扶持的东风,网络大电影背后的商业逻辑方向悄然发生了变化,内容生态已经今非昔比。2016年3月,乐视宣布付费会员数量超过2,000万;6月,爱奇艺宣布VIP会员数量突破2,000万;11月,腾讯视频宣布付费会员数量突破2,000万,乐视宣布全生态(包含影视、音乐、体育等)付费会员超过5,000万;12月,优酷宣布会员数量突破3,000万。据悉,未来3年,付费会员总人数将达到3亿,在这种付费会员高速增长的大背景下,网络大电影头部内容的分账将逐步走高,网络大电影的红利远未结束。有效付费点击分成成为广告纷呈、广告植入的主要营收模式。基于用户付费点播进行分账的网络大电影模式指的是发行方和制作方分享付费点播价格中的配额从而获得收益,类似于院线电影院线方和出品方的分账。以爱奇艺为例,在付费点播模式中,一部网络大电影的点播价格为5元(爱奇艺会员可以包月付费),影片前7分钟为免费试看,超过7分钟,平台计之为一次有效点击播放,制作方能够得到1.5元/次(非独播)、2元/次(独播)、3—3.5元/次(针对部分网络大电影)的分账收入,而视频网站发行方同时将剩下的点播费用作为单次收益。不言而喻,市场对优质网络大电影的需求越来越大,内容迭代与商业模式的调整必将引发竞争的升级。

综上,2016年中国网络自制节目的不同文化形态呈现出多样化的发展路径和趋势,但都沿着内容创新与技术创新两大发展线索,在技术、内容、产业形态上进一步明晰了融合之路,推进了融合深化。在国家宏观政策的引导下,网络自制节目的文化价值得到凸显。文化与技术成为改变传播生态、重构网络自制节目内容生态的重要力量。

第三节　2017 年中国网络视听节目综合解析

2017 年,中国网络视听节目在外部驱动、内部再造上均有不同程度的推进。从外部环境看,政策监管趋紧,网络新闻、网络综艺、网络自制剧、网络大电影等互联网文化内容成为被重点关注的领域;技术发展迅速,AI、VR 等技术开始尝试运用于各类网络自制节目中,并获得良好效果;用户对内容消费需求增大,网生内容呈爆发式增长;资本大量注入网络视听市场,投资回报初显。从内部运营来看,各大平台的内容生态逐渐成熟,并呈精品、垂直、纵深发展;各类型自制节目市场价值凸显,用户付费规模大量增长,商业变现迎来春天。综合而言,2017 年的网络自制节目在移动互联网环境下逐渐形成生态链,各平台在激烈的竞争中通过内容、技术、经营、服务等方面的创新,不断在市场红海中寻找一片蓝海。

一、网络新闻:技术突破与内容生产深度融合

《2017 年中国网络媒体公信力调查报告》显示,网络媒体在综合影响力方面,已经形成了以人民网、新华网、腾讯网、人民日报客户端、腾讯新闻客户端等为主的第一梯队。① 在网络媒体舆论备受瞩目的背景下,民众渴望真相,受众对优质内容的需求倍增。此外,2017 年 6 月 1 日开始施行的《互联网新闻信息服务管理规定》,标志着互联网新闻领域相关法律法规建设的进一步健全,它一方面保护了互联网新闻服务单位的合法权益,另一方面也有助于互联网新闻信息服务行业的健康发展。

(一)新型主流媒体:技术与内容并行,力求"形神兼备"

1."媒体大脑"开辟先河,人工智能改写新闻生产方式

2017 年,媒体融合发展已进入深水区,各大主流媒体形成了报、网、端、微全线发力的综合传播态势,与之相匹配的是技术不断更新迭代。《人民日报》、新华社、中央电视台等各大主流媒体在建设"中央厨房"并取得一定进展与不错的成绩之时,新华社又发布了一款人工智能平台——"媒体大脑"。"媒体大脑"基于云计算、大数据、人工智

---

① 工信部:《2017 年中国网络媒体公信力调查报告》发布[EB/OL].(2018-02-26)[2018-07-08].http://tech.qq.com/a/20180226/021195.htm.

能(AI)等技术,向海内外媒体提供2410(智能媒体生产平台)、采集内容、新闻分发、版权监测、人脸核查、用户画像、智能会话、语音合成等8个模块的服务,探索人工智能时代下媒介形态和传播方式。[①] 传统主流新闻媒体主动利用新技术激活新闻产品,焕发出时代生命力。比如,在全国"两会"召开之际,"媒体大脑"从5亿网页中梳理出新闻舆情热词,15秒钟就生产出第一条"两会"视频新闻。"媒体大脑"能够自动分析"两会"舆情、生成可视化图表,连配音、配图和视频剪辑都能自动完成。[②] 由此可见,人工智能在新闻报道领域的应用正不断深入,类似的生产方式将是今后新闻生产的一个必然趋势。当然,新技术手段在新闻生产方式上实现了生产力的解放,但真正有态度、有深度、有温度的新闻报道,依然需要优秀的媒体人为其赋能,人文精神与技术革新需协同前行。

2.主动革新报道语态,增强内容传播的辐射力和感染力

在短、平、快的互联网平台上,在保证"准确"的前提下,新闻报道通过转变语态、重点突出口语化等方式,更加契合网络传播。比如,2016年7月改版上线的新华社微信公众号,仅一年多的时间,粉丝数就从100万激增到1,500万,日阅读量接近500万,品牌效应凸显,其中最典型的案例是"刚刚体"的爆红。2017年6月21日,《刚刚,沙特王储被废了》这篇9个字的标题、45字的内容,创下了新华社微信乃至微信公众号范围内的一系列纪录:阅读量增速最快——10分钟内阅读量突破10万次;阅读量最高——788万阅读量;点赞量最高——15万次点赞;评论量最高——6.7万条评论;分享量最高——46万次分享。[③] 这一模式的成功,引发了其他主流媒体的效仿,"来了!""定了!"这些口语化的字眼在主流媒体网络端频繁出现,既接地气又吸引了受众的关注。

另外,传统主流媒体开始主动适应互联网语境与传播特性,一改以往的"高冷范儿",主动增强与受众的交流互动,提高用户黏性。在内容方面,编辑将态度、情绪融入内容中,配合优质的图片和视频,充分调动受众情绪,产生情感共鸣。比如,针对南海仲裁案发出的《刚刚,南海非法仲裁结果出来了,中国的态度在这里》、汶川地震纪念日推出的《一转眼,整整9年过去了……》、国家公祭日推出的《南京大屠杀为什么和你有关系!》,很多严肃内容通过这种语态报道,在传播权威声音的同时也增加了新闻的人情味和感染力。

---

① 徐常亮.媒体大脑:媒体与人工智能的融合重生之路[J].传媒,2018(3).

② "媒体大脑"首次上岗,"新闻"报道又升级[EB/OL].(2018-03-21)[2018-07-08].http://www.jiemian.com/article/2004159.html.

③ 关开亮.新华社网红编辑:通稿到"爆款"的距离只一个好标题[EB/OL].(2018-03-05)[2019-06-14].http://wx.renrenso.com/wx/show.php/zki/1kudkzil1l6nx5uondNnqaFenkiuNaVitnqZ20fWGVfNubslrJZ0pWd2d2A==.

(二)网络资讯媒体：个性化定制强化精准传播

1.技术突破服务个性化需求，共享数据打造信息生态网络

移动化是2017年中国网络新闻发展的特点，也是今后的必然趋势，是技术加持带来的结果。截至2017年12月，我国手机网民规模达7.53亿人，网络视频用户规模达5.79亿人，占网民总体的75%，手机网络视频用户规模达5.49亿人，占手机网民的72.9%。[①] 由数据可知，随着智能手机的普及和移动网络环境的不断优化，用户更多选择通过移动设备来获取新闻信息。网络资讯媒体通过对智能推荐系统、视频加速功能、个性化新闻定制等技术的应用，力图打造移动信息生态网络，形成与传统主流媒体相抗衡的态势。这些媒体平台虽然没有采访权，但拥有大量用户资源，在强大的算法模型的支持下，通过分析用户行为，将用户感兴趣的新闻进行个性化推送，以此不断提升用户体验。此外，人工智能技术也逐渐发展成资讯平台的核心竞争力，平台在资讯整合、内容制作推荐、营销推广、互动交流等方面有了进一步发展。比如，腾讯新闻整合大平台的各类资源，在用户活跃数量上遥遥领先；"今日头条"通过逐步打通旗下"今日头条"、西瓜视频、抖音短视频、火山小视频、悟空问答等产品，共享用户数据，并在算法技术上拥有自己的核心竞争力，打造用智能技术连接人与信息的内容平台。

2.流量导向转至内容经营，深耕内容成各平台发展的新策略

网络资讯媒体不断地更新进化，根植于有海量内容需求的新生用户。深挖用户需求，制作优质内容是平台单纯从流量驱动转向多维布局的重点策略之一。短视频、直播、VR等富媒体化内容形态逐步受到关注和使用，为用户提供了更大的信息密度和更细的颗粒度；技术(如人工智能)助力内容生产，也进一步提升了生产效率。比如，"两会"期间，腾讯新闻联合多家媒体推出《两会同期声》《秒懂两会》两档独家短视频栏目，其中仅《3分钟听完总理这10句话，句句都与你我有关》这则短视频就获得了438万次的播放量；再如，主张"各有态度"的网易新闻，将多元化的观点内容输出作为一条内容生态链，平台平均每天产生300万条跟帖。网易新闻利用这一拳头产品，不断发掘用户观点价值并将其放大，延伸出符合当下年轻人态度的品牌活动，这不仅是对新闻内容的深耕，而且是针对用户二次创造的深层内容价值进行的精细化运营。

---

① 中国互联网络信息中心(CNNIC).第41次《中国互联网络发展状况统计报告》[EB/OL].(2018-01-31)[2018-08-29].http://www.cnnic.cn/hlwfzyj/hlwxzbg/hlwtjbg/201803/t201803/t20180305_70249.htm.

3.内容生产凸显娱乐性、趣味性、互动性一体化

与传统媒体相比,用户在网络平台上获取资讯,更多的诉求往往归结为及时、易读、随时随地了解热点事件并获取深度报道与分析。无论是话题的新鲜度、内容制作的简单化,还是内容的碎片化处理程度,网络资讯新闻节目都实现了资源的高效利用。从节目形式到话题的选择,网络自制新闻节目都体现了娱乐性、趣味性、互动性一体化的特点。例如,腾讯网推出的《新闻哥:换个姿势看新闻》、暴风影音的《屌丝资讯播报》、爱奇艺推出的《爱奇艺早班机》等,这些节目都具有年轻化、娱乐化以及互动性强的内容风格,与互联网环境下主要观看群体年轻化的收视特征较为吻合。在话题选择上,主要有明星八卦、国家大事、民生事件和国外热点事件等,其中,明星八卦和民生新闻占比较大。网络新闻节目不仅追求传统的新闻价值,还强调足够的趣味性、吸引力。比如,很多节目中策划的街头采访、主持人访谈等,都着力展现对网友意见的征求、对多元观点的包容,节目的嘉宾也站在不同立场进行各自观点的交锋,使节目体现出新媒体语境下多元价值共存的特点。

(三)网络社交媒体:“后真相时代”的公共舆论新形态

2017 年,以微博、微信等平台为主的网络社交媒体,作为受众获取新闻信息的重要渠道,迎来了新闻的“后真相时代”。“后真相”已经被《牛津词典》列为 2016 年年度词语,《牛津词典》把“后真相” 定义为“诉诸情感及个人信念,与客观事实相比更能影响民意”①。受发布规则的制约,社交媒体平台的新闻视频大多来自外部新闻网站的链接,网民的二次传播、二次解读往往更能发掘新闻的深层价值,人们更加关注的是情感和观点,有时情感甚至胜于客观事实。每一个使用新媒体技术的网络用户都能够参与新闻的生产、制作和传播,个体化、碎片化、情感化共同建构了“后真相时代”网络社交媒体新闻内容的发展趋势。在此基础上,出现了新闻视频的“剪刀手”与“搬运工”,经过二次加工和多次传播,有的新闻视频因为内容“失真”,而造成舆论事件或形成负面影响。所以,在网络社交媒体领域,新闻的生产和传播更需要行业的监管和专业的坚守。

2016 年 12 月 16 日发布的《关于加强微博、微信等网络社交平台传播视听节目管理的通知》就要求:“利用微博、微信等各类社交应用开展互联网视听节目服务的网络平台,应取得信息网络传播视听节目许可证等法律法规规定的相关资质;微博、微信等网络社交平台不得转发网民自制时政类视听新闻节目。”相关网络新闻节目的制度正

---

① 马广军.后真相时代网络社交媒体传播技术因素研究[J].新闻战线,2017(18).

在逐渐建立并不断完善，建立健全网络新闻制度已是当前不容忽视甚至迫在眉睫的任务，唯有如此才能更加有效地引导网络新闻朝着正确的方向发展。

二、网络综艺：全面赶超电视综艺且势头强劲

继2016年网络综艺逐渐“包围”电视综艺之后，2017年可预见地迎来了网络综艺市场的“爆发之年”，网络综艺节目在数量、质量、播放量、影响力上全面赶超电视综艺，交出了更加夺目的成绩单。据统计，2017年，主流视频网站共上线159部网络综艺，投资规模达43亿元，同比增长43%，播放量超500亿次，市场表现与电视综艺比肩。[①] 网络综艺市场经历了2014年到2016年3年的快速积累，在资本大量注入、人才迅猛涌入、政策略有收紧的背景下，2017年的网络综艺节目在内容打造、平台布局、产业运营、变现渠道等方面均做了大量探索并初具规模，呈现出爆款节目频出、热度流量猛增、跨界融合加速、变现能力增强的特点。2017年的网络综艺市场进一步走向大制作、多元化、矩阵化，各方力量共同造就了网络综艺超越电视综艺的强势劲头。

（一）内容关键词：“综N代”、选秀、圈层、跨界

1.“综N代”：IP效应虽在持续，但普遍面临下滑危机

“综N代”是指把收视率高的名牌节目进行再次开发的综艺节目，其品牌价值已经过前几轮的市场验证，拥有大量人气基础和IP效应，通过对节目内容的更新迭代，能够持续吸引观众的关注。2017年网络综艺流量TOP30中尝试系列化开发的纯网综艺即达9部。从传统台“综N代”借鉴而来的有《奔跑吧兄弟》（第二、三、四季）、《爸爸去哪儿》（第二、三、四季）、《我是歌手》（第二、三季）等。纯网“综N代”有爱奇艺的《奇葩说》（第四季）、《大学生来了》（第二季）、《姐姐好饿》（第二季），优酷的《圆桌派》（第二季）、《晓说2017》和《火星情报局》（第三季），芒果TV的《明星大侦探》（第二、三季）、《妈妈是超人》（第二季）等。这些在原有IP基础上衍生出来的节目，力图通过内容和形式的再度创新，在保持稳定的前提下取得相对不错的成绩。

但是，由于互联网传播多样性、快速性、广泛性、丰富性、年轻化等特点，受众对节目的审美疲劳周期缩短，能够真正实现“芝麻开花节节高”的网络综艺节目并不多见。例如，起初被看好的《奇葩说》（第四季），招商收入从第一季的5,000万元又猛增至第

---

① 2017中国网络综艺市场白皮书[EB/OL].(2018-01-15)[2018-10-22].http://www.sohu.com/a/216841232_717968.

四季的 4 亿元，虽然节目在导师制度和辩论环节均做了不小的突破和改革，但相对于第一季豆瓣评分 9.1 分的高口碑来说，第四季 7.8 分的评价显然是一次滑铁卢。不少网络“综 N 代”无论从口碑、播放量还是影响力上，都面临着持续走低的颓势，受众的新鲜感大多停留在第一季上，如何在已有受众定位的基础上打破模式固化、创新乏力的桎梏，也是当下网络“综 N 代”必须面对的现实挑战。

2.选秀：平台转换探索新“造星”模式

2004 年，湖南卫视《超级女声》开启电视综艺选秀元年。沉寂多年后，互联网选秀成为网络综艺的集中发力点，业界把 2017 年称为网络综艺选秀元年。爱奇艺的《中国有嘻哈》、腾讯视频的《明日之子》、芒果 TV 的《快乐男声 2017》扎堆于暑期播放，主要面向青少年受众群体。其中，不乏从小众垂直类节目脱颖而出，一度逆袭成为爆款的现象级网络综艺，由此也验证了互联网造星能力的强大。这一类的选秀节目不同于经纪公司推出的“成品”偶像，其往往通过粉丝的关注与支持来为偶像立“人设”，以打造新的“造星”模式。在偶像的选拔上，因为主要针对 95 后、00 后这一群体，节目制作方把更多的选择权交给了受众。这一特定群体的粉丝具有极强的主动探索欲，他们利用自己的媒介素养，考证自己所支持的偶像是否立得住。考证内容不仅包含偶像的才艺，还包含性格、人格魅力等多个维度。从这个角度来看，网络综艺选秀节目更像是节目制作方与消费者之间的游戏和博弈。网络综艺的多元性、互动性、开放性等特点得到充分彰显，这是平台转换给节目带来的最大变化。

虽然网络选秀节目移植了“全民制作人”的概念，表象上明确了粉丝的权利，但其市场实质仍然以消费主义逻辑为主导。比如，《中国有嘻哈》的冠军争夺战中采用了直播的形式，引导网民刷礼物助力偶像夺冠，将投票作为商品进行贩卖，俨然将节目变成了吸金的游戏。

3.圈层：小众垂直类节目异军突起但前景不明

在网络经济、文化、资本、技术的相互作用下，传统媒体建构的主流意识形态在互联网的环境中被打破、分化。生活碎片化、选择多样化的年轻受众更愿意追逐体现个体精神的意识形态，这就形成了互联网中非主流意识形态与主流意识形态并存的状况。2017 年，一些网络综艺节目将视野投向对嘻哈、街舞、机器、偶像养成等青少年小众圈层文化的研究与开发上，这些题材在打造品牌个性、吸引热度流量、紧跟潮流语态上具有得天独厚的优势。小众垂直类节目经过深耕细作的打造，对目标受众群体来说具有新鲜感和吸引力，会先形成一波讨论和口碑，再通过互联网的广泛传播，最终进入大众视野。例如，中国嘻哈文化的探路者《中国有嘻哈》、被评为“S+超级网综”的《机器人争霸》、偶像养成类娱乐选秀节目《明日之子》，都是从小众转向大众的现象级节目。

然而，一些节目由于片面迎合受众口味，所以制造低俗内容、传播畸形价值观，触碰政策红线的情况时有发生。随着政策监管的趋紧，行业监管力度的加大，部分网络综艺节目的市场风险显著增加。2017 年 6 月 30 日发布的《关于进一步加强网络视听节目创作播出管理的通知》明确提出，网络视听节目与广播电视节目实行同一标准、同一尺度。这意味着节目制作方不能仅以市场为导向，还必须注重内容质量的净化，传播社会主义核心价值观，倡导文明健康的网络综艺。

4.跨界：多维杂糅，挖掘话题、收割流量

在泛娱乐趋势下，影视、音乐、主持等各领域的明星纷纷突破娱乐边界，加入网综阵营，其中脱口秀节目就是一大流量重镇。明星跨界吐槽，给受众展现出不为人知的一面，通过热点话题带动节目流量与互联网热度，一则给用户真实感，二则提升用户观看的新鲜度。例如，喜剧脱口秀节目《吐槽大会》的内容为话题明星自嘲和接受吐槽，其第一季话题播放量 TOP3 共计达到 6.7 亿次。对于生活压力大的现代人来说，这类节目以吐槽的方式达到减压目的，也是脱口秀节目获得成功的原因所在。将素人选手提升至节目主角位置也是 2017 年脱口秀节目的又一跨界特色。挖掘社会热点话题，素人选手更接地气，受众看得轻松，双方因此更容易产生共鸣。比如，腾讯视频的《脱口秀大会》，其中的“你真的有朋友吗”、“北上广，爱，来，不，来”和“以爱的名义绑架你”等 TOP5 话题，播放量共计达到 8.1 亿次。

多维价值的挖掘还体现在跨领域 IP 联动上。由腾讯游戏开发的爆款手游《王者荣耀》，就是平台将 IP 效应不断放大的一个典型案例。2017 年 12 月 15 日上线的实景真人对抗节目《王者出击》，作为首款游戏 IP 改编的网络综艺节目，上线仅 5 期，播放量就斩获 10.3 亿次。基于年轻网络受众的多元化需求，平台尝试多维创新和探索，是今后网络综艺节目的一大发展方向。

此外，多种类型的杂糅也是 2017 年网络综艺的另一个特征。网络综艺的生产不再局限于单一的模式，而是将多种节目的特征融合在一起，吸引不同类型受众的关注。杂糅的节目类型使得网络综艺逐渐跳出模式化的节目生产过程，不断创新的节目模式使得网络综艺产业不断被注入新的活力。比如，《下一站大明星》是以年轻男艺人“合宿＋养成”为亮点的网络综艺节目，杂糅了选秀节目、真人秀节目的特征；《姐姐好饿》(第二季)则是将美食节目和访谈节目的特征结合在一起；《吃光全宇宙》融合了美食节目、户外探索节目和真人秀节目的特征。

(二)平台运营:头部格局初现,资本支撑平台升级

网络综艺节目与平台战略布局紧密联系,通过品牌调性的打造,达到增强平台用户黏性的目的。从整体制作的数量上看,“爱优腾”依靠背后BAT强大的资本运作,依然稳居第一梯队,且同比呈增长趋势。腾讯视频超越了爱奇艺,在数量上居于各大视频网站之首,其拳头产品主要有《明日之子》、《脱口秀大会》、《拜托了冰箱》(第三季)、《拜托了衣橱》和《美食告白记》等作品;爱奇艺出品了《中国有嘻哈》、《姐姐好饿》(第二季)、《大学生来了》(第二季)和《明星的诞生》等作品;优酷出品了《火星情报局》(第二季)、《小手牵小狗》和《穿越吧厨房》等作品。值得注意的是,背靠湖南卫视的芒果TV,2017年在网络综艺制作和传播领域有了跨越式的发展,跻身第一梯队,与前三名共分市场,与第二梯队的乐视视频和搜狐视频有了明显分野,打造了《爸爸去哪儿》(第五季)、《妈妈是超人》(第二季)、《明星大侦探》(第二季)、《逛吃逛吃开饭啦!》和《2017变形计》等作品。[①]

1.马太效应:爆款节目催生“强者愈强”格局

继2016年“超级网综”概念被提出,2017年高投入、大制作的头部网络综艺迎来高回报,这加速了网络综艺市场的两极分化,马太效应明显。数据显示,2017年新上线的网络综艺播放量TOP10占比48%,市场集中度较高,均值同比增长166%,达到23.88亿元。TOP10网络综艺涵盖了真人秀、脱口秀、纪实类节目,其中真人秀占70%,脱口秀占20%,形成网络综艺类型竞争的新格局。[②] 在头部内容市场表现中,腾讯视频的《明日之子》、爱奇艺的《中国有嘻哈》成为热搜、流量双高爆款;芒果TV和优酷土豆的《爸爸去哪儿》(第五季)、芒果TV的《明星大侦探》(第二季)和《2017变形计》、腾讯视频的《吐槽大会》《脱口秀大会》均取得了不俗的成绩。平台发起、资本驱动使得头部网络综艺在节目模式、明星嘉宾、制作团队、用户定位以及营销宣发策略等多个方面占据优势,“强者愈强,弱者愈弱”这种格局正不断加固并呈扩大之势。

2.资本驱动:矩阵化、强布局、大内容

中国互联网文娱产业已步入全新的生态时代,网络综艺同样面临全面升级的战略挑战。爱奇艺继续实施年轻化策略方面做了大量尝试。如,《奇葩说》(第四季)秉承着“以包容的姿态接受多元”的核心价值,在继承“毒舌”和“犀利”话风的基础上,在辩题

---

① 广电总局监管中心:2017网络综艺发展分析报告[EB/OL].(2017-12-08)[2018-04-03].http://www.sohu.com/a/209368162_728306.

② 2017中国网络综艺市场白皮书[EB/OL].(2018-01-15)[2018-10-22].http://www.sohu.com/a/216841232_717968.

内容选择上直击当下年轻人生存中的“痛点”和“泪点”。优酷视频一方面有阿里生态加持的大数据营销和全链路营销体系为支撑,另一方面战略布局“6＋V”综艺矩阵,在喜剧、脱口秀、真人秀、偶像养成、亲子、音乐等六大主流综艺版块中实现了“超级网综”和“精准网综”双向出击。其中,“超级网综”包括将脱口秀节目《火星情报局》延展为“火星节目带”,衍生出《火星实验室》《火星学院》等作品;“精准网综”包括偶像养成节目《超次元偶像》《王牌经纪人》,亲子综艺《大手牵小狗》《厉害了爸比》,文化类节目《晓说 2017》《再见李敖》等。腾讯视频则在版权综艺和自制综艺上双管齐下,新增《奔跑吧》、《极限挑战》(第三季)、《演员的诞生》、《王牌对王牌》(第二季)、《我们相爱吧》(第三季)、《中餐厅》、《亲爱的客栈》、《青春旅社》、《喜剧总动员》(第二季)等大量头部 IP 版权,显现强势的吸睛能力;在自制综艺上开发了《明日之子》《吐槽大会》《脱口秀大会》等爆款作品,并衍生 IP 矩阵,通过广告、会员付费、衍生商品、线上销售、艺人经纪、直播＋点播、系列内容开发、线下演唱会等形式,达到内容不断循环的产业链状态。

三、网络自制剧:打破网台壁垒,追求内涵式发展

网络自制剧自 2011 年起发展至 2017 年,经过 6 年的探索、成长、积累,传播效果与口碑均进入了相对稳定的阶段,优秀网络自制剧作品甚至超越了电视剧。从网络自制剧的数量上来看,相对前几年,同比增长放缓;从质量上看,在资本助推之下的网络自制剧投入更大,类型题材更加丰富多样,在类型和题材的探索上取得不小的突破。

(一)题材:类型多样化,IP 与原创平分秋色

2017 年的网络自制剧市场在题材类型上大力开疆扩土,每种题材几乎都有“爆款”诞生,一部剧中往往包含多种题材元素,这是网络自制剧的一个新探索。如,《河神》同时包含了传奇、探案和悬疑的元素;《双世宠妃》包含穿越、古装宫廷、青春偶像等元素。值得注意的是,悬疑探案类题材的网络自制剧最令人惊喜,在 TOP10 网络自制剧中瓜分了将近三成流量,《白夜追凶》《无证之罪》《河神》等该类型下的作品都兼具高口碑与高流量。

“甜宠类”题材也继续发力。《双世宠妃》《亲爱的王子大人》《致我们单纯的小美好》《你好,旧时光》等在网络自制剧市场中一再得到验证。这类题材主要面向网络年轻女性群体,并广受青睐。另外,喜剧和青春爱情剧呈现不温不火的状态,这主要是因为喜剧的制作难度相对较大,青春爱情剧的内容创新程度不高,这两类题材要想完成精品化,还有很长一段路要走。

IP改编剧在数量上稳步增长,播放量呈飞速增长之势。古代传奇类作品的平均前台播放量最高,其次是冒险、玄幻、言情、青春校园类。[①]"顶级IP+人气明星"的组合曾是网络自制剧市场赚取强大粉丝效应的流量保障,但由于近年来IP市场优秀内容被不断开采,对网络自制剧内容的管控日趋严格,加之部分"流量明星"演技欠佳等原因,依靠精品内容赢得口碑与流量是IP剧力图突破的方向。比如,《河神》对原作进行了颠覆性的改编,充满新意,取得巨大成功;《无罪之证》提取原作精髓,重新塑造剧中人物性格;《你好,旧时光》《致我们单纯的小美好》《春风十里不如你》等青春校园剧,一改以往青春剧不接地气的弊端,用真实而隐喻的表现方式,表达了青春里的欲望和冲动,受到观众的追捧;《琅琊榜之风起长林》《九州·海上牧云记》因演员的精湛演技、画面的表现张力以及可圈可点的故事脚本,也取得了不错的口碑。

原创网络剧数量呈下降趋势,但前台播放量涨幅显著。悬疑推理剧《白夜追凶》《盲侠大律师》《卧底》、历史剧《大军师司马懿》系列、青春校园剧《一起同过窗2》等均来自原创剧本,制作精良、表现突出,起到了一定的示范意义。其中,最出色的莫如《白夜追凶》,其海外发行权已被Netflix买下,将在全球190多个国家和地区播出,成为首部正式在海外大范围播出的国产网络剧集。可见,受众对于原创网剧的期待依然有增无减,平台唯以精品内容俘获观众,方能赢得高口碑、高流量、高播放量。

(二)制作:精品式创作,差异化定位

1.政策监管助推网络自制剧走向内涵式发展

2017年6月27日,国家新闻出版广电总局下发《网络文学出版服务单位社会效益评估试行办法》,通过出版质量、传播能力、内容创新、制度建设、社会和文化影响五项对网络文学出版服务单位的社会效益进行评估。这意味着国家对网络自制剧的监管层面已经上升到了IP的源头,从源头就开始严格把关。6月30日,中国网络视听节目服务协会发布《网络视听节目内容审核通则》,明确了"先审后播,自审自播,未审不播"的审核机制,对网络视听节目的创作播出提出进一步要求,网络视频行业面临全面整改。2017年9月4日,国家新闻出版广电总局、发展改革委等五部委又联合下发《关于支持电视剧繁荣发展若干政策的通知》,提出"对电视剧、网络剧实行同一标准进行管理,规范网上播出影视剧行为,未取得新闻出版广电部门颁发许可证的影视剧一律不得上网播放",这是自2016年以来,"网台同标"的又一次重要管控。在严格的政

① 2017年网络剧报告:年度总播放量猛增,口碑剧频出,好故事成制胜关键[EB/OL].(2018-01-15)[2018-11-04].http://www.sohu.com/a/216877771_436725.

策监管下,网络自制剧制作开始从“对标电视剧”和“打电视剧擦边球”的状态中走出,行业自觉逐步发力,真正精品化程度高的作品开始出现并受到观众追捧。

表 4-2　豆瓣网 2017 评分最高的大陆网络剧集①

序号	剧集名	豆瓣评分	评价人数
1	白夜追凶	9	214,570
2	一起同过窗(第二季)	8.8	25,110
3	你好,旧时光	8.6	66,485
4	河神	8.3	82,936
5	无罪之证	8.2	59,336
6	杀不死	8.2	18,351
7	花间提壶方大厨	7.8	26,252
8	盲侠大律师 踩过界	7.8	13,489
9	致我们单纯的小美好	7.2	56,111
10	九州·海上牧云记	6.9	57,170

表 4-3　豆瓣网 2017 评分最高的大陆电视剧集②

序号	剧集名	豆瓣评分	评价人数
1	白鹿原	8.8	53,263
2	大秦帝国之崛起	8.5	24,545
3	人民的名义	8.3	190,495
4	鸡毛飞上天	8.1	18,127
5	大军师司马懿之军师联盟	8.1	71,578
6	射雕英雄传	7.9	45,850
7	外科风云	7.3	46,400
8	那年花开月正圆	7.2	58,865
9	我的!体育老师	7	15,172
10	大唐荣耀	6.7	42,290

上述数据显示,优秀网络自制剧的评分已超越电视剧——《白夜追凶》以 9.0 的高

---

① 2017 评分最高的大陆网络剧集[EB/OL].(2017-09-11)[2018-06-27].https://www.douban.com/doulist/109939033/.

② 2017 评分最高的大陆电视剧集[EB/OL].(2017-03-09)[2018-11-15].https://movie.douban.com/annual/2017?source=navigation#30.

分超越了《白鹿原》的8.8分，同时在优秀剧集的数量上，网络自制剧也占据明显优势。可以看出，观众正逐渐摆脱网络自制剧粗制滥造的原有印象。这是因为，网络自制剧在题材选择、剧本创作、演员演技、后期制作等方面都在加速升级，内涵发展成效显现。可见，大投资时代，依然需要根植于内容，唯有用心制作好剧，才能获得观众认同。基于日趋专业化的制作背景，网络自制剧超越了电视剧，网台壁垒逐渐消失，越来越多的网络自制剧实现了网台同步，甚至出现了反向输出电视台的状况，今后“先网后台”将是一大趋势。如《大军师司马懿之军师联盟》在优酷视频和卫视频道同时播出，收官时播放量将近60亿，CSM52城最高收视率破1，斩获了网络点击率和收视率的全面丰收。

2.三大视频网站领跑市场，视频网站与电视之间用户区分度明显

随着网络自制剧近几年的飞速发展，其已在各平台积累了一定量的观众。艾瑞网数据显示，移动视频用户和电视观众在年龄分布上差异明显，移动视频用户中51.7%集中在25—35岁的中青年阶段，而电视观众年龄分布则呈两极分化状态，35岁以上用户占比54.2%，其次为24岁以下用户，占比为30.3%①。可见，在用户画像上，网台有着明显分野。随着互联网移动化水平的提高，各平台传输成本下降，网络自制剧制作周期变短，如何在千变万化的网络环境中占据优势，也是网络自制剧制作方不断尝试和探索的方向。其中，寻求差异化，定向圈层受众，是2017年网络自制剧市场一个明显的特征。

“爱优腾”三大视频网站依然一马当先，在制播数量上稳占高地，位于第一梯队。爱奇艺的网络剧数量在各平台中遥遥领先，主打喜剧、悬疑推理、爱情三大类型，比如喜剧类《花间提壶方大厨》系列、悬疑推理类《河神》和《盲侠大律师》系列等，罪案类《无证之罪》、青春校园类《你好，旧时光》也表现亮眼。腾讯视频在网络剧数量上不敌爱奇艺，其最大的黑马是言情剧《双世宠妃》；运动竞技题材类网络剧是腾讯视频的大胆尝试，代表作是《蔚蓝50米》；此外，喜剧类表现不错，有《乡村爱情9》《小五当官》等。优酷视频在第一梯队的独播剧数量上最少，但头部内容表现极为突出，如历史剧《大军师司马懿》系列的《军师联盟》《虎啸龙吟》、罪案类《白夜追凶》等都力图在题材类型上寻求新出路。

搜狐视频、乐视视频、芒果TV等第二梯队平台在独播网络剧数量上远不及第一梯队，但在题材类型上都在做多样化探索。比如，搜狐视频采取“反其道而行之，弥补市场缺位”的策略，探索多元化题材类型，以小而精的定位捕捉目标观众，当爱情类题

① 2017年中国网络自制内容行业研究报告[EB/OL].(2017-11-20)[2018-11-04].http://www.199it.com/archives/654766.html.

材自制剧在市场中持续低迷、其他平台均不看好爱情剧市场的时候,抄底入手这类网络自制剧,既弥补了市场空缺又抢占了一片蓝海。

(三)产业链:合作模式与分成方式均有待改变

1.合作模式:定制转向承制,市场竞争将越发激烈

2017 年中国网络自制剧产业的合作模式主要以合作定制为主,即平台方向制作公司提出内容需求进行定制,根据制作公司的方案,平台方根据用户数据及战略方向进行方案迭代。这种合作模式主要由 IP 资源、制作能力、明星资源等在网络自制剧市场中稀缺的重要资源组成,且主要应用于大型制作公司,这使得制作公司在合作中占有的话语权较多,平台方所获取的分成股比相对较少。随着平台方对内容的进一步重视,如大量进行 IP 囤积,未来平台方的话语权将逐步扩大,合作模式将转向委托承制——平台将自身独有的 IP 委托给制作公司进行制作,或者以买断制作公司 IP 的形式获得独家版权。这就意味着,以往竞争主要集中于传统制作公司抢夺制作权的局面将逐渐转移至平台,平台市场竞争将更加激烈。

与此同时,具有强大资本背景的视频平台会择优倾向于实力强的影视公司进行合作,"强强联合"更加剧了网络自制剧市场并驱争先的激烈局面,腾讯视频与传统影视公司华策影视联合出品的《致我们青春的小美好》《柒个我》就是例子。平台巨头与制作巨头联手必然会使中小型视频平台和制作公司受到猛烈冲击,如何在夹缝中寻求生存空间,将是中小型视频平台和制作公司面临的挑战。

2.分成方式:营销多样化,分成有待数据化、合理化

在掌握独家播放权的基础上,利用排播方式进行会员拉新,已成为各个平台扩大会员规模的主要手段。中国网络视听节目服务协会发布的《2017 中国网络视听研究发展报告》显示,用户视频付费意识已经养成,付费比例由 2016 年的 35.5%上升至 2017 年的 42.9%,付费网站视频会员总数超过 1.7 亿。该报告还显示,虽然 2017 年付费用户比例上升明显,但付费意愿却整体偏低于 2016 年,即用户比例上升不等于付费意愿也相应上升,这是值得行业审视的问题。[①]

营销与内容深度结合,只要内容的质量得到保障,平台网络自制剧数量持续输出,网络自制剧的变现渠道与变现规模将会有稳定的增加和扩大。2017 年,中国网络自制剧的主要收入类型有四种:广告收入、会员收入、IP 衍生以及版权分销。其中,占比

① 2017 中国网络视听研究发展报告[EB/OL].(2017-12-15)[2018-06-19].http://www.199it.com/archives/663363.html.

最高的仍为广告收入，网络自制剧也逐渐探索出了更有新意和创意的广告植入方式；会员收入已接近传统广告招商收入，大有超过广告收入的势头；IP 衍生主要依托于影视剧的 IP，对资源需求较高；版权分销随着未来网络自制剧的质量和产量不断上升，分销卫视的收入还有提升的空间。此外，国家政策鼓励国产影视剧走向海外，未来，随着海外市场对国产网络自制剧认可程度的提高，网络自制剧的商业价值与文化意义都将有更大的提升空间。

在分成方式上，制作团队与平台的合作方式不同，分成方式也不尽相同。委托承制合作方式的分成方式相对简单，制作方与平台方按相应比例获取分成；合作定制合作方式的分成较为复杂，双方要根据所掌握的资源进行博弈，确定后期分成股比。目前，营销分成相对透明，但会员分成计算方式相对复杂，且数据、算法掌握在平台一方。未来，随着行业数据的健全，行业规则的固化，必然会促进分成方式更加合理。

四、其他网络视听节目：精品化、垂直化、生态化

（一）新媒体纪录片：三屏联动拓展发展空间

在媒介融合背景之下，纪录片发展迅速，已形成“三屏联动”，即以专业纪录频道、卫视综合频道为主力，以新媒体为重要支撑的基本格局。据统计，2017 年中国纪录片生产总投入为 39.53 亿元，年生产总值为 60.26 亿元，同比分别增长 14％和 15％。[①] 与传统纪录片相比，新媒体纪录片不仅在传播媒介上借助了新媒体渠道，而且在内容、受众、技术和传播方面有了显著变化。

1.“跨屏＋融媒”：多向互动传播常态化

在移动互联网时代，信息的传播呈现交互和循环的态势，纪录片一改“高冷”姿态，开始主动适应年轻群体的语境、语态。弹幕、表情包等新的表现手法开始在纪录片的传播中出现，微纪录形态降低了受众的接受门槛，这些都是纪录片在互联网媒介传播中尝试的方式。从数据上看，2017 年的全网视频总点击量为 12，928.6 亿次，纪录片总点击量为 90.5 亿次，占比 0.70％。其中，腾讯、爱奇艺、优酷土豆的纪录片视频点击量占比分别为 37.8％、32.8％、20.4％。[②] 相对于热门网络影视剧和网络综艺节目而言，

① 两份纪录片研究报告出炉 中国纪录片未来可期[EB/OL].(2018-04-26)[2019-05-28].http://media.people.com.cn/n1/2018/0426/c40606－29950907.html.

② 2018 年中国纪录片发展报告发布[EB/OL].(2018-04-18)[2018-06-17].http://www.cn.chinagate.cn/news/2018-04/18/content.50905801.htm.

纪录片的网络点击量仍然偏低。由此可见，网络影视剧和网络综艺节目的制作、运营、传播方式依然是值得新媒体纪录片借鉴和参考的样本。

2.纪实短视频：聚合分享平台快速崛起

随着移动互联网用户规模的不断扩大，短视频成为2017年网络视频的新增长点。纪实短视频持续发力，给记录影像产业化更大的想象空间。基于移动网络传播碎片化的特点，纪实短视频使用碎片化的视听语言主动满足受众的需求。比如，《了不起的匠人》最先将节目时长控制在10—20分钟，《如果国宝会说话》也是以每集5分钟微纪录小视频的形式播放。纪实短视频在自媒体时代创作中具有的自由性，也迎合了后现代主义文化所体现的“碎片化”和“非连续化”的特征。[①] 另外，UGC纪实短视频聚合分享平台快速崛起，如快手、抖音、秒拍等App，极大地降低了用户日常参与视频制作的门槛，也相对扩大了“泛纪实内容”的生产范围，人人都可以制作内容，人人也都是内容的传播者。这类非虚构形式的纪实短视频，将助力纪录片产业向新媒体领域继续延伸、拓展。

3.产业发展：培育和开发IP成主攻方向

随着移动终端的日益多元化，精准传播和差异化内容导向是各大视频平台的主攻方向，其背后是强大的资本运作、大量IP的囤积。新媒体纪录片特点突出，培育IP、开发IP市场成为新媒体纪录片的发展趋势。2017年，爱奇艺、腾讯视频、优酷在纪录片领域继续保持“三足鼎立”的格局。爱奇艺通过纪录片领域付费分账合作模式，打破了传统单一版权购买合作方式，腾讯视频成立了“企鹅影视纪录片工作室”，优酷致力于打造纪实院线，B站推出了针对纪录片的“寻找计划”。另外，播出平台除了购买热门的国际精品纪录片以外，还依据各自不同的特点和品牌定位进行差异化的纪实内容制作。网站自制纪录片享有独家版权，这既有利于网站自身品牌的构建，又是拓展营销链条的重要方式。

（二）网络大电影：从追求数量转向提升质量

网络大电影从2014年的首秀到2017年的日趋成熟，在这4年时间里，网络大电影经历了“野蛮生长”“大浪淘沙”和如今的“理性回归”。数据显示，2014年主流视频网站共上线450部网络电影，2016年达到2,500部的顶峰，并实现了263%的同比增

---

① 韩飞，何苏六.新媒体的生产传播创新与发展路向：以纪实短视频为例[J].出版广角，2017(23).

长;进入2017年,上线作品数量同比下滑20%,市场趋冷并回归理性。[①] 2017年的网络大电影与网络综艺、网络自制剧的发展特点相似:题材类型多元化、制作日益精品化、付费用户规模化。中国网络大电影市场正在从数量上的爆发转向质量上的升级,精耕细作的内容竞争将更为激烈。

1.政策管控促使行业自律

2016年网络大电影被下架的风波影响延续到了2017年,更严格的政策监管,结束了之前很多网络大电影在题材内容上打"擦边球"的状况。自2017年3月1日起施行的《中华人民共和国电影产业促进法》指出:"通过互联网、电信网、广播电视网等信息网络传播电影的,还应当遵守互联网、电信网、广播电视网等信息网络管理的法律、行政法规的规定。"[②]这一规定明确了网络大电影被管理的范畴。6月30日,中国网络视听节目服务协会出台的《网络视听节目内容审核通则》确立了"先审后播"和"审核到位"两个原则。政策的收紧意味着市场在不断规范,像《二龙湖浩哥》全系列、《我的室友是狐仙》、《打狼之我命由己》、《大风水师》、《催乳大师》和《超能太监之黄金右手》等一系列虽热门但尺度过大或题材不符合规范的作品被下架,提醒着制作方与平台方要不断提升行业自律。

2.分账模式倒逼内容优化

网络大电影原有的营利模式一般为用户付费点播,制作方与平台方根据约定好的点播进行赢利分成。2017年,这一分账模式悄然发生了变化。爱奇艺精细化地将内容合作分成模式分为A—E一共五个等级,这五个等级对应不同的付费点播分成金额,并增加了营销合作分成和广告分成模式。营销分成主要针对站外推广,广告分成主要针对付费期结束转为免费播放期后,通过广告继续获取收益。腾讯视频侧重一次性买断播出权或保底分成及有效付费点播分成。优酷建立了新的分账体系及规则,以影片的播放量、会员观看有效时长及会员拉新等维度为标准,综合计算影片的分账金额。各大视频网站均结合自身发展的优势建立了不同的分账制度,力图通过市场的检验倒逼内容质量的提升,使网络大电影市场朝着更加精品化的方向发展。

3.在互补共融中寻求突围

与大银幕院线电影相比,网络大电影更偏重于小屏幕的娱乐化效果,所以网络大

① 网络电影市场理性回归,优酷战略全面升级加码行业发展驱动力[EB/OL].(2018-04-18)[2018-12-17].http://www.sohu.com/a/228674578_104421.

② 中华人民共和国电影产业促进法[EB/OL].(2016-11-07)[2018-12-17].http://www.gov.cn/xinwen/2016-11/07/content_5129785.htm.

电影的发展是对院线电影的一个重要补充,二者需找到一个平衡共融的方式,相互促进发展。网络大电影的制作周期一般较短,平均在一个月左右,加之依托于网络平台的数据分析,呈现出了找准社会热点题材,拓展网生内容,同步化、精准化的特点。追随院线电影的“热点”,快速反应、精准跟进,是网络大电影的一大特色,也是其补充院线电影的一种做法。如,继《战狼 2》在院线火爆之后,《特别有种》和《最后的武林》等相应题材的网络大电影随之推出;反电信欺诈题材电影《巨额来电》上映后,优酷视频又迅速上线了电影《反诈风暴》系列。此外,一直活跃于院线的优秀电影人开始“触网”,如执导《记忆大师》的陈正道推出了《熟悉的陌生人》,整部影片的制作、包装更符合电影工业标准,上映后好评不断。

(三)网络短视频:从泛娱乐化到垂直化

依托于移动互联网的高速发展,网络短视频在生产成本、人群、工具、内容的丰富性上都优于长视频,成为各大资本追逐的风口。调查显示,短视频用户主要集中在 30 岁以下的年轻人,组织化、垂直化、个性化是短视频行业的发展趋势。在未来,短视频将持续碎片化发展并最终走向社群化,但由于短视频版权受重视程度不高,其商业化探索目前尚处于瓶颈期。

当前主流短视频内容大量集中于泛娱乐内容,多平台跨界连接、融通共生。随着资本对短视频内容生态的扶持,更多垂直领域的内容创作者制作出了高质量的短视频内容。在消费升级的背景下,用户对垂直细分领域的需求会更加旺盛,短视频未来的内容生产领域必将会转向垂直化。目前做得较好的头部短视频有“一条”和“二更”。同为生活类短视频,“一条”设有“隐世小店”“达人厨房”“型车骑士”“男士型格”“城中潮客”“艺术现场” 等 9 个栏目;“二更”则在“二更视角”(“身边人”“手艺人”“设计师”“时尚咖”“城市录”)、“二更乐活”(“好店”“玩法”“足迹”“隐形菜单”“地道风物”)和“二更公益”3 个频道上垂直布局。二者在垂直领域制作的内容和在变现手段上的探索、挖掘,虽然在内容和形式上做了差异化运营,但在实现商业价值方面可谓殊途同归。

当前,观看短视频获得信息和娱乐已成为年轻人追捧的生活方式。据统计,自 2017 年 7 月份起,短视频行业用户增长迅速,月活跃用户数以及短视频月使用总时长持续增长。快手、梨视频、西瓜视频、抖音短视频以及火山小视频等一系列短视频 App 层出不穷,透过这些 App 我们能一窥巨头互联网平台的战略布局。短视频 App 成为爆款离不开初期差异化的运营策略,但在积累一定的用户规模后,综合发展不仅是 App 也是平台的突围之路。对此,整合或淘汰腰部及长尾资源,在国内市场趋近饱和的情况下积极拓展海外市场,通过下沉涉足 MCN 业务,与内容方建立直接联系,占据优质内容资源等方式都可助力平台在激烈竞争中实现突围。

整体而言,2017 年网络自制节目在政策规范制约趋紧、行业自律能力增强、内容与技术不断革新的大环境下进行了形态的全面升级。各媒体平台的融合化、生态化发展促使网络新闻、综艺、自制剧、纪录片、大电影、短视频等不同领域的自制节目初具规模并形成品牌效应。伴随着消费结构的升级,受众对于节目品质的需求也会持续增加,未来,网络自制节目市场的竞争会更加激烈。自制节目一方面要对市场进行深度拓展、开发、精耕垂直领域内容;另一方面也要顺应政策引导,主动提升行业自觉,以实现竞争力和影响力的不断扩大,创造更丰富、健康、美好的文化景观。

第四节 社交媒体时代短视频的文化景观

与传统大众媒体时代相比,社交媒体时代最显著的特点是用户拥有了更多的选择权和编辑能力,可以自行集结成各种视听社群。这种“集结活动”借由文字、图像、声音以及视频等不同形式来呈现,其中,短视频便在近年来大放异彩,成为当下流行的社交媒体传播介质和文化样态。截至 2018 年 12 月,短视频用户规模达 6.48 亿,网民使用比例为 78.2%。[①] 依托于移动互联网技术的发展,短视频在社交网络平台上业已形成重要的文化景观,在文化间不断发生着同化、接合、吸收等效用。

我们应当如何正视近年来此类文化介质的诞生和影响?这种强互动性、具有社交属性、以视频为载体的传播形态,又在多大程度上以何种形式预兆着大众文化的走向?斯图亚特·霍尔曾对“大众文化”做出这样的解读:“大众文化既不是大众的、完整的、自足的和真正的文化(文化主义),也不是统治阶级实行霸权的场所,是大众与统治阶级之间对抗的文化场域,大众文化本身具有一定的抵抗性,‘对抗和斗争’的形式主要有‘吸收、歪曲、抵抗、协商和复原’等。”[②]也就是说,大众文化显然不是指某单一价值体系,它实则是多元文化多层面复杂关系的集合体。尤其在当下的中国,随着社会经济结构转型与消费主义时代的到来,由于大众的阶级感被消解,所以一方面大众成为现行市场经济秩序的支持者;另一方面,大众也在扮演着现行秩序的反抗者。在这里,我们要提出一个问题:这种文化间的“对抗和斗争”,究竟是以何种方式发生的?

本文将“文化”与“反文化”(counterculture)视为一组相对的概念,它们共存于同

① 第 42 次中国互联网络发展状况统计报告[EB/OL].(2018-08-20)[2018-10-21].http://www.cac.gov.cn/2018-08/20/c_1123296882.htm.

② 霍尔.解构“大众”笔记[M].戴从容,译.//陆扬,王毅.大众文化研究.上海:上海三联书店,2001:61-62.

一社会场域之中。主流文化以其权威地位来维护文化的常态,而“反文化”则力图挑战常态。美国学者罗斯扎克最早对“反文化”概念进行关注和阐释,在其著作《反文化的形成:对技术官僚社会及其青年反对派的思考》中,他记录并解释了20世纪60年代以来在欧洲和美国萌芽的反文化。在学生激进分子和嬉皮士辍学者中,他发现了共同点:这些群体都反对技术统治——主导工业社会的企业和技术专长制度,具体表现为以争取女性权利、反越战、反种族歧视为宗旨的一系列社会运动。[①] 从共时性角度来看,“反文化”可以指不同于当下主流文化的异端,对传统、主流文化的离经叛道,这种反叛在不同时期具有不同的表现形式;而从历时性角度来看,它自身所蕴含的抵抗力量,也意味着希望和拯救,代表了使人类走出困境的机会。

从某种程度上说,短视频身兼文化与反文化的双重属性。基于此,下节聚焦于当下流行的短视频文化,从文化批判的视角出发,勾勒、分析其背后隐含的症候特质。具体而言,将语境、场域、情境分析与历史时刻作为深入研讨短视频文化的四重坐标,分别以其作为追问的方向。半个多世纪前,美国学者将差异、多元、分散和反控制定义为“反文化”的内涵,那么在今天以科技与技术打造的媒介新时代,曾经的文化内涵早已开始从文化的“反面”渗透至主流,而如今的主流也早已脱离曾经纯粹的传统和权威的概念。尤其在中国发展的具体实践中,文化的沿革又时刻充满着“不确定性”,我们因此有必要重新审视曾经出现的那些“可爱又迷人的反派角色”,重新评估它们对文化传播的影响和价值。

一、亦真亦幻:表达革新还是易得性偏见?

如果试图在学术和文化版图中为社交媒体短视频寻找一个定位的话,视觉文化无疑是它最直观的归属。早在20世纪70年代,美国的“视觉文化大会”(The National Conference on Visual Literacy)曾对“视觉文化”概念做出如下定义:“视觉文化是指一个人通过观看,同时体验其他感觉经验,并将其加以整合而发展成为的视觉能力。这类能力对人的正常学习是十分重要的。具备视觉文化的人能识别和理解他在周围环境中见到的自然的和人工设计的动作、物体和形象符号。创造性地运用这些能力,就能够与他人进行交流,有分析地运用这些能力,还能领会和欣赏形象传播的名家杰作。”[②]关于视觉文化传播的语境与表征的讨论,近年来随着技术进步和传媒业态的发

① ROSZAK T. The making of a counter culture: reflections on the technocratic society and its youthful opposition[M]. Berkeley, CA: University of California Press, 1968.

② FRANSECKY R B, DEBES J L. Visual literacy: a way to learn—a way to teach[M]. 1972:7.

展，国内对其的关注热度也在与日俱增，读图时代、景象社会、文化景观、景观影像等关键词也逐渐建构着视觉文化在整体文化形态中的主体性。

在此基础上，互联网时代的视觉文化又向前走了一大步。复旦大学孟建认为："视觉文化是指文化脱离以语言为中心的理性主义形态，在现代传播技术的作用下，日益转向以视觉为中心，特别是以影像为中心的感性主义形态。由此引发出来对视觉文化传播的理解，就是指通过形象媒介，特别是影像媒介，对广义的可视形象实施传播而形成的一种文化现象和传播形态。"[①]互联网时代的视觉文化，不仅革新了以往人们表达和传递信息、情感的方式，更以其强势的感染力、创造力、丰富性和广泛性等优势，逐渐成为主流。

短视频作为一种独立的文本形态，在短时间内迅速被人们接受，正得益于它凝结了影像、声音、图像和文字等各形态的传播功能，并在此之上将每一种形态的特点表现得淋漓尽致。在此，我们可以日常生活中的场景做直观的感受：饭后和睡前刷一刷抖音或快手，似乎早已成为当下年轻人打发闲暇时间的首选和标配，在每条十几秒到一分钟不等的短视频里，人们像发现新世界般沉迷于此，一旦点了播放，便无法自拔。这两款现今火热的短视频分享平台绝非偶然地分别将自己的 Slogan 定为："记录美好生活"和"看见每一种生活"，其他类似的短视频平台还有："在火山热爱生活"的火山小视频、"给你新鲜好看"的西瓜视频……众多短视频的经营者，无一例外地将自己开发的产品聚焦于人们的日常生活，或者更准确一点，聚焦于普通人日常生活中的有趣瞬间。2019 年 2 月，中国社会科学院社会学研究所社会心理学研究中心与智媒云图联合发布的一项报告显示：短视频内容更易引发用户互动。以抖音为例，短视频内容的平均点赞比为 3.23%，是图文内容的 3.6 倍，短视频内容的评论及分享率也均高于图文资讯，在与美好生活相关的优质内容上，分享率和点赞（收藏）率分别是图文类优质内容的 4 倍和 5.8 倍。[②] 更多的人更愿意接纳和使用类似于短视频的视觉文化载体，这也就意味着人们的日常表达更受传播信息载体改变的影响。

人们生活在由互联网联结的虚拟社群中（online virtual community）。与真实的社交场景不同，信息在基于计算机中介传播所建构的虚拟空间（cyberspace）中传播，现实世界中人与人透过互联网，借助不同的技术手段进行发酵，从而产生丰富而迥异的情感和关系。人们在这个虚拟社群中的日常表达，主要有以下几个特质：

---

① 孟建，杨乘虎.视觉文化传播：一种传播形态和文化生产的理论构建：访复旦大学新闻学院副院长孟建教授[J].现代传播（中国传媒大学学报），2006(5).

② 短视频美好生活内容生态报告[EB/OL].(2019-03-01)[2019-04-22].http://www.199it.com/archives/838930.html.

(1)无论是表达方式还是渠道,都拥有更多自由;

(2)表达者之间,差异化明显,无法对其集中控制;

(3)表达者与接收者之间,是多对多的关系;

(4)表达与接收都偏向于自愿。

人们在现实生活中的日常交往和沟通,是无法既加上滤镜美化、又带上背景音乐、同时还可以对表达内容进行节奏编排和文字说明的。而在短视频中,普通人可以借助软件自带的编辑功能,随心所欲地制作现实中很难真实存在的场景。技术赋予了大众各种"感觉好嗨"的技能,加之大众无穷无尽的想象力和创造力,现实中的种种复杂与牵绊在短视频中都烟消云散,日光之下,并无新事。在人们借助工具充分发挥自我的能动性之外,也存在着某种溢出性的症候群表征。"认知偏见"(cognitive bias),便是人们难以跨越的一道鸿沟。

社会心理学认为普遍存在个体的"认知偏见"。个体从他们所投入的认识能力中创造了自己的"主观社会现实"。个体对社会现实的建构并不是客观地投入,这决定了个体在社会现实中的行为。[①] 在众多"认知偏见"中最值得注意的是"易得性偏见"(availability bias),根据美国学者斯科特·普劳斯的著作《决策与判断》,"易得性偏见"是指对于那些较为生动的、易于想象的、富有各种细节的描写,人们往往更容易从记忆中提取,高估事情发生的概率。[②] 比如,某品牌奶茶的经典广告:"一年卖出七亿多杯,连起来可绕地球两圈",前半句"一年卖出七亿多杯"很难令人产生形象的概念,而后半句"连起来可绕地球两圈"就极容易令消费者产生联想,在脑中形成生动的画面,这就是典型的"易得性偏见",因为图像比数字更生动。同理,声音比图像更生动,视频比声音更生动。短视频作为一种集合了文字、图像、声音与视频的传播媒介,因其体量短小、内容精练、细节夸大,显然容易令用户扩大"易得性偏见",从而轻易左右使用者的判断。

偏见的存在,会对个体的认知造成消极后果,特别是在突发时刻,非理性因素占据上风时便会影响人们对真实的把握。比如时下流行的 vlog,作为曾经 blog 时代的变体,视频网络日志的出现吸引了大量年轻人的关注和使用。从它的命名即可看出,其重点还是在于日志功能,记录个体的日常生活。在快节奏的剪辑中,制作者的原初目的也许只在于记录自己生活中闪耀或难忘的瞬间,抑或仅仅是一篇流水账;而在观看者那里,或多或少有一些窥探或羡慕之感——看别人过自己无法体验的生活,偏见由

---

① BLESS H, FIEDLER K, STRACK F. Social cognition: how individuals construct social reality[M]. Hove and New York: Psychology Press,2004.

② 普劳斯.决策与判断[M].旋俊琦,王星,译.北京:人民邮电出版社,2004.

此产生。若一些尚未形成正确价值观的观看者带着偏见对短视频中某些极端时刻非理性地模仿，便会给社会带来一定风险。因而，在短视频革新人们日常表达方式之时，也要警惕随着表达的变化而带来的偏见。

二、虚拟场域：多方博弈还是权力规训？

短视频是伴随着互联网技术的发展和市场经济的兴起而逐渐成熟起来的，是一种具有意识形态的文化产品。它与政策、制度、资本、传媒、公众等多方面的互动和制约，表现为文化的聚合、连接、发酵、对抗等复杂脸谱，易引发“网络围观”现象。在多元互动中扮演主要角色的是制度与资本间的双向博弈。从制度角度来看，国家相继出台了《关于进一步加强网络视听节目创作播出管理的通知》和《关于进一步规范网络视听节目传播秩序的通知》等一系列政策性文件来规范网络视听节目的内容创作和传播秩序；从资本角度来看，尽管逐利属性依然存在，但受制度制约，各大短视频平台也相继采取了人工审核、机器过滤、反沉迷系统等措施来规范自身。这是一种双向推动与抗衡的状态，是在当下的社会转型期，“病灶”出现后的“对症下药”，是后现代思潮发展以来的一种后设的(meta)认知概念。

除了积极应对问题以外，也许我们更该关注问题是如何发生的，看清文化领域复杂脸谱背后的本质——权力机制。权力是个抽象的概念，在福柯看来，它象征着一种无主体的网络关系。他说道：“我们对权力在社会里的功能和运用方式依然所知甚少。当然，社会学的研究可以告诉我们，工商业界谁主沉浮、政治家是怎样培养出来的；还有一种更一般性的研究，主要受到马克思主义的影响，关于资产阶级对我们的统治。但是，据我看来，在这些一般性的命题之下，实际的情况要复杂得多。”[①]对此，福柯聚焦至“规训式权力”——一个类似于边沁设计的全景式圆形监狱的机制，中央有座用来监视囚徒的塔楼，囚室四周有面对塔楼的窗户，监视者可以随时看到每个囚室中的情况而不被囚室中的囚徒看到，囚徒时刻感觉到有一双眼睛在盯着自己。这种规训机制遍布于现实社会的每个角落，在“规训目光”的压力之下，每个人都如囚徒般进行自我审查、自我监禁。

在网络社会去中心化的场域里，这种“规训”与“监视”早已不再集中于前全景塔楼里，而是形成了流动的液态。鲍曼和里昂提出了“液态监视”(liquid surveillance)概念，他们认为这是一种较为温和的监视形式，隐匿在消费领域的各个角落，形成一种后

---

① 福柯.福柯访谈录：权力的眼睛[M].严锋，译.上海：上海人民出版社，1997：28-29.

全景的监视状态。此时的监视已不像福柯当时所关注的那样，主要用来区隔被监管者，而更多地用来获取数据或达到其他目的。例如，视频网站上的浏览历史记录、银行的用户信息数据库、公路上随处可见的摄像头……在互联网上，这场监视行动弥散至每一个个体。再回到短视频，无论是上传者还是观看者，都既是偷窥者又是暴露者，想想网站上那个“举报”按钮便不难理解了。此外，短视频借助自身的社交属性，让每个人在“监视”之下都将自己包装为商品和忏悔者。“Facebook 用户，既是商品也是商品推销者，同时是他们商品的代理商及旅行销售人员……我们必须将自己重塑为商品，即‘作为能够吸引注意力，吸引需求和顾客的产品’。”[①]在福柯那里，个体在自主的“监视”中发挥积极作用，对监管者的坦白和忏悔发生在相对狭小的私域；而在网络领域，“监视”则更为公开，范围更广，被监管者的坦白和忏悔也相对扩大至公共领域，俨然促成了一个忏悔型社会。

在网络空间的滋养与“液态监视”的作用下，短视频不仅呈现多元互动的景观，还形成了规训权力再分配的场域。平台、制度与用户三者之间，通过各自实施不同的权力以促进信息的流动：制度进行规范化管理和对底线的管控，用户的口碑与使用时间是检验平台内容质量的标准，平台接受制度与用户的双重反馈并进行调整和迭代。值得注意的是，这三者之间应尽量达成平衡状态，任何一方有所倾斜都会造成权力的失衡。监管制度若过分严苛、不考虑实际则会造成平台与用户的创新能力不足；作为短视频内容生产者的用户，若不注重内容质量和自我审查，易形成“低俗内容”的恶性循环；短视频平台若一味地逐利而不考虑社会责任，会造成视频生态的不平衡，自身也无法持续发展。国家意识形态、社会公共领域、企业赢利状况、百姓精神生活等需要多方博弈和制衡，也需要多方承担义务、行使权利，只有找到平衡点，才能达到共生状态。

另外，我们还可以从知识生产和分享的角度看“被监视”与“监视权”之间的关系。在福柯看来，知识与权力二者相连，知识的认定有赖于权力，权力通过知识发挥作用。例如，当一个人决定将一则短视频分享至自己的朋友圈时，行使此权力的前提是他已经对该视频的内容产生了自我的认识（知识的产生），而当他分享的行为完成后等于将自我摆放至“被监视者”的位置，他希望自己精心剪裁与编辑的信息和所分享的内容能帮助自己在他人面前塑造良好形象，同时对他人产生影响；而这条掺杂着“个人思想”的分享被朋友圈里的其他人看到后就涉及监视权的行使了。这种主动希望受到他人“监视”的心理很微妙，也说明了在个体层面，知识是如何产生、权力是如何运作的。我们可以看出，虽然互联网平台带给了大众一个行使权力和生产知识相对自由的空间，

---

① BAUMAN Z, LYON D. Liquid surveillance[M]. London: Polity Press, 2012:32-33.

但其如何生产、产生怎样的知识却因个体的不同而拥有更多的可能性。对此，在权力制衡关系中，制度间隙与资本逐利的双向博弈也许仅是“治标”，而共同提升平台、制度与用户三方的媒介素养才是“治本”。

三、消费驱动：认知盈余还是群体孤独？

改革开放以来，特别是建立市场经济体制后，这种元体制逐步开始对社会其他子系统产生互渗性影响。不同于曾经的计划经济时代，基于互联网的信息传播从管理到运作机制越发地开放、自由，信息作为资源的一种，也在一定程度上受资本逐利的经济逻辑左右。在当今的现代化社会里，媒介在内容和形式方面都力图制造、满足受众的物质和精神消费的欲望。媒介产品也正像食物一样日益成为人们必需的特殊消费品，成为一种不可或缺的“基本生活资料”①。所以，在由商品社会主导的市场经济中，曾经“顾客即上帝”的逻辑在互联网技术的发酵之下，俨然成为“用户即上帝”。这种强调个体体验、重视对人的服务与尊重的理念，在很大程度上是对曾经的苦难时代、对此前物质匮乏、精神扭曲时代的一种反抗，是对极端社会文化环境的一种返照，有一定的合理性和进步意义。经过几十年的发展，越来越掌握大众文化话语权的中国大众在这种革命和启发的情境中不断成长，不断彰显出自身强大的生命力和创造力。从传播学的角度来看当下的大众文化，可以将其概括为每个人既是生产者，也是消费者；每个人皆为传播中心，又皆为传播媒介，“处处皆中心，无处是边缘”。

经过短短几年的发展，短视频的触角已延伸至社会生活的众多方面，可谓“无处不视频”。以抖音、快手为代表的社交媒体类短视频平台，拓展了人们日常交往的新渠道；以梨视频、西瓜视频为代表的资讯类短视频平台，也是当下更新的资讯展示形式；还有以弹幕出名的B站，将曾经文字版的BBS网站升级至短视频方式，云集了大量年轻人；主要以打造社交网络为目的的微信朋友圈，推出短视频功能则是除了图片、文字之外，对个人展示方式的另一种补充；还有各大电商平台，对商品主图和详情的展示，也丰富了短视频功能，令消费者对商品有了更直观的感受。在互联网领域，人们的生活正在多维度地被短视频包围。受消费主义影响，短视频已成为影响人们日常消费行为的一个重要方面。英国学者汤林森指出：“资本主义的文化重点就是消费的行为过程与经验的商品化……资本主义文化的扩散，实质就是消费主义文化的张扬，而这样的一种文化，会使所有文化

① 秦志希，刘敏.新闻传媒的消费主义倾向[J].现代传播，2002(1).

体验都卷入商品化的旋涡之中。”[①]从这个角度来看,短视频作为一种独特的文化体验,从一出生,便不可避免地被商品化。这种商品化倾向,不仅引发大众对物质消费需求的极度增长,而且对精神消费,如消费时间、消费自我、消费情绪也产生了促进作用。

美国学者克莱·舍基从当下风头强劲的互联网消费活动中看到了其中的价值。他提出“认知盈余”的概念,认为这是人类所拥有的巨大资源,人们在除工作以外的8小时自由支配时间里,可以消费(接收信息)、分享(传播信息)、创造(提供新信息),如此多的盈余时间如果能够被利用,其创造出来的将成为人类社会的宝贵财富。[②] 人们打发闲暇时间的方式,不再是全家在每晚的黄金时间里围坐在电视机前,也不再像父母那样热衷于打麻将,而是刷手机。在移动互联网技术飞速发展下崛起的短视频,迎合了年轻人随时随地获取信息的诉求,这种形式注定会抢占用户更多的盈余时间、盈余精力,也意味着消费者被榨取越来越多的剩余价值。无法否认的是,互联网和技术的发展,像淘金一般,将个体碎片化的时间与精力拼凑、统合在一起,令其产生规模化的效用和价值;我们亦无法否认的是,这种以群体形式出现的新事物,一方面冲击着文化的同一性,另一方面也在创造着文化的多样性;我们更加不可忽视的是,透过互联网文化景观的丰富、多元,人们反而更焦虑、更孤独了。

沉迷于刷短视频的人们显然存在着“群体性孤独”的症候。麻省理工学院学者雪莉·特克尔对互联网提出了“为什么我们对科技期待更多,对彼此却不能更亲密”的质疑,映照出互联网时代“群体性孤独”的内核:浅层社交替代深层社交;虚拟想象替代真实关系;线上社交挤出线下社交。[③] 更具参与、分享功能的短视频,带给人们的意义已远远超越了“观看”层面,而更多的是“情感传递”。视频技术不断革新着用户体验的丰富性,视频制作者们也不断制造猎奇内容,使用户体验更具深切性……而就当下来看,人们依然无法跳脱出技术变迁中的道德恐慌。就像波兹曼曾经在电视时代对大众作出“娱乐至死”的警示一样,短视频的到来,面临着同样的境况。大众在刷抖音“成瘾”的同时,也为其打上了“抖音有毒”的标签。“有毒”(toxic)是2018年《牛津词典》选出的年度关键词。研究表明,在网络上它已经正式被当作一种隐喻来使用,人们用这个词来描述职场、学校、文化、人际关系和所面临的压力等。在短视频的世界里,人们只需轻轻滑动屏幕,便可暂时逃离现实生活中的烦恼和残酷,在15秒不断变化的时空里,一不小心就“穿越”了好几个小时。而当自己回过神来时,现实生活依旧一地鸡毛。

这种由媒介生态变化引发的不确定感,相对而言,也是另一种现实生活精神匮乏

---

① 汤林森.文化帝国主义[M].冯建三,译.上海:上海人民出版社,1999:6.

② 舍基.认知盈余:自由时间的力量[M].胡泳,哈丽丝,译.北京:中国人民大学出版社,2011.

③ 董晨宇,张恬.反思“孤独社交”:社交媒体真的让我们更加疏离吗[J].新闻与写作,2019(6).

的反映。也许，人们需要重新反思阿多诺在20世纪作出的预言。阿多诺从审美和革命两个角度把大众文化描述成抹杀个性、推广平庸、千篇一律的东西，虽然未免有些过于苛刻，但我们也有必要借此思考：大众在不假思索地消费、毫无保留地接受新兴文化产品、非理性地盲目追求快感之后，除了情绪得到释放和宣泄之外，究竟还能得到什么？在某种程度上，短视频为大众的情绪带来了又一次狂欢的机会，但这种狂欢是对文化媚俗的逐利，还是技术"合理化"的必经之路，都还有待时间的验证。

四、断裂时代："自我表演"还是"霸权新形态"？

互联网络技术的发展究竟是让我们彼此之间的联系更加紧密还是区隔更加明显了？从社会交流与资源整合的视角来看，互联网的确变革了人们沟通、协作的方式，为大众开辟了更开放、自由、便捷的通道。而从人的主体性以及社会经济地位的视角来看，大众在网络中的无序化表达和碎片化参与，在时空、技术、结构和价值等多方面，都形成了断裂态势。若要更深入地解读这种"断裂"，经典的"知沟假说"能准确解释这一现象："随着大众传媒向社会传播的信息日益增多，社会经济地位较高的人将比社会经济地位较低的人以更快的速度获取公共信息。因此，这两类人之间的知沟将呈扩大而非缩小之势。"[①]研究表明，虽然大众传媒的宗旨在于让信息与知识更平等地传播至社会的每一个成员，但现实社会中普遍存在着职业、阶层、教育水平、种族、性别等各方面的不平衡，信息的获取也存在着天然的不平等，因而仅仅依赖大众传播打造一个平等的社会显然是不现实的，相反，大众传播反而会扩大不平等的存在。

但毋庸置疑的是，大众媒介，特别是当下短视频平台的出现，给大众提供了更多展示自我的机会。美国社会学家欧文·戈夫曼在《日常生活中的自我呈现》中，从戏剧的视角对人类的日常交往和行为进行了符号互动研究。今天，社交媒体短视频的发展，延伸了人们日常呈现自我的表达空间。与传统的面对面交流相同的是，短视频平台也有着类似于"表演"的"舞台设置"；与传统不同的是，人们在短视频"前台"中呈现出的"外表"（appearance）和"举止"（manner），能够得到更多的技术包装。在戈夫曼看来，日常生活中存在两种表达——给出的表达与流露出来的表达，[②]他侧重于对后者的研究，也就是那些非词语的、可能是无意的传达。在现实生活中，人们有意或无意地放大"流露"，因而人们从"表演"中获得"自我"，这种自我的建构并不仅仅来自表达者本身，而且还来自外界场

---

① TICHENOR P, DONOHUE G, OLIEN C. Mass media flow and differential growth in knowledge[J]. Public opinion quarterly, 1970,34(2):159-170.

② 戈夫曼.日常生活中的自我呈现[M].冯钢，译.北京：北京大学出版社，2008:3.

景、事件以及观看表演的人。而在技术包装下的短视频中，人们“给出的表达”远远大于“流露出来的”，因而容易呈现出来一个带着光环、被放大了的“自我”。这样的“自我”，它去中心化，更象征着个性解放与自由表达，也同时更具致幻效果，易使人陷入“自我中心主义”。

基于以上，我们再来看一看互联网上的“自我呈现”是如何导致“知沟”扩大的。短视频工具使普通人自我呈现的愿望得以自由、快速地展开，在这里不得不提“算法推荐”与“人工智能”的“合谋”。在技术中立者看来，算法是没有价值观的，以用户兴趣爱好、历史浏览轨迹等维度搭建出来的个性化内容推荐算法不断挖掘用户隐藏的秘密，可以将这些信息送入事先建构好的计算模型中进行交互计算，使运营者得到想要的结果。相应地，用户也得到了持续不断的感官体验，更在浑然不觉中出卖了自己的信息。《人民日报》在评论时下短视频的流行现象时曾说道：“算法推荐应强化价值观引领。”[①]无论人们观看、使用短视频的目的是用来记录生活，还是为了展示自我、得到别人的认可，算法技术背后的“人”才是最核心的。算法就像潘多拉的魔盒，掌握和使用魔盒的是一类人，接纳和消解魔盒释放之物的是大众。个体有必要警惕并看清魔盒中那些使人活在自己“气泡”中的东西，否则气泡一旦被刺破，便仅剩幻灭之感。

从宏观的历史进程来看，随着全球化进程的加快，互联网文化表现着用户的意识形态，这里依然还要警惕“文化霸权”(hegemony)的渗透。英国学者雷蒙德·威廉斯在《关键词：文化与社会的词汇》一书中对该词进行了阐释：“这个词具有政治支配的意涵——通常指的是一个国家宰制另一个国家。”[②]在这里，威廉斯借鉴了马克思主义文化理论家安东尼奥·葛兰西的理论，葛兰西明确地把支配或强权与霸权分开来，凸显出统治阶级是通过大众认同来统治被统治阶级的。[③] 可以说，互联网使“文化霸权”进入了一个全新的时代，上面提到的消费主义的蔓延便是其渗透的一个表现。在短视频的生产和传播中，不乏一些扭曲价值观和跨越道德底线的内容出现，被技术裹挟着“尊重文化”的外衣。诚然，文化多元发展是趋势也是好事，但当享乐、拜金等消极价值观掺杂其中时，势必会影响发展多元文化的初衷，正中“文化霸权”的下怀。

从另一个视角出发，短视频的传播，实则是基于互联网技术“控制论”的新实践。控制论的创始人、美国数学家维纳，早在半个世纪前就曾预言：“人们只能通过对消息的研究和对社会通信设备的研究来理解社会；这些消息和通信设备的未来发展中，人与机器之间、机器与人之间以及机器与机器之间的消息，势必要在社会中占据日益重

---

① 算法推荐要突出价值观引领[EB/OL].（2019-07-19）[2019-07-28].http://culture.people.com.cn/n1/2019/0719/c1013－31243419.html.

② 威廉斯.关键词：文化与社会的词汇[M].刘建基，译.北京：生活·读书·新知三联书店，2005：201.

③ 邹威华.斯图亚特·霍尔的文化理论研究[M].北京：中国社会科学出版社，2014：43.

要的地位。”①互联网平台抢夺流量的背后，实则是通过信息的通信和交换来实现对于效应器（不论是人的、动物的或者机械的）运动的控制。所以不难理解信息泛滥时代为什么到来得如此快：用户需要付费以屏蔽互联网广告；纯粹的观看视频时间只有充值了 VIP 的用户才能享受；为了赚取广告费，网络空间中被散播了大量毫无营养且耗费时间的花边新闻……可以认为，这些都是由在网络公共空间掌握权力的人所共同打造的“霸权新形态”，大众依然是沉默的大多数。

五、结语

20 世纪 60 年代，美国的嬉皮士一代在资本主义制度的高压下反对官僚、反对层级，追求自由和解放，因其冲击着当时现有的社会秩序和主流文化，所以得名“反文化”。他们的一些忠实信仰者（如乔布斯），后来投身到计算机和互联网的研发中，意图创造出一个像嬉皮士们曾经追寻的自由、平等世界——赛博空间（cyberspace）。多年过去了，曾经的“反文化”像种子一样生根发芽，成长壮大、或多或少有了“王者回归”之意。而在如今的中国，虽然我们早已与世界接轨，但在很多方面也经历着“反文化”影响“主流”的情况。其实，无论是“主流文化”还是“反文化”，都是阶段性的概念，它们之间本应该是多样化共生的。而每一种文化，也都有其自身的问题，人们该做的是应对和解决问题，减少无谓的消耗和牺牲。很多时候，恰恰是“非主流文化”创造出变革生活、工作、社会和整个人类的技术和观念。

短视频的出现，是互联网技术变革和人类视觉文化变革的一小步。阿恩海姆说，眼睛“像是无形的‘手指’，在周围的空间中移动着，哪儿有事物的存在，它就进入到哪里，一旦发现事物之后，它就触碰它们、捕捉它们、扫描它们的表面，寻找它们的边界，探究它们的质地”②。大众文化之于人类社会，就像眼睛捕捉事物一样，进行的是知觉信息的同构。新旧文化的同构活动是复杂的，很多时候也是非理性且无意识的，唯有保持一种相对开放的状态，经过吸收与沉淀才能开创一个全新的景象。全球化浪潮下，短视频承载着文化传播的使命，虽然它当下还存在不少有碍发展的问题，需要我们仔细寻找并努力克服，但它终究在实践中，我们间或可以将其视为新主流文化建构的必经阶段。短视频从大众中来，并形成了一道美好的文化风景线。正是因为它生发于大众，所以才应该厚重。

---

① 维纳.人有人的用处：控制论和社会[M].陈步，译.北京：北京大学出版社，2010：12.

② 阿恩海姆.艺术与视知觉[M].滕守尧，朱疆源，译.成都：四川人民出版社，1998：48-49.

参考文献

一、著作

刘习良.中国电视史[M].北京:中国广播电视出版社,2007.

李景源,陈威.中国公共文化服务发展报告(2007)[M].北京:社会科学文献出版社,2007.

胡智锋.影视文化论稿[M].北京:北京广播学院出版社,2001.

胡智锋.电视传播艺术学[M].北京:北京大学出版社,2004.

胡智锋.电视的观念[M].北京:北京广播学院出版社,2004.

孙玉胜.十年:从改变电视的语态开始[M].北京:生活·读书·新知三联书店,2003.

苗棣.电视艺术哲学[M].北京:北京广播学院出版社,1997.

高鑫,等.20 世纪中国电视剧史论[M].北京:学苑出版社,2002.

丁亚平.艺术文化学[M].北京:文化艺术出版社,2005.

时统宇.电视批评理论研究[M].北京:中国广播电视出版社,2003.

张凤铸,等.和而不同:全球化视野中的影视新格局[M].北京:中国传媒大学出版社,2005.

李准.全球化浪潮中的民族文化[M].北京:中国文联出版社,2006.

仲呈祥.艺苑问道:仲呈祥自选集[M].北京:北京广播学院出版社,2004.

杨伟光.中国电视论纲[M].北京:中国广播电视出版社,1998.

郭镇之.中国电视史[M].北京:文化艺术出版社,1997.

孟建,等.冲突、和谐、全球化与亚洲影视[M].上海:复旦大学出版社,2003.

张国良.新闻媒介与社会[M].上海:上海人民出版社,2001.

尹鸿.尹鸿影视时评[M].开封:河南大学出版社,2002.

周星.中国电影艺术史[M].北京:北京大学出版社,2005.

何苏六.中国电视纪录片史论[M].北京:中国传媒大学出版社,2005.

陆地.中国电视产业的危机与转机[M].北京:中国人民大学出版社,2002.

李幸.中国与世界:影视文化多样性的现实与前景[M].广州:华南理工大学出版社,2007.

李希光.畸变的媒体[M].上海:复旦大学出版社,2004.

张岱年.文化与价值[M].北京:新华出版社,2004.

钱穆.中国文化史导论[M].北京:商务印书馆,1994.

孟繁华.众神狂欢:世纪之交的中国文化现象[M].北京:中央编译出版社,2003.

葛兆光.古代中国文化讲义[M].上海:复旦大学出版社,2006.

曹卫东,等.文化与文明[M].桂林:广西师范大学出版社,2005.

许纪霖.20 世纪中国知识分子史论[M].北京:新星出版社,2005.

隋岩.当代中国电视文化格局[M].北京:北京大学出版社,2004.

陈旭光.当代中国影视文化研究[M].北京:北京大学出版社,2004.

邢虹文.电视与社会:电视社会学引论[M].上海:学林出版社,2005.

戴锦华.犹在镜中:戴锦华访谈录[M].北京:知识出版社,1999.

罗钢.叙事学导论[M].昆明:云南人民出版社,1994.

雷建军,钟大年.纪录片:影像意义系统[M].北京:清华大学出版社,2015.

高宣扬.当代社会理论(上)[M].北京:中国人民大学出版社,2005.

冯宪光.西方马克思主义美学研究[M].重庆:重庆出版社,1997.

邹威华.斯图亚特·霍尔的文化理论研究[M].北京:中国社会科学出版社,2014.

阿伯克龙比.电视与社会[M].张永喜,鲍贵,陈光明,译.南京:南京大学出版社,2001.

威廉斯.关键词:文化与社会的词汇[M].刘建基,译.北京:生活·读书·新知三联书店,2005.

汤林森.序言[M]//文化帝国主义.冯建三,译.上海:上海人民出版社,1999.

温斯顿.纪录片:历史与理论[M].王迟,李莉,项冶,译.北京:中国广播影视出版社,2015.

巴克.文化研究:理论与实践[M].孔敏,译.北京:北京大学出版社,2013.

霍尔.表征:文化表象与意指实践[M].徐亮,陆兴华,译.北京:商务印书馆,2003.

美国哈钦斯委员会.一个自由而负责的新闻界[M].展江,王征,王涛,译.北京:中国人民大学出版社,2004 .

贝尔.资本主义文化矛盾[M].赵一凡,蒲隆,任晓晋,译.北京:生活·读书·新知三联书店,1989.

彼得斯.对空言说:传播的观念史[M].邓建国,译.上海:上海译文出版社,2007.

波兹曼.娱乐至死[M].章艳,译.桂林:广西师范大学出版社,2004.

波斯特.第二媒介时代[M].范静哗,译.南京:南京大学出版社,2000.

特克尔.群体性孤独[M].周逵,刘菁荆,译.杭州:浙江人民出版社,2014.

罗斯诺.后现代主义与社会科学[M].张国清,译.上海:上海译文出版社,1998.

波伏娃.第二性Ⅱ[M].陶铁柱,译.北京:中国书籍出版社,1998.

莱考夫,约翰逊.我们赖以生存的隐喻[M].何文忠,译.杭州:浙江大学出版社,2015.

康奈尔.男性气质[M].柳莉,等译.北京:社会科学文献出版社,2003.

杰姆逊.后现代主义与文化理论[M].唐小兵,译.西安:陕西师范大学出版社,1986.

舍基.认知盈余:自由时间的力量[M].胡泳,译.北京:中国人民大学出版社,2012.

戈夫曼.日常生活中的自我呈现[M].冯钢,译.北京:北京大学出版社,2008.

阿恩海姆.艺术与视知觉[M].滕守尧,朱疆源,译.成都:四川人民出版社,1998.

巴赞.电影是什么?[M].崔君衍,译.北京:商务印书馆,2017.

鲍德里亚.消费社会[M].刘成富,等译.南京:南京大学出版社,2000.

布尔迪厄.关于电视[M].许钧,译.沈阳:辽宁教育出版社,2000.

福柯.权力的眼睛[M].严锋,译.上海:上海人民出版社,1997.

哈贝马斯.现代性的哲学话语[M].曹卫东,等译.南京:译林出版社,2004.

伽达默尔.真理与方法[M].洪汉鼎,译.北京:商务印书馆,2011.

本雅明.迎向灵光消逝的年代:本雅明论艺术[M].许绮玲,林志明,译.桂林:广西师范大学出版社,2004.

本雅明.机器复制时代的艺术作品[M].王才勇,译.北京:中国城市出版社,2002.

马尔尚.麦克卢汉传:媒介及信使[M].何道宽,译.北京:中国人民大学出版社,2003.

麦克卢汉.理解媒介:论人的延伸[M].何道宽,译.南京:译林出版社,2011.

佩尔尼奥拉.仪式思维[M].吕捷,译.北京:商务印书馆,2006.

二、报纸、期刊、杂志

《人民日报》《光明日报》《南方周末》《文艺报》《北京青年报》《中国新闻出版广电报》《新京报》《求是》《新华文摘》《读书》《中国社会科学》《财经》《北京大学学报(哲学社

会科学版)》《人大报刊复印资料》《社会科学战线》《外国文学》《学术月刊》《中国文艺评论》《文艺理论研究》《文艺研究》《现代传播——中国传媒大学学报》《新闻与传播研究》《国际新闻界》《新闻大学》《新闻与写作》《编辑之友》《新闻战线》《新闻记者》《新闻学研究》《中国电视》《中国广播电视学刊》《当代电影》《当代电视》《电视研究》《南方电视学刊》《视听界》《中国广播》《传媒》等

三、网站及新媒体

新华网、人民网、央视网、腾讯网、搜狐网、豆瓣网、财新网、中国知网、传媒学术网、艺恩网、今日头条以及影视产业观察、传媒圈等传媒类微信公众号

【注】所列文献或挂一漏万,本书还参考其他相关著作、文章的观点和思路,未能一一列出,在此一并致谢。

后记

书将付梓，感慨良多。庚子春节，回到老家，再也看不到那熟悉的身影，心底是无限的怅惘与凄凉。黯然神伤之时，病毒再袭，举国惶然。不及初五，我匆匆返京居家隔离，每日关注新闻报道。与17年前相比，媒介生态早已一日千里，天翻地覆。信息洪流波涛汹涌，舆情变化跌宕起伏，以医疗科技应对疫情是一场战役，信息发布与舆论引导更是一场战役。在关涉亿万民众生命与健康的突发事件中，各方媒体的融合、互动、冲突，构筑起映照社会、干预现实的新“拟态环境”，其中既有大喇叭的主调高音，也有群体表达的众声喧哗，多方博弈释放出的巨大能量前所未有亦无从遏制。

回看这部书稿，就当下的传媒实践而言，不少内容显得过时且浅陋，但它们集合了我就读硕士研究生以来的一些思考，也见证了中国视听传媒15年来的快速发展与急剧变化。这种变革是多维度、全方位的，体现在内容形态、生产方式、传播平台、公众接受等各个层面。在整理、编辑此书的过程中，经过再三斟酌，我最终保留了不同时期对传媒现象的同步观察，这既有遗簪坠屦、敝帚自珍的心理因素，也是为了更好地回答当下视听传媒从何而来。这本书也是自己学术之路从起步、入门到渐有所悟的一份记录。

说到学术研究的起步，最要感谢的是我的导师胡智锋先生。刚读研究生时，在地方电视台工作多年的我并不理解何为“学术”，正是在导师的启发甚至耳提面命下，我才有机会发表论文、参加学术会议、参与重大课题，逐渐实现了从实践者到研究者的转变。对于我撰写的学术文章，胡老师常常不厌其烦地帮着设计结构、提炼观点，有时甚至严格到字斟句酌的程度。他对我的鼓励、鞭策与关爱，充溢在日常的学术指导、谈话与交流之中。在中国传媒大学求学的11年间，我最怀念的是在校园里陪导师散步的时光。在无数次春风化雨般的“聊学”过程中，他不仅将传媒研究的经验传授于我，更从思维、思想上引领、启发我，“授人以渔”的教导方式令我终身受益。每当想起这些，感动与温暖便在我内心油然而生。

这篇本应早早完成的后记，之所以一再拖延，缘于每当我敲下键盘，就会想起父亲，眼前全是从小到大与父亲相处的情景。2019年5月29日上午10点半，我给研究生上完课便匆匆赶往北京清华长庚医院，这是父亲第9次来京住院治疗。后来，在医院陪护的姐姐告诉我，那一天早晨，父亲一直不停地问她我何时来。当我赶到医院时，父亲的意识已经有些模糊了。在呼啸疾驰、赶往老家的救护车里，我陪父亲走完了他生命的最后一程。父亲是我的"半条命"，影响我最深也最懂我的人就那样走了。记不得，多少个夜里我从梦中醒来，泪水早已浸湿了枕头。虽知自然规律不可违，但天人永隔的残酷还是让我久久难以接受现实。在我成长的每一个阶段，父亲都以其博大、坚韧、实干为我树立了人生榜样。"世上唯有读书高""人要有志气"是父亲一直教导我的，我将永远铭记在心并身体力行，这是对父亲最好的纪念。

行文至此，微信朋友圈被这样一条新闻刷屏了：李文亮医生走了。如果说，父亲去世是关涉己身的失亲之痛，那么，这个我并不认识的普通医生的猝然离去，在这个特殊的时节一样让我痛惜不已。平时从不发朋友圈的我，此刻留下这样的文字：一句真话的力量比泰山还重。

瓦尔特·本雅明说，"过去带着时间的索引，把过去指向救赎。在过去的每一代人和现在的这一代人之间，都有一种秘密协定。我们来到世上都是如期而至。如同先于我们的一代人一样，我们被赋予些微弥赛亚式的力量。这种力量是过去赋予我们，因而对我们是有所要求的。"在时代变革的洪流中，些微的"弥赛亚式的力量"来自何处？"对我们的要求"又是什么呢？我想，这种力量未必是科技、知识、智慧的提升，这份要求更多的或许应是面对规训时叩问人性、常识、真相的勇气。在这一点上，中国传媒和公众道阻且跻，任重道远。此刻，外面的夜，无穷的远方，无数的人们，一定会和我一样悲愤难眠。

最后，要特别致谢的是本书的责任编辑李水仙老师和梁译心编辑，这不仅是因为她们的认真、专业，尤其令我感动的是，为了此书尽快得以出版，她们在新冠病毒肆虐的非常时期付出了更多的努力。

是为记。

顾亚奇

2020年2月7日凌晨于北京

图书在版编目(CIP)数据

视听传媒的内容生产与传播/顾亚奇著.--北京：中国传媒大学出版社，2020.4(2021.4重印)
ISBN 978-7-5657-2689-7

Ⅰ.①视… Ⅱ.①顾… Ⅲ.①传播媒介－研究 Ⅳ.①G206.2

中国版本图书馆 CIP 数据核字(2020)第 042641 号

视听传媒的内容生产与传播
SHITING CHUANMEI DE NEIRONG SHENGCHAN YU CHUANBO

著　　者　顾亚奇
策划编辑　李水仙
责任编辑　李水仙
特约编辑　梁译心
封面设计　郭　琳
责任印制　李志鹏

出版发行　中国传媒大学出版社
社　　址　北京市朝阳区定福庄东街 1 号　　**邮　　编**　100024
电　　话　010-65450532　65450528　　**传　　真**　65779405
网　　址　http://cucp. cuc. edu. cn
经　　销　全国新华书店

印　　刷　北京玺诚印务有限公司
开　　本　787mm×1092mm　1/16
印　　张　16
字　　数　303 千字
版　　次　2020 年 4 月第 1 版
印　　次　2021 年 4 月第 2 次印刷

书　　号　ISBN 978-7-5657-2689-7/G・2689　**定价**　69.00 元